JN063643

Amazon
国内OEM
完全ガイド

中村裕紀
田中雅人

standards

Amazon Amazon

はじめに

～誰も教えてくれなかった国内OEMのノウハウを全部、公開します～

こんにちは、中村裕紀です。この度は本書を手に取って頂き、ありがとうございます。

以前、私は物販初心者の方でも長期的に安定した利益を目指せる『Amazon国内メーカー直取引完全ガイド』『Amazon海外メーカー直取引完全ガイド』（standards）を出版しました。この2冊はタイトルの通り、代理店や小売店からではなく、メーカーと直接交渉して商品を仕入れるという、「脱せどり」「脱転売」を目指す方向けの本でもあります。おかげさまで、物販初心者から「転売ヤー」を脱したい物販経験者まで、幅広くメーカー直取引に興味を持ってもらうことができました。実際に、私のコンサル生でメーカー直取引を実践し、理想の安定収入を得られる方が増えてきています。しかも、せどりや転売でよく問題視されるリサーチ地獄やアカウント閉鎖リスク、社会的な後ろめたさが一切ない状態です。そのため、私の周りには、収入面だけでなく、物販に対して心から楽しいと思えるようになった方が多いです。

私としては、このような志の高い仲間が増えていくことはとても嬉しいことです。なお、Amazon販売に慣れてくると、次第に**「メーカー品だけでなく、自分の商品を作って、Amazonで出品してみたい」**と考える方が増えてきます。**これが、本書で詳しくお伝えする国内OEM販売です。**

物販を行う方にとっては、自社商品を持つOEM販売は1つの目標であり、憧れでもあります。実際にOEMに関する話をすると「OEMですか？ いずれやってみたいですね」と答える方は多くいらっしゃいます。

しかし、その割にはAmazon販売に慣れてきた方でもOEM、特に国内OEMに着手する方が多くないと感じるのが現状です。

1つ、原因として考えられるのが、国内OEMに関する情報が、とても少ないことです。

インターネットで調べても、物販事業者に向けたOEMの情報の大半は、中国輸入の簡易OEMに関するものです。そのため、物販でOEMといえば、中国輸入ビジネスをイメージする方が多いかもしれません。

たしかに、中国輸入OEMは取り組みやすいジャンルの1つです。本書でお伝えする国内OEMよりは、正直敷居が低いところがあります。先に書いたように、インターネットで検索しても情報がたくさんあり、ノウハウもある程度体系化されています。

しかし、中国輸入OEMを経験したことがある方ならわかると思いますが、取り組みやすい分、ライバルが非常に多いのです。それでいて、オリジナリティや品質が国内商品に比べると低い場合が散見されます。そのため、どれも似たようなOEM商品を販売するセラーが増えてしまい、結果的に売れない、というケースが多発しています（詳しいことはP020〜をご覧ください）。

今のところ、国内OEMのノウハウを体系的にまとめた人はほとんどいません。正直、取引できるメーカーがまだいないメーカー直取引初心者には敷居が高いところがあります。国内OEMのノウハウが少ない理由は、敷居の高さから実際に教えられる人が少ないことも要因の1つです。

しかし、それだけにライバルが非常に少ないジャンルでもあります。OEMは、憧れを持つ方は多いけど、実際に取り組む方はとても少ないのです。

また、これまで国内メーカー直取引を実践してきた方にとっては、OEMは次のステージに進む大きなきっかけになります。

これは、本書のChapter3で詳しくお伝えしますが、**信頼関係を構築しているメーカーがいれば、OEM販売のアプローチをしやすいためです。**

これまでAmazon販売の提案をするだけだったのが、「このように商品を改良すれば、もっと売れますよ」「商品企画から販売まで任せていただけませんか?」という提案もするようになる。メーカーにとっては多角的にアプローチしてくれるわけですから、よりよい提案をしてくれるありがたい存在と言えます。ますます信頼関係が構築していくことが可能になります。仮にOEM販売が実現しなくても、Amazon販売の独占が可能になるかもしれません。

国内OEMのいいところは、何と言っても国内メーカーの高い技術力によるオリジナリティと品質です。コピー品を量産するようなことはなく、機能・デザインともに高いクオリティです。

そのため、品質の問題でクレームや返金対応に追われるリスクもなく、何か問題があっても確実に保証が効きます。また、機能面で優れている商品を生み出す技術力があるので、他商品との差別化も難しくありません。

メーカー直取引を経験し、すでに取引しているメーカーが何社かある方にとっては、国内OEMに着手する大きなチャンスと思います。

もちろん、物販初心者でも国内OEMに挑戦するのはまったく不可能ではないのですが、OEMはメーカー直取引よりも利益が出るまで時間がかかります。

そのため、初心者の方は拙著『Amazon国内メーカー直取引完全ガイド』(増補改訂版)も併せて手にしていただくことをおすすめします。そして、安定収入を実現しながらメーカーとの信頼関係を構築することから始めてみるといいでしょう。

メーカーと信頼関係ができてくると、メーカー商品の特徴についても理解が深まります。そのため、「この商品にこの機能を付ければいいのに」など改良点も浮かんでくることがあります。信頼関係ができているので、メーカーにこのような話をすることで、OEM販売の交渉をしやすくなります。

OEM商品をAmazonで販売すれば、独自の商品ページを作り、独占的に売ることができるので、1つの商品で安定した大きな利益が期待できます。メーカー直取引にOEM販売のスキルも身に付ければ、ほぼ無敵です。

国内メーカー直取引を実践している方であれば、本書を読んで国内OEMに取り組んでみてください。

本書では、これまで誰も公開することのなかった国内OEMのノウハウを、

1から10まで理解できるように構成してあります。

❶売れるOEM商品のアイディアがどんどん思いつくリサーチ方法やメーカーとの交渉方法、可否の判断ポイントをパターン別に詳しく紹介
❷OEM販売で重要な売れる新規商品ページの作り方を全公開し、ワーク形式でわかりやすく解説
❸商品の売上を加速する広告戦略、Amazon SEO対策を詳細に解説
❹OEM販売するなら知っておきたいスポンサープロダクト広告の作り方やバリエーションの組み方、ブランドの商標登録など手順書としても活用できる

物販に興味のある方に向けて、ここまで国内OEMについて詳しく扱った本は、おそらく本書が初めてです。ぜひ、国内OEMに取り組む際は、本書を横において、辞書的に活用していただければ幸いです。

OEM販売は新規商品ページを作成し、販売力を上げていく仕組みを自分で構築をする必要があります。**しかし、この商品を売る力は、今後あなたがAmazon物販ビジネスを続け、一生稼ぎ続けるうえで、誰にも負けない強力な武器になります。**本書との出会いが、誰にも負けない一流物販ビジネスオーナーとして飛躍できるきっかけになれば幸いです。

なお本書は弊社のビジネスパートナーであり、OEM販売に関して知識の深い田中雅人さんと共著という形で書き進めていきます。

田中さんは私のコンサルティングを2014年に受けて、成果を出された方で、私がもっとも信頼する方の１人です。２人でダブルチェックして書いていますので、安心して読み進めてください。

中村 裕紀

Contents

Chapter3
【交渉例文付】OEM取引するメーカーを探そう

Chapter4
OEMで確実に利益を出すための利益予測と可否の判断ポイント

Chapter5
OEMの新規商品ページ作成マニュアル

Chapter6
思わずポチってしまう売れる商品ページの作り方

Chapter7
検索画面で上位表示され売上を加速するSEO対策

◎本書は著者の独自の方法で行った調査に基づき、制作されたものです。
◎内容については万全を期して作成されていますが、本書の内容に合わせて運用した結果については責任を負いかねますので、予めご了承ください。
◎本書は2022年12月の時点で制作されたものです。登録作業や各種作業画面については、Amazonやツールの仕様が変更される場合があります。予めご了承ください。

Chapter 1

Amazon国内OEMの魅力と基礎知識

この章では、まず初めての方も理解できるように国内OEMの概要についてお話します。Amazon物販ビジネスでよく知られる中国輸入OEM(簡易OEM)と比較して、国内OEMの魅力やメリット・デメリットをお伝えします。また、国内OEMは、国内メーカー直取引をしている人が、メーカーと取引を重ねていく過程で興味を持つようになることが多いです。そこで、国内メーカー直取引とも比較して、国内OEMがどのような人におすすめできるかもお伝えします。

01

そもそもOEMとは?

Amazon販売におけるOEMの定義は?

OEMは「Original Equipment Manufacturer (Manufacturing)」の略で、直訳すると「相手先ブランドを製造する会社」という意味になります。ただ、これはどちらかというと私達が製造を依頼するメーカー側の定義です。

Amazon物販ビジネスをする私達が意味するOEMは、**「他社（工場）が製造した商品を自社オリジナルのブランドで販売すること」**を指すことが多いです。そのため、相手先製造会社とのコミュニケーションで混乱しないように気を付けましょう。

パッケージやタグなどに自社のブランド名を表示したのがOEM商品

Amazon物販ビジネスについて書かれている本書では、OEMは「自社オリジナルのブランドで販売すること」という意味で使用します。また、OEM生産を製造会社に発注する場合、発注側（ご自身）をOEM発注者、製造会社をOEM受託者と定義します。

例えばコカ・コーラであれば、社名と同じブランド名のコカ・コーラや、社名と違うブランド名のスプライトなどの飲み物がありますよね。このように、自社ブランドと言っても、社名と一緒の場合もあれば、社名と違う場合もあります。

ただ、いずれの場合でも、コカ・コーラであれば、コカ・コーラというブランド名が缶に表示されていますし、スプライトもスプライトというブランド名が缶に表示されています。

同じように、OEM商品をAmazon販売するには、パッケージやタグなどに自社のブランド名を表示しなければいけません。この点がAmazon物販ビジネスで比較すると、単純転売やメーカー直取引とは大きく違う点になります。

02

新規の商品ページを作成してみよう

OEMの種類

OEM商品とは、「パッケージやタグなどに自社ブランド名を表示した商品」ということですが、大まかには次のように分類することができます。

本書では、以下のように呼び名を統一することにします。

OEMの種類

簡易OEM商品	既製品に改良を加えず、パッケージ/タグなどで自社ブランド名を表示した商品
セット組商品	複数の既製品を組み合わせ、パッケージ/タグなどで自社ブランド名を表示した商品
OEM商品	既製品を改良または新規設計した製品に、パッケージ/タグまたは本体への印刷などで自社ブランド名を表示した商品

シャボン玉を例にすると、改良を加えずに、自社ブランド化したシャボン玉の液体を販売する場合は簡易OEMとなります。簡易OEMというと、中国輸入ビジネスのイメージを持たれる方も多いと思いますが、国内の物販ビジネスでも簡易OEMを行うことは珍しくありません。

一方でセット組商品とは、2つの仕入れ先から仕入れた商品を1つの商品として自社ブランド化した商品です。セットで販売した方が売上を見込める場合に、セット組商品を販売します。シャボン玉を例にすると、ストローとシャボン玉の液体を別々のメーカーから仕入れ、セットとして販売するような場合です。

シャボン玉が遠くに飛ぶように改良を加えたり、新規に開発したりした場合はOEM商品と呼びます。

シャボン玉を例にしたOEMの種類

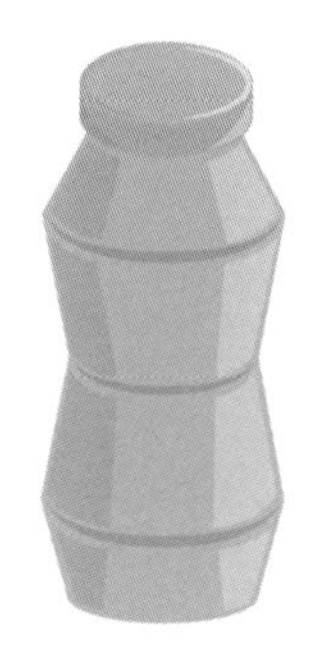

仕入れたシャボン玉の液体に改良を加えずに自社ブランド化

簡易OEM

別々に仕入れたシャボン玉の液体とストローをセットで販売

セット組商品

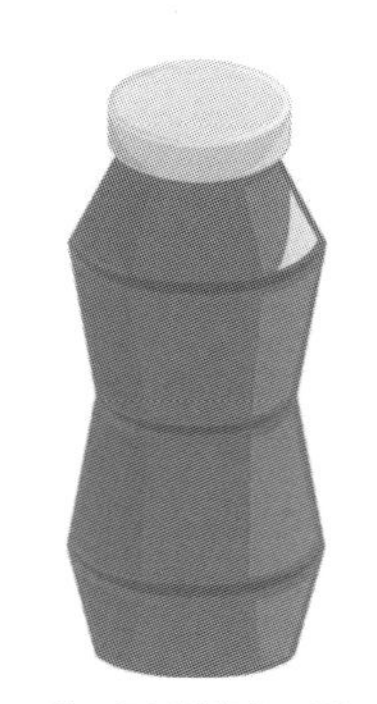

シャボン玉が遠くに飛ぶように改良したりなど新規に開発

OEM商品

似た言葉にODM商品という言葉があります。ODMとは「Original Design Manufacturer（Manufacturing）」の略称です。OEMとは基本的に製造のみメーカーに受託することに対し、ODMはメーカーに企画から設計、開発、生産まで受託する場合を指します。ただ、今は生産方式が多様化しており、OEMとODMの違いが曖昧になりつつあり、OEMとODMをほぼ同義語として扱うことも多いです。本書では、設計や開発まで受託するような場合も含んでOEM商品と呼ぶことにします。メーカーと交渉する際も、OEMとODMの違いを問われることはほぼありません。

03

自分だけのオリジナル商品を販売できる! Amazon国内OEMのメリット

【メリット①】ライバルとの大きな差別化で安定した売上が見込める

Amazonの単純転売やメーカー直取引の場合は、自分で商品ページを作成することなく商品を販売します。これは、商品ページを作成する手間が省けるというメリットである一方で、ライバルとの相乗りになるということです。

例えば1ヶ月で100個売れる商品の場合、ライバルがいなければ自分だけで月100個売れることになります。それが、ライバルが2人いれば月50個、3人いれば月33個といった具合に、ライバルが増えれば増えるほど売上が見込めなくなり、そのためメーカーと信頼関係を構築し、販売者の限定化を図ったりなどの対策をします。

一方、OEM商品の場合は、独自の商品ページを作り、自社ブランドで自分だけが販売するので、相乗りされることがありません。月に100個売れる商品であれば、100個売れ続けます。同じ商品ページ内でライバルがいないので、魅力的な商品を1度作れば安定した売上が見込めます。

同じ商品ページにライバルがいないということは、大きなメリットです。しかし、他の類似した商品を販売している人もいるので、まったくライバルがいないわけではありません。ページ違いであまりにも似たような商品が多すぎると、ライバルに埋もれてしまって売れません。

とはいえ、OEM商品の魅力を表現して、ライバルとの違いを示す商品ページを作れば長期安定的な利益が見込めます。

メーカー直取引では、販売者を限定することでライバルとの差別化を図りますが、OEMの場合は商品力と魅力の伝え方で差別化を図ります。

【メリット②】自分オリジナルの商品を生み出すワクワク感

自分でオリジナルの商品を作り出して、ライバルと大きな差別化を図って販売できるOEMは、Amazon物販ビジネスでも憧れの対象です。

メーカー直取引を実践して月利100〜200万円程度の成果を出してきた人が、OEMを次のステージとして考えるケースは多いです。それだけOEMはAmazon物販ビジネスのなかでも花形と言うことができます。

自分のオリジナル商品として独自の商品ページを作って販売できるワクワク感は、単純転売やメーカー直取引にはない楽しさです。

仕入れた商品を売り続けていくと、「いずれ自分のオリジナル商品も売ってみたい」と考える人は案外多いです。そういう方であれば、OEMは最高のビジネスと言えるでしょう。

【メリット③】最安値で仕入れることができる

メーカー直取引にも同じことが言えますが、OEMも当然ながら小売店や代理店を通して販売するわけではなく、直販になります。**そのため、最安値でメーカーの製造した商品を仕入れることができます。**

【メリット④】魅力的な商品であればリピート性が高い

自分オリジナル商品を販売するわけですから、**ライバル商品と差別化が**

しっかりできればリピート性が高く、長期的な売上安定が見込めます。

単純転売のように価格競争に巻き込まれるようなこともありません。

特にOEMは、1つの商品で長期的な大きな利益を見込めるので、メーカー直取引ほど商品を多く扱う必要もありません。

【メリット⑤】商品の品質と信頼性も高い

転売商品の場合は、どうしても不良品のリスクが伴い、返品やクレームなどのトラブルが発生する場合があります。

しかし、メーカー直取引同様、OEMはメーカーと直接取引をするので商品の品質・信頼性は担保されます。

仮に商品の問題が発生しても保証が効くので、自社ブランドとはいえ自分が損害を被ることはありません。特に国内メーカーと直接取引している場合は、間違いなく保証が効きます。クレーム・返品に対してもメーカー(受託者)が迅速、丁寧に対応してくれるので安心してください。

【メリット⑥】Amazonアカウント閉鎖のリスクが極端に低い

Amazon物販ビジネスをしていると、たまに真贋調査が入ることがあります。

真贋調査とは「適切な商品を出品していますか？」「偽物の商品を出品していませんか?」というAmazonからの緊急調査で、拒否はできません。

真贋調査はお客様の返品理由をもとにAmazonが判断して行います。真贋調査で不適切な商品を売っていると判断されれば、Amazonのアカウント閉鎖される可能性があります。そのため、商品の品質が保証されていない転売商品はリスクが高いのです。

しかし、OEMはそもそも自社ブランド商品を販売することになりますので、真贋調査とはほぼ無縁になります。

【メリット⑦】販売価格を自由に設定しやすい

OEM商品は自社ブランド商品で商品ページを新たに作ることになるので、他の販売者と価格を合わせる必要はありません。

OEMであれば、比較的販売価格を自由にコントロールしやすくなります。他社商品を売るわけではなく、自社商品を売るので、販売価格の制約がなくなるのは当然のことです。

そのため、他の商品にはない魅力を持った商品であれば、ライバル商品よりも多少高い価格設定でも長期安定的に売れることがあります。

ただし、極端に販売価格を高く設定してしまうと、当然類似商品と比較されます。また、思ったより売れなければ販売価格を思い切って下げて売り切るようなことも必要となります。このように、戦略的に値下げが必要になることもあるので注意してください。

以上、Amazon国内OEMのメリットをお伝えしましたが、いかがでしたでしょうか?

単純転売でありがちな「ライバルとの価格競争に巻き込まれる」「Amazonアカウント閉鎖リスク」がないというメリットは、メーカー直取引と共通しているところがあります。

さらにOEMの場合は自分オリジナル商品を作り、商品の魅力を伝えることで、よりライバルと大きな差別化を図ることができるのです。

さらに販売価格をコントロールしやすく、他商品にはない価値があれば高単価で販売することができます。

後述するようにOEMは物販未経験者には少しハードルが高いですが、メーカー直取引などで実績を重ねた人にとっては、次のステージに上がる最高の手段と言えるでしょう。

04

中国輸入OEM（簡易OEM）と国内OEMの違い

Amazon物販ビジネスを経験した方であれば、OEMと聞くと中国輸入ビジネスの簡易OEMを想像する方も多いでしょう。

たしかに中国輸入ビジネスをしている方であれば、中国製品の簡易OEMは比較的取り組みやすいジャンルです。

しかし、本書で扱うのは日本製品のOEMです。そこで、中国輸入OEMと国内OEMの違いについてお伝えします。

【違い①】ライバルとの差別化

OEMの大きなメリットは、自社ブランド商品を作ることでライバルとの差別化を図ることができる点です。

しかし先ほどお伝えしたように、独自の商品ページを持てば差別化ができるというわけではありません。ページ違いの類似商品が多ければ結局埋もれてしまいます。

中国輸入OEMの大きな問題点が、ページ違いのライバルに埋もれてしまいやすいことです。

中国輸入OEMはAmazon物販ビジネスでも流行のジャンルなので、ただでさえライバルが多い状態にあります。

加えて、中国製品は日本製品に比べるとクオリティが劣り、似たような商品が多い傾向にあります。他社ブランドと同じ金型で製作され、機能やデザインが驚くほど似ていることすらあります。これでは、消費者から見れば、ページ違いの同じ商品と思われてしまうでしょう。もちろん、ライバル商品の二番煎じでは売れません。私も中国製品の簡易OEMをやったことがありますが、他商品との差別化が難しく、売れなかった商品が多くありました。

一方で、国内商品は高い技術力で、消費者のニーズに応えようと、こだわりを持って製造された商品が多いです。そのため、中国商品に比べると高い価格になりがちですが、ライバルとの差別化がしやすくなります。

【違い②】商品の品質と信頼性

商品の品質や信頼性についても日本製品のほうが有利になります。

昔よりは少なくなっていますが、中国工場にOEM商品の製作を依頼しても、品質上の問題が発生することがあります。しかも、不良品があっても保証が効かないようなこともあります。中国では問題のない品質でも日本ではクレームにつながることがあるため、どうしても品質・信頼性に不安が残ります。

【違い③】商品価格

唯一、日本製品が中国製品より劣るところといえば、商品の価格でしょう。こだわりを持って製造された日本製品は、どうしても商品単価が高くなる傾向にあります。

しかし、日本製品は、消費者が「こんな商品が欲しかった！」「これだったら少し高くても買う！」と思える製品が多いのも事実です。

- **単価はライバル商品と変わらないが、似たような商品**
- **単価はライバル商品より少し高いが、他商品にはない「欲しい！」と思える要素がある商品**

経験上、この2つのうち、売れ続けるのは後者の商品です。

05

メーカー直取引とOEMの違い

おそらく本書は、これまでメーカー直取引を経験されてきた方もご覧になっているかと思います。メーカー直取引を経験している方は、おそらくAmazonでの出品やFBA納品、在庫管理、利益計算などは理解して問題なくこなしていると思います。

これらの日常作業はOEMでも大差ありません。つまり、OEMはこれまでのメーカー直取引の経験を活かせるということです。

そのため、拙著『Amazon国内メーカー直取引完全ガイド』『Amazon海外メーカー直取引完全ガイド』で紹介したAmazonアカウントの登録やFBAの仕組みについては、本書では割愛します。

しかし、メーカー直取引にはなかった、OEM特有の作業ももちろんあります。そこで、メーカー直取引と比較しながらOEMの特徴やメリット・デメリットについてお伝えします。

【違い①】ビジネスモデル

まずは、メーカー直取引とOEMのビジネスモデルの違いです。メーカー直取引は既製品を仕入れて販売する代理店販売であることに対して、OEMは、自社ブランドの商品を売るビジネスです。

メーカー直取引の場合は、新たに商品ページを作らずに、相乗りから始めることが基本となります。そのため、売れている商品を見つけるリサーチ力、メーカーから商品を卸してもらうための営業力が欠かせません。さらに消費者サイドの意見を伝えたり、販売者を限定化して価格破壊を防いだりすることが、メーカーと長く取引を続けるコツとなります。

一方でOEMは、まず売れる商品を企画し、商品ページを作って消費者に魅力を伝えることが重要です。**もともと需要がある既製品を仕入れるメーカー直取引では営業力がポイントになることに対して、OEMではマーケティング力（商品を売る力）が求められます。**

【違い②】タスク量

これはデメリットの話になってしまうのですが、OEMではメーカー直取引に比べてタスク量が多くなり、時間がかかります。以下の図は、メーカー直取引、簡易OEM、OEMの3種類のリードタイムの比較です。塗りつぶした箇所が、委託者(ご自身)が実施するタスクになります。

メーカー直取引、簡易OEM、OEMのリードタイム比較

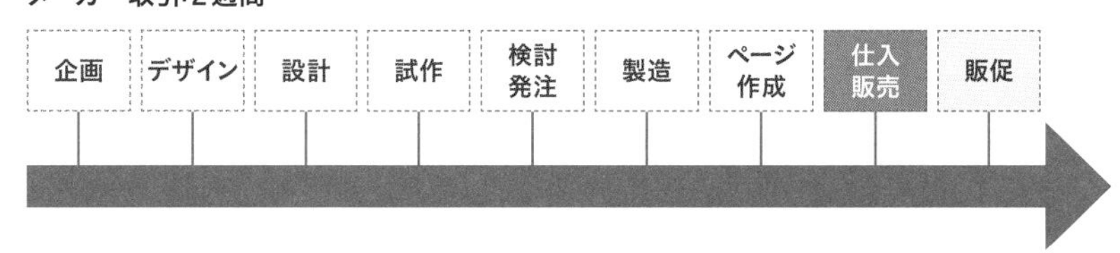

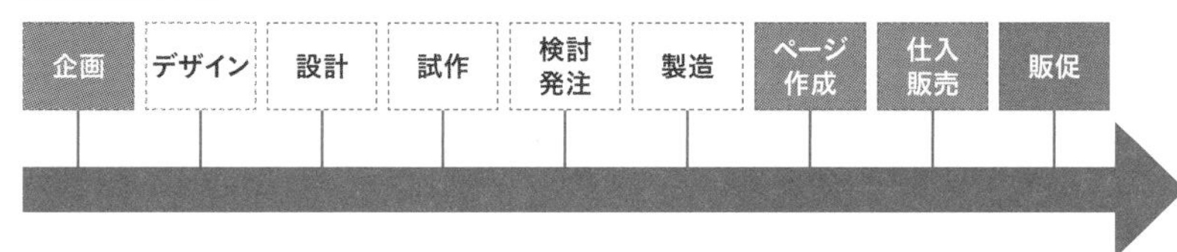

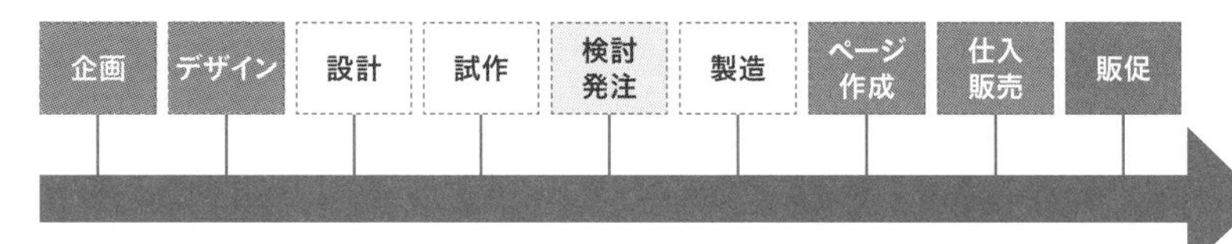

ご覧になってわかるように、メーカー直取引であなたが行うことは、仕入販売しかありません。かかる時間は、商品を仕入れて販売するまでの期間だけなので、だいたい2週間くらいが目安です。そのため、結果が出るまでの時間が短く、回転率が良いのがメーカー直取引です。そのため、初心者の方でも、メーカーとの交渉を開始してから1ヶ月も経たないうちに売上を作ることは難しくありません。

簡易OEMは、既製品の改良がないとはいえ、企画、ページ作成、さらに販促の戦略が必要です。**簡易と言いながら、メーカー直取引に比べればタスク量は多くなります。**期間としてはだいたい1ヶ月くらい見る必要があります。

OEMは、さらに既製品の改良や新規開発をするわけですから、簡易OEM以上に時間がかかります。目安はだいたい3ヶ月です。メーカー直取引であれば、3ヶ月あれば早い方は月利10〜30万円、転売のご経験者だと月利100万円を達成する人もいます。しかし、OEMの3ヶ月は、ようやく商品を販売できる段階になるので、まだ売上は見込めません。

【違い③】取扱数、在庫量と利益額

国内メーカー直取引の場合でも、メーカーから提示される最小ロット数(MOQ)に頭を悩ませることがあります。しかし、OEMに比べればMOQは小さく、販売までのリードタイムも長くありません。そのため、月間販売数が少ない商品も取り扱うことができます。その代わり、目標とする売上高を達成するためには、多くの商品を取り扱わないといけません。必然的にOEMよりは多商品少在庫の横積み型のビジネスとなります。

一方でOEMは、MOQが大きく、先ほどお伝えしたようにリードタイムも長いです。そのため、在庫リスクを極力防ぐために月間販売数が多い商品を取り扱う必要があります。しかし、長い目で見れば1商品で大きな売上高を期待できるので、少商品多在庫の縦積み型のビジネスとなります。

このような特徴から、1商品を多く売るOEMは商品あたりの利益額が大き

くなります。

OEMは軌道に乗れば、少ない商品数で高い利益額を継続的に得られる効率の良いビジネスである一方、売れない場合のリスクも高くなります。

また、利益率という観点でもOEMの方がコントロールしやすいですが、広告費なども必要となってくるため、逆の見方をすれば利益率の高い商品でなければ利益が出ないとも言えます。

【違い④】商品ページ

メーカー直取引では、商品ページを作成する必要はなく、相乗りでできますが、これはメリットでもデメリットでもあります。

先ほどお伝えしたように、もともと需要のある商品を販売するので商品ページ作成の手間がない分、同じ商品ページ内でライバルが存在することになります。また、商品ページを変えることができないので、訴求を高めて売上アップを図る戦略を立てることができません。

一方で、自社ブランド品を販売するOEMは新たに商品ページを作り、自分で消費者に魅力が伝わるように工夫することができます。同じ商品を販売するライバルもいませんし、訴求力を高めて売上アップを図ることができます。

これが、OEM本来のワクワク感に繋がるのですが、商品ページを作成するという手間が発生します。OEMのほうが自由度が高い分、タスクが多くなってしまいます。また、商品の魅力をうまく伝えられないと、せっかく良い商品でも思うように売上が伸びません。

メーカー直取引とOEMの違いまとめ

以上のことから、メーカー直取引とOEMの違いをまとめると、次の表のようになります。

メーカー直取引とOEMの違い

	メーカー直取引	OEM
ビジネスモデル	代理店	企画販売
求められる能力	営業力	マーケティング力 (商品を売る力)
商品ページの新規作成	不要	必要
販売までのリードタイム	2週間	1〜3ヶ月
最低ロット(MOQ)	少ない	多い
取扱数	多い	少ない
1商品当たりの利益額	少ない	多い
利益率	低い	高い
広告費	かからない	かかる
在庫リスク	低い	高い
ライバルの存在	商品ページ内(相乗り)	商品ページ外

メーカー直取引とOEMには、このように相反する特徴やメリット・デメリットがあるのです。

メーカー直取引経験者が新たにOEMに挑戦する場合、一番注意しないといけないのは「1商品あたりの重み」でしょう。

メーカー直取引ではまず多くの商品を扱い、そこから利益の出る商品に絞り込んでいく戦略を取ります。一方で1商品に時間とお金のかかるOEMは、事前の利益予測により時間をかけて成功率を上げていく戦略が必要です(第4章参照)。

06

OEMがおすすめな人とは?

メーカー直取引とOEMの利益が出るまでの目安

メーカー直取引とOEMを比較すると、OEMは1商品を出品するまでのリードタイムが長く、利益が出るまで時間がかかることがわかります。

メーカー直取引とOEMの実施期間と月利のイメージをグラフにすると、以下のようになります。

あくまでもイメージなので、もちろん個人差はあります。メーカー直取引もOEMも、もっと早く成果を出す人もいれば、逆にもっと時間がかかる人もいます。そのため、参考までに捉えてください。

メーカー直取引とOEMの比較

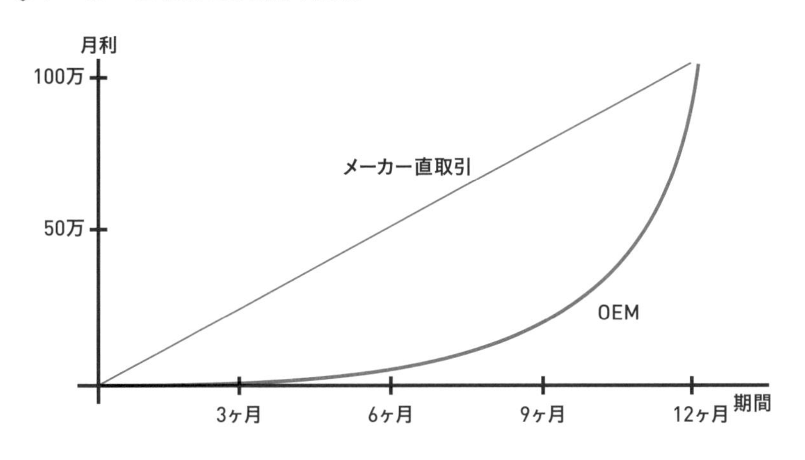

販売までのリードタイムが短いメーカー直取引は、短期間で自分が目標とする月利を達成することもできます。

一方、OEMは販売までのリードタイムの目安が3ヶ月(簡易OEMは1ヶ月)ですから、まだ販売すらできません。3ヶ月くらいは利益ゼロということになり、どうしてもメーカー直取引よりは時間遅れが発生します。

しかし、1商品あたりの利益額が大きいOEMは、軌道に乗れば急速に利益を伸ばすことが可能です。

左ページの図のようにメーカー直取引が比例のグラフになるなら、OEMは指数関数的に利益を伸ばすイメージです。

また、メーカー直取引に比べてOEMはMOQが大きくなるので、メーカー直取引以上の資金力も求められます。

メーカー直取引で月利安定後に OEMに挑戦するのがおすすめ

資金力が求められ、利益が出るまでに時間のかかるOEMは、正直他の収入源がない状態で挑戦するのはおすすめしません。

長期的には1商品あたりでメーカー直取引以上の利益が見込めますが、他の収入がない状態で挑戦するには精神的にも不安です。

また、第3章で詳しくお伝えしますが、OEM生産委託先メーカーの探し方は大きく分けて2つあります。1つが新規にOEM生産委託先のメーカーを探し、アプローチする方法。もう1つがメーカー直取引などで取引を続けている既存メーカーにアプローチする方法です。後者の方法は、メーカー直取引を経験していないとできません。

以上のことから、OEMについてはメーカー直取引で、メーカーと信頼関係を築き、長期安定的な利益を出してから行うのが良いでしょう。

メーカー直取引未経験の方は、拙著『Amazon国内メーカー直取引完全ガイド』『Amazon海外メーカー直取引完全ガイド』からご覧になることをおすすめします。

逆に、メーカー直取引を経験して利益が安定している方は、次のステージとして今までのスキルを活かせるOEMは非常におすすめです。

- **FBAの仕組みを理解している**
- **メーカーとの交渉経験が豊富である**
- **信頼関係を構築しているメーカーが多い**
- **Amazonで売れる商品と売れない商品をよく知っている**

メーカー直取引を経験することでノウハウ・スキルを蓄積し、ぜひ物販経験者の憧れでもあるOEMに挑戦してほしいと思います。

OEMは次のステージに 進みたい方には最高のビジネス

Amazon国内OEMは、これまで国内メーカー直取引をしてきた方が、次のステージに進むためには最高のビジネスです。

P016～でもお伝えしましたが、OEMは自社ブランド商品を販売することでライバルとの大きな差別化を図ることができます。魅力的な商品をしっかりと伝えられる商品ページを作れば、ライバルはほとんどいません。

さらに、物販経験者は、「いずれ自分の商品を販売したい」という思いを抱く人がかなり多いことです。さまざまなメーカー商品をAmazon販売していくと、自分のオリジナルの商品もAmazonで販売したいと思うことは自然なことです。

長期的な目線で見れば利益が安定するのはもちろん、ワクワクしながら楽しんでビジネスできるのがOEMの醍醐味と言えるでしょう。

07

OEMで成功するための5つのポイント

メーカー直取引、簡易OEM、OEMのリードタイム比較

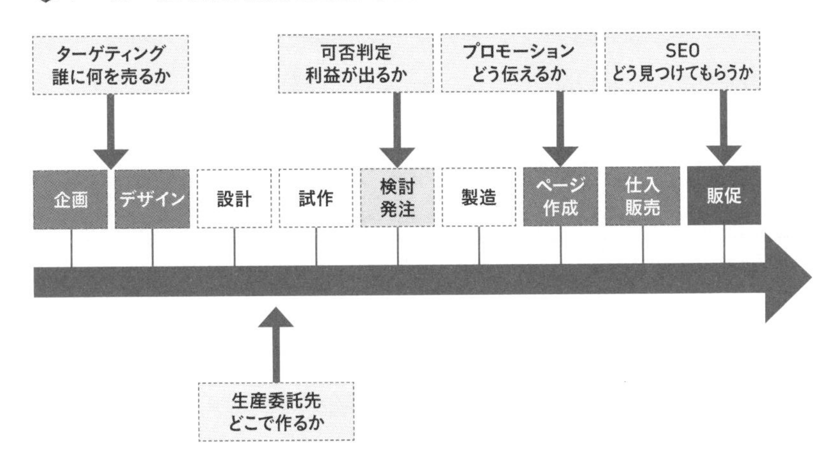

ターゲティング　～誰に何を売るか～ Chapter2

まずは魅力的なOEM商品の見つけ方についてお伝えします。もともと需要のある商品を売るメーカー直取引は、いかに売れる商品を見つけ、メーカーと交渉していくかが重要になります。

自社ブランド商品を作るOEMも、メーカー直取引同様にカテゴリーリサーチやセラーリサーチに取り組み、売れ筋商品を見つけます。しかし、OEMではリサーチ以上に、消費者の悩みを市場調査し「誰に、何を売るか」というマーケティング視点が欠かせません。また、リサーチの視点がメーカー直取

引と違う点もあります。

そこで、本書ではOEMに向いている商品と、その選定、訴求点の見つけ方といったOEMの原理原則をお伝えします。

生産委託先メーカーへのアプローチ ～どこで作るか～ Chapter3

メーカー直取引では売れ筋商品を見つけたら、メーカーにメールを送って取引の交渉をします。当然、OEMでも生産委託先のメーカーにアプローチしなければいけません。

生産委託先メーカーの見つけ方は、主に既存の取引メーカーにアプローチする方法と、新規メーカーを探す方法があります。

どちらでアプローチするにしても、メーカー直取引の交渉とは違う提案をする必要があります。交渉メールの例文などを交えながら具体的な提案方法についてお伝えします。

メーカー直取引経験者がメーカーにOEMの提案ができるようになると、代理店としてもOEM委託者としても信頼されます。よりメーカーと長期的な取引ができるようになるでしょう。

可否判定　～利益が出るか～ Chapter4

メーカー直取引では、メーカーとの交渉過程で、見積書で利益が出るかどうかを精査する必要があります。OEMでも利益予測は重要になります。

しかもOEMはMOQが大きく、商品あたりの仕入額が高くなる傾向にあるため、自分の許容範囲を把握しながら、取引の可否判定をする必要があります。

正確に利益予測して、可否を判断できるようになることで、安心してOEMに取り組むことができます。

プロモーション　～どう伝えるか～ Chapter5～6

商品ページの新規作成が必要なOEMですが、ただ商品ページを作っても売れるとは限りません。

OEM販売する商品は、これまで消費者が「欲しい！」と思える魅力を正しく伝えられなかったようなケースが大半です。

そのため、商品ページで、どのようにして消費者に「こういうのが欲しかった！」と正しく魅力が伝えていくかをお伝えします。

商品ページの作成手順についてもお伝えしますので、初めて商品ページを作る方も安心してください。

SEO対策　～どう見つけてもらうか～ Chapter7

SEO対策というと、多くの方は、「ブログやホームページをどうGoogleの検索上位に表示させるか」ということをイメージするかと思います。

しかし、SEO対策はGoogleの自然検索だけの話だけではありません。Amazonの検索順位でもSEO対策があります。

AmazonのSEO対策とは、「自分の商品ページをいかに検索上位に表示させるか」ということです。

いくら良い商品でも、良い商品ページを作っても消費者に見つけてもらわなければ売れません。本書では、消費者が検索するキーワードで検索上位に表示させる方法についてお伝えします。

COLUMN

Amazonだけではない!
国内OEMの可能性

国内OEM販売は、中国輸入ビジネスの簡易OEMほど情報がありませんが、Amazon販売に限らず様々な可能性を占めています。本書で解説しているAmazon国内OEM販売で1商品あたりの月利を出している方が増えていますが、国内OEM商品は必ずしもAmazon販売だけとは限りません。また、Amazon販売にこだわる必要もありません。

Chapter2 P044～でお伝えしている通り、今までにない新しすぎる商品はAmazonでは検索されないため、どんな魅力的な商品でも売れません。しかし諦める必要はなく、今までにない商品であれば、クラウドファンディングで新商品のプロジェクトを立ち上げる方法があります。クラウドファンディングは、無在庫でリスクを抑えてテストマーケティングでき、新商品を日本市場に知らせるチャンスです。この場合、Amazonや楽天などの販売は、クラウドファンディングで市場にPRしてから行ってもいいでしょう。

私のコンサルを受けて頂いた田村さんは、メーカー直取引の既存取引メーカーと信頼関係を築き、国内OEM販売までビジネス拡大した1人です。また、OEMの知識を身に付けた田村さんは新規のOEM生産委託メーカーにもアプローチしました。なかには、Amazonでは目新しすぎて、検索されない商品もありましたが、その場合はMakuakeやGREEN FUNDINGでプロジェクトを立ち上げていました。結果、以下のような国産品で大きな支援を集めています。

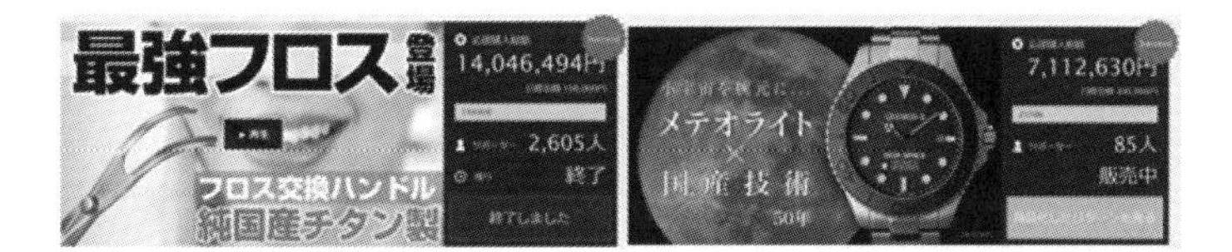

もう1人のコンサル生の島元さんは、コロナ禍でマスク＆マスクケースのプロジェクトを起案したことがあります。クラファンの支援は50万円程度でしたが、実店舗への卸などの販路で展開し、1ヵ月あたりおよそ8000万円の売上を上げました。Amazonでは相性が悪そうな今までにない新商品でも、実は大きな可能性を占めているのです。

Amazonでモデリングする商品があるなら、本書で解説している通りAmazon販売するといいでしょう。しかし、今までにない商品であればクラウドファンディングなどでテストマーケティングしてみてもいいのです。実際にOEM商品を考えていると、少し改良すればAmazonで売れそうな商品と、まずはクラウドファンディングで試した方が良さそうな商品を両方思いつきます。商品に合わせて適切な販路を選択できるようになると、ますますビジネスを拡大できる可能性が広がるので、臨機応変に対応しましょう。

Chapter 2

売れるOEM商品を考える必勝アイディア法

OEMと言っても一から商品を考えるわけではなく、既存の取引メーカーの取扱商品の派生商品を選んだり、リサーチによって商品を選定したりしていきます。この章では、どのような商品を選定していけば良いか、いかに消費者のニーズに合うように改良していくかについてお伝えします。

Amazon 01 Amazon

OEMに向いている商品とは?

OEMは1商品を販売するまでのリードタイムが長く、MOQも比較的大きいので、必然的にメーカー直取引以上に1商品あたりの利益額を意識しなければいけません。

つまり、在庫リスクを低減するために、月間販売数が多いであろう商品を取り扱う必要があります。

つまり、どのような商品を選定していくかがとても重要になります。具体的には、どのような商品を選べば良いのでしょうか?

狙い目は需要はあるのに「ちょっと残念」な商品

OEMでの成功率を高めるためには、今までにない画期的な商品を取り扱うのはおすすめしません。なぜなら、消費者がAmazonで買い物をするときはまず検索して商品を探しますが、画期的な新商品はまだ誰も知らないため、検索されないからです。

おすすめは、ある程度需要が高いと判断できる売れ筋商品を取り扱うということです。

狙い目は、まあまあ売れているが、商品ページが作りこまれておらず、消費者に魅力が伝わっていない商品、もしくはレビューが低い商品です。

「本当はもっと売れていいのに」「こうすれば売れるのに」という「ちょっと残念な商品」です。

逆に、商品ページが作りこまれており、レビューも高く売れている商品は、すでに消費者のニーズをつかんでいる商品です。このような商品は改良も難しく、既に売れている既存商品に太刀打ちできない可能性があります（OEM商品を作る場合の参考にしましょう）。

OEMで狙い目の商品

まったく需要がないために売れていない商品

商品ページが作りこまれておらず、また、レビューが低いために伸び悩んでいる惜しい商品

商品ページが作りこまれ、レビューも高く、すでに売れている商品

この点について、もう少し詳しくお伝えします。

商品画像がシンプルすぎる商品

Amazonの商品画像が1枚だけ(最大９枚まで掲載可能)の商品や、角度を変えて写真撮影しただけの画像の商品です。

このような商品は、まあまあ売れているのか、全然売れていないか、Amazonランキングやkeepa、キーゾンなどで売れ行きを確認しましょう。拙著『Amazon国内メーカー直取引完全ガイド』でお伝えしたように、定点観測することも大切です。

まったく消費者に魅力が伝わっていない(訴求を表現していない)のにたまに売れている商品は、商品自体の需要が高い商品です。

そのため、商品ページを作りこむだけで「たまに売れるが伸び悩む商品」

が「売れる商品」に変化します。

しかし、ブランド力で売れているものなど、そもそも商品説明がなくても売れるような商品もあります。この場合、商品ページに訴求を表現する必要がなく、敢えてシンプルな画像だけにしている可能性にしている可能性もあるので注意しましょう。

レビューが高くない商品

まあまあ売れているのに、レビューが高くない商品があります。

このような商品は、満足度が低いのに他に競合製品がなく売れているか、競合製品も同様に満足度が低い可能性があります。また、商品のターゲットや訴求がずれているような場合も、低レビューの原因になります。

このような商品は、消費者のニーズに応えるように改良を加えたり、商品ページを作りこんだりすることで売上が上がる可能性が高いでしょう。

結果として満足度も高くなるので、OEM商品にすれば高評価のレビューが増えます。そうするとAmazonのSEOでも上位表示され、消費者も「高評価なら安心」と購入しやすくなり、ますます売れるという好循環になります。

02

魅力的なOEM商品を作る全体像

詳しいことは本書でお伝えしていきますが、まずは国内OEM販売の流れについてご覧ください。このうち、OEM商品を考える工程は、「リサーチ商品選定」「どれくらい売れそうか精査する」「儲かる商品を考える」のところになります。

国内OEM販売の流れ

❶リサーチ商品選定	※以下の①か②で商品を選定する ①既存取引先メーカーにOEM販売できそうな商品を提案するか提案してもらう ②改良すれば売れそうなメーカー商品をAmazonなどから見つける
❷どれくらい売れそうか精査する	キーワード検索やモデリング商品の定点観測などで月間販売予測個数を大まかに予測する
❸儲かる商品を考える	誰が何のために商品を欲しがるかを把握する
❹OEM生産委託メーカーにアプローチする	新規OEM生産委託メーカーと取引交渉をする(既存取引メーカーの場合は省略)
❺見積もり、利益の精査	見積もりをもらい、資金力と利益精査から生産可否を判断する
❻OEM商品の製造を発注、仕入れ	①生産委託メーカーに商品の製造を発注 ②Amazonの商品ページを作成 ③商品の仕入れ、販売、販促

リサーチ商品の選定

既製品を販売するメーカー直取引の場合は、まずはカテゴリーリサーチやセラーリサーチで売れている商品を見つけることが重要でした。しかし、今回探すのは既製品を販売するメーカーではなく、オリジナル商品を製造できる生産委託メーカーです。

詳しいことはChapter3で解説しますが、**生産委託メーカーは、新規だけでなく、メーカー直取引の既存取引先という手もあります。**メーカー直取引で信頼関係を重ねながら、OEM商品を提案したり、提案してもらったりすることは実際にあり得ます。

もう1つは、新規の生産委託メーカーにアプローチする方法です。この場合は自分の趣味嗜好でAmazonの商品をリサーチするのもいいでしょう。また、メーカー直取引を継続すると、だんだん売れる商品の傾向もわかってきます。そのため、メーカー直取引の商品リサーチ途中で「改良するか商品ページを変えれば売れるのに」と感じる商品が見つかることもあります。本書でAmazon国内OEM販売の知識を身に付けることで、「売れていないからだめだ」と諦めるのではなく、「OEMを提案してみよう」と幅広い選択肢を持てるようになります。メーカー商品のリサーチ方法は拙著『Amazon国内メーカー直取引完全ガイド』をご覧ください。

どれくらい売れそうか精査する

もちろん、OEM販売を製造する前に、曖昧に「なんとなく売れそう」ではなく、実際のデータをもとに販売数を予測することが必要です。これは、後述するセラースプライトで月間検索数を調べたり、モデリングする商品の売れ行きを定点観測したりする方法があります。

儲かる商品を考える

リサーチして見つけた商品は、販売する商品ではなく、あくまでモデリングする商品です。OEM販売ではリサーチもしますが、「いかに儲かる商品にするか」が重要です。既存の商品を、どう改良すればいいか、商品ページをどう作ればいいかを考えます。既存の物販にはない工程になりますが、自分のオリジナル商品を販売する醍醐味と言えるところです。また、リサーチ以上に思考する作業を伴うので、ライバルとの大きな差別化にも繋がります。オリジナル商品の考え方や商品ページの作り方については、詳しくは本章やChapter6をご覧ください。

03

【大誤解】リサーチで見つかった商品は「儲かる商品」ではない

特にメーカー直取引を経験した方に気を付けてほしいことなのですが、**「リサーチして見つけた商品」＝「儲かる商品」ではないということです。**

メーカー直取引の場合は、すでに存在する商品ページに相乗りするので、月間販売数を予測しやすいところがあります。「リサーチして見つけた商品＝儲かる商品」と言うことができます。

しかし、OEMの場合は商品ページを別に作らなければならず、リサーチして見つけた商品を販売するわけではありません。つまり、リサーチして見つけた商品は、「儲かる商品」ではなく、「誰かが儲けている商品」に過ぎないのです。

このようにOEMの場合、気を付けなければいけないのがページ外の競合商品の存在です。

リサーチして見つけた商品のタイトルにあるキーワードを打ち込んで商品検索してみてください(キーワードについてはChapter7参照)。

その場合、リサーチして見つけた商品がトップに表示されていて、類似商品もたくさん表示されている場合は、成功率が高いと言えません。

仮にその状態でOEM商品を作ったとしても、右ページの図のようにライバルに埋もれてしまう可能性があるためです。右ページの図では、リサーチして見つけた商品はトップに表示されているのに、あなたのOEM商品は検索では下位に表示されています。

リサーチして見つけた商品が売れてもOEMで売れるとは限らない

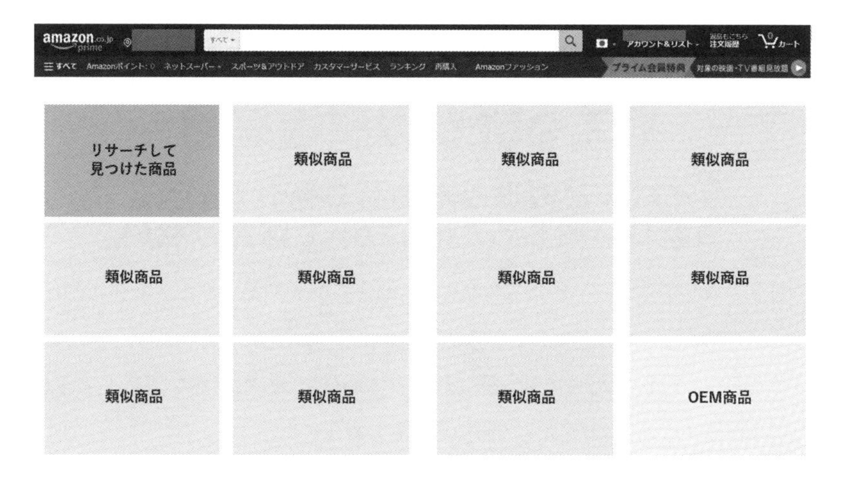

これでは、例えリサーチして見つけた商品が爆発的に売れているとしても、あなたのOEM商品がまったく売れないということが起こり得ます。

Chapter1では、中国輸入ビジネスの簡易OEMについても触れましたが、中国輸入OEMに取り組んでも利益が出なかった場合の理由が、まさにこれです。

商品ページの相乗りでできたメーカー直取引や単純転売にはない考え方のため、物販経験者でもやりがちなミスなので注意してください。

Amazon Amazon

04

「儲からない商品」を「儲かる商品」に変える0EMの原理原則

ライバルと似通った商品も売れないが、目新しい商品もAmazonでは売れない

リサーチして見つけた儲かる商品を元にして、OEM商品を作って販売しても、ライバル過多なら儲からないというお話をしました。

すると、「では、今までAmazonでは売っていなかった画期的な新商品を考えたほうが良いのか?」と考える方もいるかもしれません。

しかし、最初にお伝えしたように、AmazonでOEMに向いている商品は、「Amazonでまあまあ売れていて、改良してさらに売れる商品」です。

Amazonは、今まで市場になかった画期的な商品とは相性が良くないプラットフォームです。なぜかというと、知らない商品なので、消費者が検索して探すことができないためです。知らない言葉を使って検索することはできませんよね。

例えば、「光るアイスクリーム」という商品を思いついたとします。でも、食べ物が光るということが想像できる消費者がどれだけいるでしょうか？ もし、そんなアイスクリームがあったとしたら、たしかに画期的ではありますが、消費者は知らないので検索して探すことができません。

余談ですが、このような画期的な新商品と相性が良いのはMakuakeなどのクラウドファンディングです。**Amazonで今までにないような商品を販売する際は、その前にクラウドファンディングを通じてテスト販売し、認知を高めていくことも考える必要があるでしょう。**OEM商品のクラウドファンディングについては、また別の機会にじっくりお伝えしたいと思いますので、今回は割愛します。

【大原則】誰が、何のために商品を欲しがるのかを把握する

繰り返しになりますが、Amazonで相性の良いOEM商品は、「既存の商品に何らかの改良を加える余地のある商品」です。

では、どのように商品を改良するかというと、「ちょっと残念な商品」を見つけた場合、まずはその商品の何が残念なのかを明確にすることが重要です。この結果によって、商品の改良が必要な場合もあれば、商品ページの画像を変えるだけで良い場合もあります。

具体的には、「この商品は○○という点を好んでみんな買っているのに、その部分が商品画像で訴求されていない。だから、商品に改良を加えなくても○○を訴える画像を追加すればもっと売れる」といった具合に、

- **ダメな点**
- **ダメな理由**
- **どうすれば良くなるか**

を特定することです。例えば、次のように判断できれば、どうすれば売れるかを明確に判断できます。

- **この水鉄砲はレビューを見ると大人から評判が良いのに、子どもにしか訴求されていない。だから大人でも楽しめることを伝えれば、もっと売れる**

⇒商品そのままに、商品ページの画像やタイトルだけを変える。

- このグローブはアウトドア用に作られているのに、耐熱性に不満を持つレビューが多い。キャンプでバーベキューや焚火のときに使っている人が多いのだから、もっと耐熱性のあるグローブを売った方がいい

⇒商品の改良が必要。

つまり、OEM商品が売れるために大切なことは、「誰が何のために欲しがるのかを明確にする」ということです。

そのためには、レビューを読んでみたり、実際に使ってみたり、使った人から感想を聞いたりして、次のようにターゲットを深掘りしましょう。

「誰に」		どんな人が商品を使うのか?
「何を」		
いつ(T)		いつ、どこで、どう使うのか?
どこで(P)		
どうやって(O)		
期待		何を期待して、もしくはどんな不安を解決して商品を選ぶか?
不安		

この検討内容をまとめることができるターゲット消費者深掘りシートについては、以下からダウンロードできるので、ご活用ください。

●ターゲット消費者深掘りシート
bit.ly/3Po6lU7

誰が何のために欲しがるのかを明確にする

水鉄砲　子どもも安心
痛くない　大容量で長く遊べる

水鉄砲　大人も遊べる
大容量　野外イベント　サバゲー

「子どもよりも大人に需要があるから、商品そのままでタイトルだけ変えてみよう」

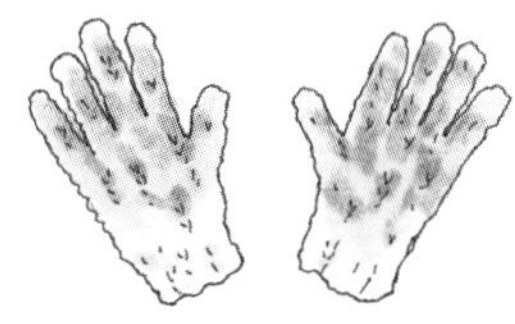
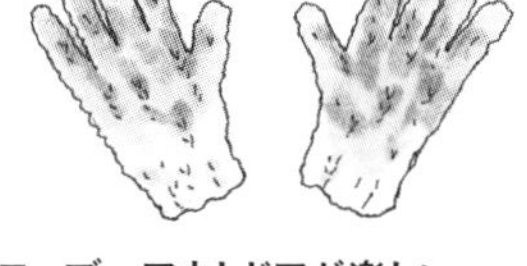

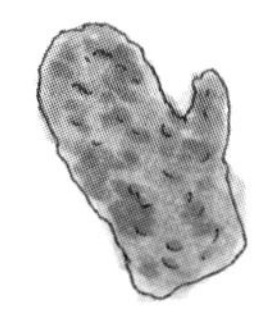
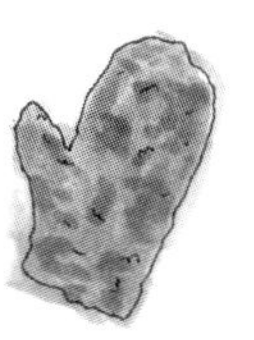

グローブ　アウトドアが楽しい
薄くて使いやすい

耐熱グローブ　アウトドアに便利
薪ストーブ　焚き火　バーベキュー

「アウトドアなら耐熱性に優れた厚いグローブに改良しよう」

「誰に」→ターゲット
「何を」→商品仕様
をはっきりさせることで
「儲かる商品」に変えていく
これがOEM

ターゲット消費者深掘りシートをどのように活用していくかは、Chapter6 P214～で詳しくお伝えしています。ここでは、まずは「誰が何のために欲しがるのかを明確にする」ことが重要である点を知っておいてください。

05

売れるOEM商品を生み出す3つのパターン

❶商品を変えず商品ページを変えてみる（簡易OEM）

先ほどお伝えした水鉄砲の例のように、商品を変えずに商品画像やタイトルなど商品ページの訴求を変える方法です。

具体的には、作成したターゲット消費者深掘りシート(P046〜)をもとに、消費者が知りたい情報や期待・不安について説明した商品ページを新規作成します。

Amazonで販売されているメーカー商品のページは改善されることが少ないので、これだけで大きな差別化につながります。

なお、商品ページでもっとも重要なところは商品画像です。**画像作成でよくある間違いは、見た目の綺麗さにこだわってしまうことです。**

もちろん綺麗な画像のほうがいいです。しかし、綺麗だけど何ができるかわからない画像よりも、垢抜けしないけど自分の知りたい情報がわかる画像のほうが、消費者が欲しがるのは言うまでもありません。見た目の綺麗さにこだわってしまうと、訴求が弱くなることがあるので注意しましょう。

なお、訴求力の高い商品画像を作成する際は、以下のポイントに注意してください。詳しいことはChapter6でお伝えします。

- **1枚の画像に伝えたいことは1つに留め、文字を詰め込まないこと**
- **文字はスマートフォンでも読める大きさにすること**
- **長い文章を書かず、写真をうまく活用して説明を簡潔にすること**

❷付属品で付加価値を付ける（セット組商品）

例えばドリルと保護めがねのような、もともとはバラバラで売られているものをセットとして販売して、付加価値をつけるのです。

この際、気をつけないといけないことは、ターゲットに合ったものをセットにしなければいけないという点です。

例えばドリルの例でも、初心者向けには付属品は保護めがねやマニュアルをセットにして、安全に簡単に扱えることを訴求したほうがいいでしょう。しかし、ベテラン向けには、特殊用途の刃をセットにして、切れ味など技術的な内容に訴求した方が売れる可能性が高くなります。

この場合、消費者のAmazonレビューやブログ・雑誌の記事などを参考にして、使うシーンを想像してみてください。そして、その場で必要になりそうなもの、セットだと便利そうなものをセットにして販売しましょう。

ターゲットによって付属品を変える

初心者ターゲットの場合（ドリル+保護メガネ）

ベテラン・マニアターゲットの場合（ドリル+特殊用途の刃）

新規設計で付加価値を付ける（OEM商品）

明確にしたターゲット消費者が求めている機能と、もとの商品の機能にギャップがあれば、その機能を付加した新規商品を作って販売します。先ほどお伝えした耐熱グローブがその例です。

この場合、既存商品に手を加えて改良する本格的なOEM生産となります。そのため、リードタイムは長くなり(3ヶ月)、最低ロット数(MOQ)も大きくなる傾向にあります。そのため、事前の利益予測(Chapter4)をしっかり行うとともに、OEM生産委託先の開拓(Chapter3参照)が欠かせません。

ただ、商品そのものを改良することで他社商品との差別化を図りやすくなり、もっとも長期的な利益が期待できる方法です。

06

OEM商品を作るときの4つの注意点

思い込みではなく、情報をもとにターゲットを判断する

「誰が、何のために商品を欲しがるのかを把握する」のがOEMの原理原則になりますが、思い込みでターゲットを判断することはやめましょう。

例えば、「この商品は大人には売れないだろう」など、根拠もなく想像で判断するのではなく、情報をかき集めて判断するようにしてください。

1つは商品の検索キーワードです。 以下は、セラースプライトで、水鉄砲の月間検索数を調べたものです。

水鉄砲の月間検索数

#	キーワード	所属カテゴリー	月間検索数	月間販売数	クリック集中度	商品数	市場分析	PPC入札額
3	お風呂 おもちゃ	おもちゃ	46,240 1,541	809 1.75%	28.2%	17,530 2.6	¥ 2,161.90 501 (4.0)	¥ 35 31 - 49
4	水風船	おもちゃ	40,014 1,334	3,369 8.42%	28.8%	1,950 20.5	¥ 1,554.80 51 (3.9)	¥ 31 26 - 36
5	水遊び	おもちゃ ドラッグストア 服&ファッション小物	35,277 1,176	134 0.38%	29.9%	41,815 0.8	¥ 2,467.12 566 (4.0)	¥ 36 30 - 45
6	水遊び おもちゃ	おもちゃ	31,904 1,063	47 0.15%	16.0%	12,391 2.6	¥ 2,402.42 162 (4.0)	¥ 36 29 - 46
7	みずてっぽう	おもちゃ	25,374 846	502 1.98%	30.1%	2,880 8.8	¥ 1,681.03 28 (3.7)	¥ 35 29 - 46
8	子供用プール	おもちゃ スポーツ&アウトドア	25,347 845	605 2.39%	25.2%	28,296 0.9	¥ 3,626.83 801 (4.0)	¥ 40 31 - 49
9	水鉄砲 最強力 飛距離	おもちゃ	23,667 789	726 3.07%	28.7%	757 31.3	¥ 2,076.10 27 (3.7)	¥ 36 29 - 72
10	ぱうぱとろーるおもちゃ	おもちゃ ホビー 家電&カメラ	21,842 728	190 0.87%	41.5%	1,917 11.4	¥ 3,924.51 599 (4.3)	¥ 28 23 - 40
11	女の子 おもちゃ	おもちゃ ホビー	18,996 633	45 0.24%	25.9%	65,199 0.3	¥ 3,397.54 382 (4.0)	¥ 44 33 - 68

月間10000以上アクセスされているキーワードを見ると、「超強力 飛距離」「子供用プール」「女の子 おもちゃ」などのキーワードがあることがわかります。

- **飛距離が飛ぶ水鉄砲が人気なのでは？**
- **子ども用プールで使いやすい水鉄砲とはどのような仕様だろうか？**
- **男の子だけでなく、女の子が使う水鉄砲も需要があるのだろうか？**

という具合に考えながらリサーチを進めることができます。

もう1つは、実際に商品をリサーチしてみて、ターゲット消費者深掘りシートを活用しながらレビューを分析してみる方法です(P228〜参照)。

もし、取引メーカー取扱商品の派生商品であれば、取引メーカーにお客様からどんな感想をもらっているのか聞いてもいいでしょう。

勝手な想像と思い込みだけでOEM商品を作ると、失敗する確率が高くなります。取引メーカーにOEMを提案する際も、根拠を持って説明するようにしてください。

一次機能の強化を優先し、二次機能はおまけ

商品を改良する際は、商品の機能に直結する機能（一次機能）の改良を優先します。商品に直接関係のない二次機能の改良は、売上には大きく影響しません。

グローブに例えれば、グローブ本体の耐熱機能やグリップ力、保温性といった機能が一次機能です。一方で「グローブにフックが付いていて収納に便利」など、グローブ本体とは直接関係のない機能が二次機能です。

一次機能と二次機能

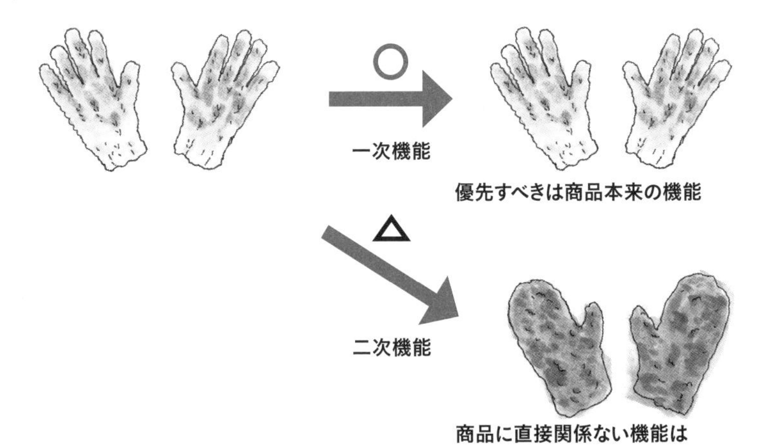

消費者の立場から見れば、グローブを探しているときに一番関心があるのは一次機能です。バーベキューであれば耐熱性、雪山やスキー場で使うのであれば保温性が絶対条件となるでしょう。しかし、「グローブにはフックが付いていないといけない」と考える人は少数派です。二次機能は、それほど消費者は関心がないのです。

マイナスをゼロにする訴求では
PRできないことがある

マイナスをゼロにする訴求に対しても要注意です。

例えば、水鉄砲であれば「当たっても痛くない」、グローブであれば「ゴム臭くない」といった、商品のマイナス要素を失くすような訴求です。

このマイナスをゼロにする訴求は、大きなPRとはならない場合もあるので注意が必要です。

水鉄砲が「当たっても痛くない」のは、普通ですよね。でも子供が遊ぶ場合に安心材料になるので、まだ少しは訴求効果があるかもしれません。では耐熱グローブが「ゴム臭くない」のはどうでしょうか？

私は訴求できないと考えます。「ゴム臭い」商品は評価が低くなるでしょうが、では逆に「ゴム臭くない」だけで評価が上がったり買ってもらえたりするかといえば、そうではありません。なぜなら「ゴム臭くない」のは、いってみれば当たり前に期待される品質だからです。

このように、マイナスをゼロにするような訴求は、場合によってはあまり消費者にPRできないこともあるので注意してください。

視覚的に訴求できるのは強い

文字で訴求力を高めるのはもちろん重要なのですが、画像を使って視覚的に訴求できるなら、より強く消費者にアピールできます。

例えば次のようなものです。

視覚的に訴求できる画像

子供用の水鉄砲なら、子供が楽しそうに遊んでいて、飛距離が出ている写真

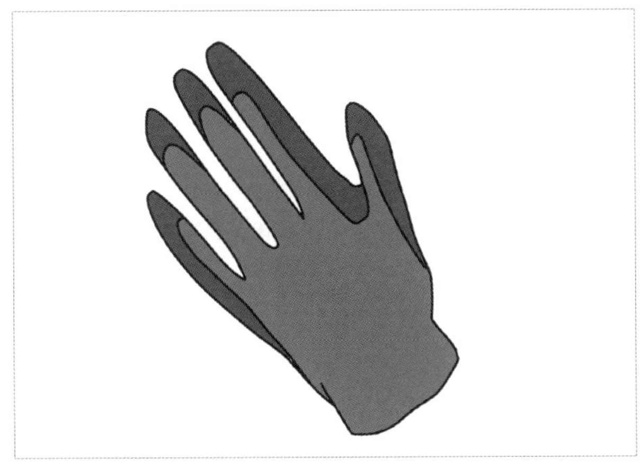

手袋の厚みを増して耐熱性や保温性を強化したなら、増した分の色を変えた画像

子供を乗せてスイスイと坂道を登っている電動自転車

もちろん、すべての商品が画像だけで強く表現できるわけではないので、文字を挿入するなどの工夫が必要なこともあります。ただ、文字を挿入するにしても、なるべく訴求力の高い画像を使用した方が、余計な説明が不要になります。文字があまりごちゃごちゃ入っていると、必要な情報を把握できなくなり、かえって訴求力が弱くなる懸念があるので注意しましょう。こちらもChapter6で事例を交えながら紹介します。

Q 似た商品を他社が作ったら売上は下がりますか?

A 先行者利益を手にした方が有利なので、似た商品が出ても焦らなくていいです

基本的にはOEM商品を考える際は、Amazonでそこそこ売れているライバル商品や取引先の既製品を参考にします。つまり、類似のカテゴリーで市場があると考えて、商品を改良したり訴求点を考え直したりします。そして、OEM販売する際は、参考にしたライバル商品と同じカテゴリーで販売します。他社も同じようにして、Amazonで既に販売されている商品を参考にしてOEM商品を開発します。この場合、自分のOEM商品の売上が一時的に下がることはあります。

ただ、他社がどういった商品を販売するかにもよりますが、先行者利益を手にしている方が有利となります。なぜかというと、先に販売している方が、すでにレビューがたくさん付いていますし、すでにAmazonの検索表示画面では上位表示されています。このような商品に後から販売して追い付こうとしても、なかなか容易なことではありません。特に、中国輸入の簡易OEMで見られるような酷似商品であれば、価格差がない限り売上が大きく下がることは考えにくいです。

逆に言えば、私たちがOEM商品を考える際も、あまり差別化できない類似商品は不利になってしまうということです。消費者のニーズに合った改良をしたり、訴求点を考えたりして、魅力的な商品にするから売れるOEM商品になるのです。

このような魅力的なOEM商品を販売すれば、2〜3年安定して売れ続けることが可能です。ただ、商品によっては飽きられたり、流行が変わったり、他社が魅力的な商品を開発したり、様々な理由で売上は徐々に低下します。売れるOEM商品を作って終わりではなく、長い目で「もっといいOEM商品ができないか」と改良を続けていくことは必要です。

Chapter 3

【交渉例文付】OEM取引するメーカーを探そう

OEM生産委託先メーカーの探し方は、取引を続けているメーカーにアプローチするのが王道の方法です。取引をしている商品から派生して「これはOEMにした方がいいのでは？」と提案する機会があるためです。商品の売れ行きなども把握できているはずなので、特にメーカー直取引をしている方は、この方法から始めるのが一番でしょう。しかし、場合によっては新規OEM生産委託先にアプローチすることもあるので、そちらの方法もお伝えします。

01

取引を続けているメーカーへのアプローチ方法

OEM生産委託先の候補を探すときの王道パターンが、取引を続けているメーカーにアプローチする方法です。メーカーからOEMを打診されるようなこともあります。

例えば現在取引を続けているメーカー商品で、Chapter2でお伝えしたような改善点が見えてくることがあります。

既存の取引メーカーの場合、あなた自身がすでに商品の良し悪しを理解しているのが大きなメリットです。 競合との差別化も図りやすく、改良点を見つけたり、商品ページを作りやすかったりするメリットがあります。

また、新規のOEM生産委託先に比べればロットの交渉もしやすく、ニッチな検索キーワードで、比較的少量から手堅く販売を開始できる傾向にあります。 そのため、メーカー直取引経験者は、既存取引メーカーにOEM販売を提案するところから始めるのがおすすめです。

以下のように、商品ページだけを変えれば良いのか、セット組を提案するのか、商品の改良も提案するのかによって、アプローチ方法が異なります。

商品はそのままでも、商品ページを変える場合

まずは、商品はそのままでも商品ページを変えれば良いような場合です。**この場合は、メーカー側で色違いの商品を作ったり、パッケージを作り直したりすることで、自分だけの販売ページを作ることも可能です。** メーカー商品のいいところを挙げて、どうすれば消費者のニーズに訴求することができるかを十分に説明するようにしましょう。

この場合、OEM商品にしなくても、メーカーのブランドのまま新規JANコードを発行してもらい、商品名を少し変更できれば新規ページを作れる可能性があります。

もし、メーカーのブランドのままとする場合、Amazon販売の独占を交渉してみるのも良いでしょう。

セット組での販売を提案する場合

他社商品を含めて、今まであなたが扱っている商品とセットで売った方が売上アップを見込めるような場合は、セット組商品を提案してみるのも良いでしょう。

❶他社商品と取引メーカーの商品を組み合わせて販売する場合
❷自社ブランド商品と取引メーカーの商品を組み合わせて販売する場合

このように、大きく分けて2つのパターンがあります。例えばChapter2と同様の例を出すと、他の取引先から仕入れているドリルと交渉するメーカーの扱っている保護めがねを組み合わせるような場合です。

この場合は、ただセットにしたが売れるという提案をするだけでなく、売れるように商品ページも作る旨を説明しましょう。

「弊社には、御社の商品と別の商品を組み合わせて販売するスキルがあります」ということをアピールしてみるのです。

本格的なOEM販売に比べると少ないケースではありますが、場合によっては検討の余地はあります。

商品を改良する場合

商品を改良する場合は、メーカーがそもそもOEM生産に対応しているかどうかが問題となります。特にメーカーが自身のブランドを広げていく戦略を取っている場合は、OEM生産に乗り気でない場合があります。

しかしこの場合もOEM生産ができなくても、こちらの改良案を採用してもらえる可能性があります。その場合は、新商品のAmazon販売の独占を働きかけやすい状態になります。少なくとも、良い商品の提案をしてくれる代理店としてメーカーの信頼が高くなるでしょう。場合によっては、法人コンサルへの道が開けることもあり得ます。

このように、取引しているメーカーにOEMを提案する場合は、OEM生産が実現しなくても、商品や商品ページの改良だけでも提案してみましょう。

どちらにしろ、安定した収入を目指せるという点では変わりません。

このような意味でも、いきなりOEMを始めるよりは、メーカー直取引を経験してからOEMに取り組む方が、さまざまなビジネス展開の可能性があることがわかります。

なお、メーカーと信頼関係を構築して、Amazon販売者を限定したり独占したりする方法は、拙著「Amazon国内メーカー直取引完全ガイド」で詳しく書いているので、参考にしてみてください。

02

【交渉例文付】新規OEM生産委託先のアプローチ方法

OEM生産委託先の候補としては、すでに取引しているメーカーにアプローチするのが一番の王道であることは変わりません。

しかし、取引しているメーカーが必ずしもOEM生産に積極的とは限らず、商品の改良に対しても消極的なことが考えられます。

また、リサーチの過程で、「こういうふうに改良すれば売れるのに」と思える取引メーカー以外の商品と出会えることもあります。

そんなときは、新規OEM生産委託先を探すこともあります。新規OEM生産委託先メーカーへのアプローチとしては、次の4つの方法が考えられます。

❶既製品や類似品を作っているメーカーに直接アプローチしてみる
❷インターネットで検索してOEM生産を委託できるメーカーにアプローチしてみる
❸商工会議所や交流会に参加したり、融資を受けている銀行に紹介してもらったりする
❹BtoBマッチングサイトの活用

ただ、いずれの方法でも、既存商品を改良したり新規商品を一から設計したりすることになるため、販売までの時間は長くなる傾向があります。また、OEM商品は最低ロットも大きくなる傾向にあり、比較的検索ボリュームの大きいキーワードで商品ページを作ることになります。そのため、得られる利益は大きくなりますが、リスクも大きくなるので、利益予測をしっかりと行っておく必要があります。

これらの方法は、既存取引メーカーに交渉するよりも、ややハードルが上がります。しかし、新規メーカーでも、魅力あるOEM販売ができる可能性は十分にあるので、「これだ！」と思ったら交渉してみるといいでしょう。

拙著『Amazon国内メーカー直取引完全ガイド』では、取引候補のメーカーに断られたときの対応方法についても紹介しました。しかし、OEM生産委託先を探す場合は、「OEM生産に対応していない」と言われれば、これ以上打ち手がありません。断られたら、別のメーカーを探すようにしましょう。

❶既製品を作っているメーカーに直接アプローチ

一番早いのが、Chapter2でお伝えしたような「少し改良を加えればもっと売れる」惜しい商品を作っているメーカーに直接アプローチすることです。

メーカー直取引のときと同様、Amazonの商品ページで検索されているメーカーやブランド名でGoogle検索しましょう。

HPが見つかれば、お問い合わせフォームに交渉文を送ってください。メーカーHPが見つからなければ、商品を画像検索するか、メーカーに直接電話してアプローチしましょう。

OEM生産委託の交渉例文については、以下を参考にしてください。

【OEM生産委託の交渉例文❶】
○○株式会社 ご担当者様

初めまして。
株式会社○○の○○と申します。
御社の商品を購入させていただいて使用したところ、とても優れた商品で愛用させていただいています。
そこで、御社の商品に大変興味がありますので、OEM生産は可能でしょうか？

当社はオンライン販売に特化した会社で、主にAmazonさんを販路にしてOEM販売をしております。
御社の条件、指定の価格は必ず守りますので、もしよろしければOEM生産に対応していらっしゃれば取引条件をご教示ください。
御社の商品は○○が素晴らしいと思い、長所をもっと活かせるように改良すると、より良い商品になると感じています。
当社の会社概要は下記となります。
またご連絡くださいませ。どうかよろしくお願いいたします。

(署名：会社名・担当者名・住所・電話番号・メールアドレス・HPのURL等)

初回交渉メールについては、メーカー直取引の交渉と基本的には変わりません。以下のポイントを守ったうえで、上の交渉例文は参考としてオリジナルで交渉文を書くようにしましょう。

- AmazonでのOEM販売を専門としている旨を伝えること
- 自分がどういった人間かをメーカーに知ってもらえるように、OEM生産委託したい気持ちを丁寧に伝える
- どういった販売者がメーカーからしたら嬉しいかを考えて書き、相手の気持ちを考慮する
- 自分がOEM販売することで、メーカーにどのようなメリットがあるのか、協力できることは何かを考えて書く(売上アップする商品ページの作成や広告戦略が可能など)
- メーカーの商品の良さをちゃんと知っていて、利益目的だけでないことを伝える(利益を出すことは大事だが、メーカーは商品を深く理解してくれる方を好む)

● **自分の強みは何か、過去の経験や現在の職業、持っている資格、趣味、あなたがどういった人間かを分かるように書く**

メーカー直取引経験者であれば、慣れているポイントばかりかと思います。自社ブランド化するOEMでは、自分の気持ちを伝える重要性は高くなります。

また、長文になり過ぎてもNGである点も、メーカー直取引と同様です。自分本位ではなくOEM生産するメーカーの気持ちを考えて、返信しやすい適度な量の文面にしましょう。

メーカーと交渉する際に、おすすめの書籍は『伝え方が9割』(佐々木圭一著、ダイヤモンド社)という本です。メーカー直取引を経験されている人なら、知っている方も多いでしょう。OEMの交渉でも役に立つので、ぜひ参考にしてみてください。

なお、OEM生産に対応するメーカーのメリットを強めた交渉例文も掲載します。

【OEM生産委託の交渉例文❷】
〇〇株式会社 ご担当者様

初めまして。
株式会社〇〇の〇〇と申します。
御社の商品を購入させていただいて使用したところ、とても優れた商品で愛用させていただいています。
そこで、御社の商品に大変興味がありますので、OEM生産は可能でしょうか？
当社はオンライン販売に特化した会社で、主にAmazonさんを販路に

してOEM販売をしております。
御社の条件、指定の価格は必ず守りますので、もしよろしければOEM生産に対応していらっしゃれば取引条件をご教示ください。
御社の商品は〇〇が素晴らしいと思い、長所をもっと活かせるように改良すると、より良い商品になると感じています。
当社はAmazonで売れやすい商品の特徴や、商品ページの作成、広告戦略のノウハウを蓄積しておりますので、もしお困りごとがあればご相談ください。御社の商品は、消費者の需要が高い素晴らしい商品なので、力になれることがあるかと思います。
当社の会社概要は下記となります。
またご連絡くださいませ。どうかよろしくお願いいたします。

(署名：会社名・担当者名・住所・電話番号・メールアドレス・HPのURL等)

下線を引いた箇所を見ていただければわかるように、メーカーへのメリットを強めた交渉例文です。自分がいかにメーカーに貢献できるか、困っていることを解決できるかと書いた文章です。

自分の実績や得意分野があれば、それがメーカーにどのようなメリットがあるのかを伝えるようにしましょう。OEMが初めての方でも、Amazon物販を経験していれば、「Amazon物販を長く経験して、Amazonの現状やどのような商品が売れるかを熟知している」とアピールすることができます。

【OEM生産委託の交渉例文❸】
〇〇株式会社 ご担当者様

初めまして。
株式会社〇〇の〇〇と申します。

御社の商品を購入させていただいて使用したところ、とても優れた商品でした。
そこで、御社の商品に大変興味がありますので、OEM生産は可能でしょうか？
また取引条件を教えてください。
よろしくお願いいたします。

(署名：会社名・担当者名・住所・電話番号・メールアドレス・HPのURL等)

OEM販売の交渉の際も、このようなシンプルな短文を使用することがあります。ただ、この場合は返信率が高くなる一方で、主な販路先などメーカーからの確認事項が多くなり、メールのやり取りの手間や時間が増えます。

もちろん、メールのやり取りの過程で断られる可能性もあり、無駄が発生しやすいですが、返信率を高くしたい場合は有効な手段の1つです。

❷インターネットで検索してOEM生産しているメーカーにアプローチ

OEM生産をしている企業は日本ではたくさんあります。インターネットに自社HPを持っている企業であれば、検索をかけるだけで見つかるでしょう。

例えば、テントのOEM商品を作りたいと考えたら、Googleで「テント OEM」で検索してみましょう。実際に検索して出てきたサイトをクリックすると、OEM生産に対応できるメーカーがたくさん出てきます。

このように、既製品のメーカーに断られたような場合は、「商品カテゴリー OEM」で検索してみて、アプローチしてみるのもひとつの手です。

「テント　OEM」で検索した場合

気になるOEM生産メーカーが見つかったら、お問い合わせフォームやメールで、問い合わせてみましょう。

このようなメーカーは、積極的にOEM生産を請け負っているので、初回交渉のメールは簡潔明瞭で構いません。

【OEM生産委託の交渉例文❹】
〇〇株式会社 ご担当者様

初めまして。
株式会社〇〇の〇〇と申します。
御社の商品に大変興味があるので、OEM生産は可能でしょうか？
主な販売先はAmazonになります。取引条件を教えてください。
ベンチマーク品は以下となります。

(ベンチマーク品のURL)
よろしくお願いいたします。

(署名：会社名・担当者名・住所・電話番号・メールアドレス・HPのURL等)

❸商工会議所や交流会参加、銀行の紹介などリアルな場でアプローチ

もう1つの方法は、商工会議所や融資を受けている銀行に相談してみるなど、リアルな場を活用することです。

どちらかというと、OEM販売で実績がある上級者向きの方法ではありますが、HPを持たない地元の企業が見つかれば、独占販売できることは間違いありません。

具体的には、次のようなところにアプローチしてみます。

- **商工会議所**
- **業界紙の発行元**
- **取引先の銀行**
- **業界の事業組合**
- **異業種交流会**

❹BtoBマッチングサイトの活用

これも比較的OEM販売で実績のある人向きの方法にはなりますが、以下のようなBtoBマッチングサイトを活用するのも良いでしょう。

イプロス　https://www.ipros.jp/

ザ・ビジネスモール(商工会議所の会員用)　https://www.b-mall.ne.jp/

03

メールだけでなく電話交渉もしてみる

HPがないメーカーや、メールしても返信がなければ電話しよう

新規のOEM生産委託先を探す過程で、HPがないメーカーや、メールしたのに返信がないメーカーも出てきます。

この場合、メーカー直取引同様に電話してみるのもいいでしょう。少し勇気がいるかもしれませんが、電話連絡がしやすいのは国内メーカーならではのメリットです。

物販の中では、OEM販売に取り組んでいる人はまだ少ないですが、連絡のないメーカーに電話する人はさらに少ないです。

それだけに、電話連絡することで独占販売が成立しやすくなります。どうしても気になるメーカーがあれば、電話でアタックして熱意を伝えてみるといいでしょう。長期的な取引が続くビジネスパートナーになるかもしれません。

メーカーに電話する場合は受付の人が出ることが多いので、以下のように電話するといいでしょう。タスクの多いOEMでは、直接電話をすると話がまとまることも多く、電話をしたら熱意が伝わって話が通ることもあるのです。

【電話交渉例①】
お世話になっております。 私、〇〇の〇〇と申します。 今回、初めてご連絡させていただきました。
御社の商品のOEM販売に興味があり、ご連絡させていただきました。
OEM生産のご担当者様(営業担当者様)はいらっしゃいますでしょうか？

【電話交渉例②(メール返信がなかった場合)】
お世話になっております。先日メールさせていただいた〇〇の〇〇です。
メールの返信がないのでご連絡させていただきましたが、営業担当の方はいらっしゃいますか？ ぜひ御社の商品のOEM生産に興味があり、失礼ながらお電話した次第です。

電話するのは面倒、億劫と考える方が多いですが、メーカー直取引経験者の方であれば電話対応に慣れている方もいるのではないでしょうか？

- **HPがない、メールアドレスもわからないメーカーにアプローチできる**
- **メールの返信がない場合に取引できるかできないか結果が明確になる**
- **電話しかOEM生産を受け付けないメーカーに効果的**
- **電話の交渉が得意な人なら、メールよりも気持ちが伝えやすい**

電話交渉には、このようなメリットが考えられるので、本当にどうしても気になるメーカーだけでもいいので電話交渉してみましょう。

04

Amazon Amazon

OEM生産委託先から電話がかかってきた場合の対応

すぐに電話に出なくても大丈夫

OEM生産委託先からも、メールの返信ではなくて電話がかかってくるようなこともあります。ただ、これもメーカー直取引のときと対応方法は一緒で、すぐに電話しなくても大丈夫です。

どのメーカーかわからない状態で電話に出てしまうと、質問内容にすぐに答えられないことがあります。**いったん着信番号をGoogle検索して、メーカー名を確認してから電話をかけ直すといいでしょう**（慣れている方は、その必要もないかもしれません）。

できればプライベート用とビジネス用に分けて、050などの電話番号を取得することをおすすめします。おそらくメーカー直取引を経験されている方であれば、ララコール（月額110円）や050plus（月額330円）などを使って、050番号を取得されている方も多いでしょう。

ララコール　https://lalacall.jp/

050plus　https://service.ocn.ne.jp/phone/ip/050plus/

050 plus
スマホの通話料をおトクに変える電話アプリ
固定電話へも　スマホへも　海外からも
格安スマホ・格安SIMの通話料節約！ テレワークにも便利！

また、副業中で日中電話に出られない方や、電話対応が苦手という方は、電話代行のfondeskなどもおすすめです。fondeskを利用すると、電話を代行してくれて、さらに要件や相手の 連絡先といった必要事項をChatworkやLINEでお知らせしてくれます。月額10,000円の基本料金に加え、電話51件以降は1件200円の従量料金(50 件まで0円)がかかりますが、検討の余地はあります。私の場合は会社の固定番号をfondeskに転送するようにしていて、fondeskから着信連絡の旨があったら、その情報を見てメーカーの担当 者に自分の携帯から折り返しています。ちなみに「電話　代行」「電話秘書　代行」などで検索すれば、複数の会社が見つかりますので、参考にしてみてください。

電話がかかってきたときに聞かれること

OEM生産委託先から電話がかかってきたときに、どんなことが聞かれるかを次に列挙します(もちろん、下記のすべてを聞かれるわけではありません)。

- **OEM販売したい商品はなんですか？**
- **なぜ弊社に興味を持ったのですか？**
- **なぜOEM販売したいのですか？**
- **商品に改良を加える場合は、具体的にどうしますか？**
- **具体的にどんな戦略をお考えですか？**

- OEM販売の経験はどれくらいですか？
- これまでどのような商品を販売してきましたか？
- 当社をどうやって知ったのですか？
- 弊社にお越しいただいてお話を聞かせてくれませんか？(次項参照)
- メールで御社のHP、そしてベンチマーク品のURLを送ってください。
- Amazon販売で何か問題が起きた場合は、具体的に何をしてくれるのですか？
- 御社の売上規模・事業年数・従業員数は？
- 最低ロット数(MOQ)の希望はありますか？

物販である程度経験を重ねた人であれば大丈夫と思いますが、答えづらいことも正直に答えましょう。

OEM販売の経験がまだなければ、OEMの経験や、これまでの販売実績は答えづらいです。ただ、OEMに取り組む方は、メーカー直取引などに精通していることが多いです。

「これまでAmazonで商品を扱っていて、もっと消費者が求めている商品を販売したいと思い、OEMに取り組むことにしました。御社の技術力と商品に対するこだわりに魅力を感じているので、ぜひお付き合いしたいです！」

など、メーカー直取引等の経験と絡めながら、自分の想いを正直に伝えましょう。

OEM生産委託先のメーカーは、やはり自社の技術力を理解してくれる人と取引をしたいと考えています。なぜ興味を持ったのかはもちろん、どう改良すれば売上が上がるのか、どのような戦略で売っていくのかをきちんと伝えましょう。

05

OEM生産委託先から「会いたい」と言われたときは?

とりあえず見積もりと最低ロットだけでも聞いておく

OEMは、メーカーとの密なやり取りが必要なことがあります。そのため、OEM生産委託先メーカーから「一度お会いしてお話を聞かせてください」と言われることもあります。

これはメーカー直取引でも同じことが言えるのですが、**まずは見積もりと最低ロット(MOQ)は確認しましょう。**商品仕様や、健康食品等であれば成分によって最低ロットは大きく変わってきます。せっかくメーカーに会って「利益が出ない」「今の資金力では厳しい」では時間がもったいないです。

Chapter4で詳しくお伝えしますが、OEMの場合は最低ロットも大きくなるので、利益予測がとても重要になってきます。特に生産するために金型が必要な商品はロットが大きくなる傾向にあります。

ただ、条件によって様々な選択肢がある場合など、会ってから話したほうがスムーズなこともあります。そのため、会ってから具体的な価格交渉に入るようなこともあり得ます。その場合は会うしかありません。国内メーカーの場合は、一度会わないと取引できないことがあります。

商談する場所について

メーカーから訪問したいと言われた場合は、事務所がある方は事務所に来てもらえばいいでしょう。もし、事務所を持っていないようであれば、駅前や近所の喫茶店をセッティングして商談するようにします。

ただ、OEMの場合は熱意が重要になりますので、メーカーの事務所まで出向くのもいいでしょう。

オンライン化が普及したことに伴って、Zoomで商談するケースもありますが、肌感覚として「直接会いたい」というメーカーもあります。

もちろん、メーカーが遠方だったり、緊急事態宣言中だったりした場合はZoomでも構いません。しかし、直接会って話をしたほうが相手の表情や雰囲気も感じ取り、細かい部分で意思疎通を図ることが可能です。メーカーに本気度を伝えやすいので、直接会うという選択肢を入れておきましょう。

商談時におさえておくべきポイント

初回の相談は早くて30分から1時間ほどで終わるケースが多いです。聞かれることはだいたい電話で聞かれることと一緒なので、事前に話す内容を考えておきましょう。

直接会ってメーカー担当者と話ができるチャンスです。

最低ロットなど重要なことを確認することはもちろん、生産委託先メーカーのメリットについて十分説明するようにしましょう。

特に自分からOEM販売を提案した場合は、既製品をどう改良すればいいか、商品ページをどうするか、SEO対策はどうするか、十分説明してください。少なくとも、本書で書いてあるようなことは理解してから交渉するようにしましょう。

しかし、あまり細かい説明については、メーカーの担当者が関心を持って質問してくる場合にしましょう。相手から求めていないのに、ただ一方的に話しても逆効果です。売り込むというよりは、メーカーの困っていることを一緒に解決するにはどうすればいいかという姿勢で聞くようにしましょう。

例えば、メーカーの本当の悩みが価格破壊対策だった場合、もしかしたらOEM販売より、販売者を限定して既製品を売る対策を行ったほうがいいかもしれません。OEM販売は成立しませんが、メーカー仕入れの取引は成立します。お互いにとってメリットの大きいほうを選択すればいいので、広い選択肢を持つようにしましょう。

なお、OEMの交渉でも担当者の良し悪しはどうしても出てきます。例えば会社に言われてノルマ的に来ただけだったり、「とりあえず話だけは聞いてやるか」という態度だったり。このように明らかに乗り気ではない人はすぐにわかります。メーカー直取引をやったことがある人なら経験しているかもしれません。

こういう場合は、いくら熱意を持って話しても意味がないので、時間を無駄にしないためにも早めに商談を切り上げた方がいいでしょう。

Amazon 06 Amazon

OEMが初めてなら既存取引メーカーに打診するのがおすすめ

メーカー直取引の取引先の探し方は、カテゴリーリサーチやセラーリサーチで見つけたメーカーに交渉する方法一択でした。

しかし、OEM生産委託先メーカーの探し方は、次にまとめたようにさまざまな方法があることを説明しました。

- **取引メーカーの取扱商品などから派生してOEM販売を提案する(もしくはメーカーから提案される)**
- **少し改良すれば売れそうな商品を持つ新規メーカーにOEM販売を交渉する**
- **OEM生産を請け負うメーカーをインターネットで見つけて交渉する**
- **商工会議所や取引先の銀行に相談する**
- **異業種交流会に参加してみる**
- **BtoBマッチングサイトを利用してみる**

このなかで一番の王道は、既存の取引メーカーにOEM生産を提案することです。特にこれからOEMに取り組むなら、気心の知れた既存の取引メーカーからの派生商品を扱う方が簡単です。実績作りの観点からも、既存の取引メーカーから、OEM販売したほうが良さそうな商品を探してみるといいでしょう。

メーカー直取引を経験したことがない方は新規で生産委託先を見つけるしかありません。ただ、既存取引メーカーの商品とは違い、生産委託先の商品詳細や品質が不明なため発注するまでに確認することが多く、新規設計だとロット数も大きくなりがちのため初心者の方にはどうしてもハードルが高くなります。また、新規のOEM生産委託先は、あなたのOEM販売の実績を重視してくることもあり得ます。

OEMには委託先を見つけるマニュアルや、再現性の高い手法のような、「誰でも簡単」的な方法は、残念ながらありません。

このことは、物販を教えるコンサルティングや塾が多くあるなかで、国内OEMの手法が普及していないことからもわかります。

そのため、国内OEMに憧れを持つ人は多いですが、取り組んでみようと考える人は少ない気がします。

しかし、このことはむしろ大きなビジネスチャンスと言えます。再現性が高くなるほど参加者が増え、結局はせどり・転売のように価格競争になるのは中国輸入の簡易OEMを見ても明らかです。

経験と実績が求められるビジネスほど、誰も手をつけませんからブルーオーシャンになります。簡単ではないからこそ、良いOEM生産委託先が見つかれば、大きな利益を長期安定的に稼ぐことができるのです。

メーカー直取引を経験している人は、これまで養った営業力や資金力が武器になります。ぜひ粘り強くOEM販売にも取り組んで、大きな成果につなげてください。

Q 現状Amazonで類似商品がなくても、売れそうと思ったらどう判断しますか?

A Amazonで売っていないような商品はOEM生産しません。少量仕入れから始められるなら販売を検討しますが、別の販路やクラウドファンディングも活用しましょう。

基本的にAmazonで置いていないような商品でAmazon販売をすることはしません。Amazon国内OEM販売で、モデリングする商品をAmazonリサーチするメリットは、「この商品がどれくらい売れるか」という大まかな予測ができるためです。Amazonに類似商品がないということは、販売個数の予測ができないということになります。それでも「絶対売れるからAmazonで売ってみたい」と感じるのであれば、メーカーと最低ロットの交渉をして少量仕入れから始めます。メーカー直取引の初回テスト仕入れに近い感覚ですが、オリジナル商品のため販売個数の予測精度に限界があり、慎重な判断が必要です。

また、Chapter2 P044〜でお伝えしている通り、Amazonは今までにない目新しい商品と相性が良くないプラットフォームです。特に検索して探すことができない商品はAmazonで売ることはかなり難しいと考えてください。OEM販売は、まったく新しい商品を生み出すというよりは、より消費者のニーズに合わせて改良するという表現が適切です。

Amazonにない目新しい商品であれば、田村さん(P033〜)のようにクラウドファンディングを検討した方がいいです。もし、クラウドファンディングで類似の商品がヒットしていれば、勝機は十分あります。プロジェクトを起案して成功すると、終了後はAmazon、楽天、自社ECサイト、実店舗販売など様々な選択肢があります。

Chapter 4

OEMで確実に利益を出すための利益予測と可否の判断ポイント

Chapter2～3で、既存のメーカー商品からOEM候補となる商品を選び、メーカーにアプローチする方法をお伝えしてきました。Chapter4では、実際にOEM生産に進むかどうかを判断するために、その商品がどれくらい売れて、どのくらいの利益が出るか予測する方法を解説します。商品あたりの仕入額や時間のかかるOEMでは、自分の仕入額の許容量と達成したい月利額を決めておくことがとても重要です。

01

目標設定　~仕入額の上限と目標利益の下限を決める~

Chapter1でお伝えした通り、OEM商品は最低ロット数が大きく、商品あたりの仕入額が高くなることが多くなります。そのため自分が1商品あたり、どの程度の仕入額まで許容できるか決めておくことが、他のAmazon物販ビジネス以上に重要になってきます。

また、1商品あたりにかかる時間や労力も大きいため、1商品で達成したい最低の月利額も決めておくことが必要です。

ただ、決め方は人それぞれになります。例えば「経験を積むためなので月利10,000円以上得られるのであればやりたい」ということでも構いません。また、「販売開始まで3ヶ月かかり、その労力を1ヶ月で回収したいので月利300,000円以上を目指す」ということでもいいでしょう。どちらにしろ、根拠をもとにして月利の最低目標額を決定すると、将来的にプランを変更する際も客観的な判断ができるようになります。

- **1商品あたりに投資できる仕入額の上限を決める**
- **1商品あたりに見込む月利額の下限を決める**

OEM生産の可否判定は、この2つの決定が大前提となります。この2つの判断から、大きく外れた仕入額と利益額の設定をしないようにしましょう。

例えば、1商品で月利10万円を目標利益として、思った以上に売れて月利100万円達成できる程度に商品が売れたとします。一見すると、想定していた利益より10倍以上売れたので、とてもいいことに思えますが、明らかに追加の仕入れをしなくてはなりません。それが、最初に決めた仕入額の上限を超えていなければ万々歳なのですが、超えていれば、仕入資金が足りなくなってしまいます。仮に無理に仕入れたとしても、その影響で、他の商品の仕入れができなくなってしまうことも考えられます。

他の物販ビジネスでも同じことが言えますが、**目標利益だけでなく、資金繰りもしっかりと管理しないといけません。**無理のない範囲で、計画通りの利益を出すということを目指していきましょう。

初めてOEM販売に挑戦して、目標利益を決めかねるならば、**目安として月利5〜10万円程度を目指すといいかと思います。**月利5〜10万円程度であれば、初めての方にとってみれば仕入額もそんなに高くなく、ライバルも少ないので、比較的達成しやすい金額でしょう。一方、いきなり月利100万円を目指そうとすると、大きなカテゴリーでランキング上位になる商品がライバルとなるので、敷居は高くなってしまいます。

02

国内OEMの利益計算と予測

1商品あたりの月利は、以下の計算式で算出できます。

月の利益額＝月間販売個数×1個当たりの利益額
＝月間販売個数×(売値―手数料―仕入値)

厳密にはスポンサープロダクト広告の費用等もありますが、ここでは、あくまで広告費をかけずに販売した場合(自然販売利益)の計算式を示します。Chapter7で詳しくお話しますが、最初は広告費をかけてAmazonの検索上位に表示されるようにしますが、自然検索でも上位になると、広告費を減らすことができます。

広告費に関しては上限を設定することができるので、気になる方は広告費を上乗せした目標利益額を算出しておくといいでしょう。広告費や、広告効果の検証については、Chapter7 P361～をご覧ください。

月間販売個数の予測

月間販売個数を予測する方法としては、「❶メーカー商品の販売数を定点観測する」「❷ランキングから予測する」「❸検索ボリュームから予測する」の3つの方法があります。

❶メーカー商品の販売数を定点観測する

これが一番手堅い方法でおすすめです。OEM候補の元商品が自分と取引しているメーカー商品であれば、その月額販売個数を目安にします。

また、類似のライバル商品があれば、商品を扱うセラーの在庫を定点観測するといいでしょう。

しかし注意点として、メーカー直取引の場合は定点観測した販売個数がそのまま予測販売個数となりますが、OEM販売の場合はそうなりません。あくまで違う商品を売ることになるので、取引先のメーカー商品やライバル商品と競合することになります。**そのため、観測した販売個数の7〜8割ほどと保守的に見込んでおくのが現実的です。**

このことを踏まえたうえで、定点観測の方法についてお伝えします。拙著『Amazon国内メーカー直取引完全ガイド』でもお伝えしているので、ご存知の方は読み飛ばしていただいて構いません。

❶ ライバルの在庫数を一人ずつ確認します。

在庫数はKeepaを使えば一目でわかります。Keepaを使っている方は活用してください。

❷ 調べた在庫数をExcelなどで書き出し、1週間くらい毎日在庫数を確認していきます。

そうすると、実際にライバルのセラーが売っている販売個数が出てきますから、それをもとに仕入個数を決めていきます。

Keepaを入れた場合の出品者情報に表示される在庫数

Keepaを入れていない場合は、下のように実際に商品をカート入れて、注文数量に「999」など大きな数字を入れて更新すると、在庫数が表示されます。

カートに入れて在庫数を確認する方法

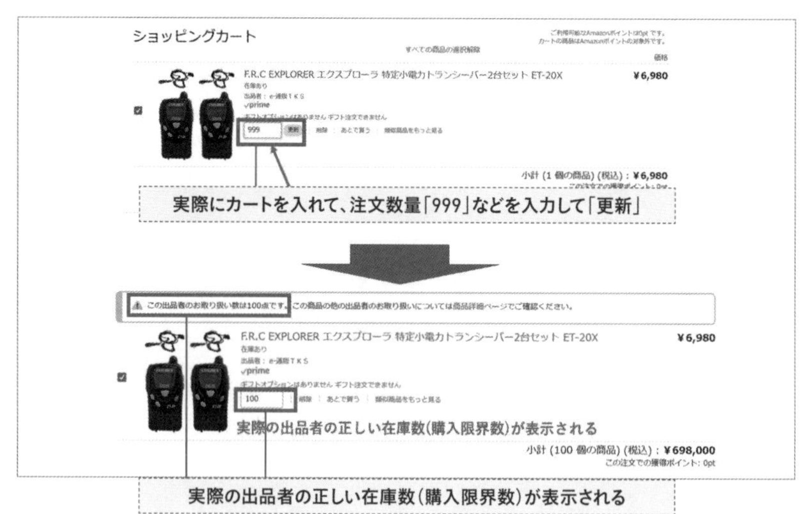

ただし、この定点観測も正確な数字とは限りません。単純にセラーが出品を取り下げたり、販売数を制限していたりしていることもあるので、できれば他のセラーも観測するといいでしょう。

❷ランキングから予測する

定点観測から予測するのが難しいOEM商品である場合は、Amazonの大カテゴリーの順位から月間販売個数を予測します。

GoogleやTwitterなどで「アマゾン ランキング 販売数」と検索すると、ランキングと販売数の一覧表を公開している情報が出てきます。

また下の表は、私の経験等をもとに、ランキングと月間販売個数を予測したものです。

Amazonランキングと月間販売個数

ランキング	100	250	500	750	1,000	2,000	3,000	4,000	5,000	7,500	10,000
ホーム＆キッチン	4,000	3,500	2,800	2,000	900	550	440	330	220	160	120
ドラッグストアー	4,000	3,000	2,500	1,800	800	370	300	250	180	130	80
家電・カメラ	3,000	1,250	1,000	840	600	370	300	250	200	150	100
ビューティー	3,000	2,000	1,500	1,100	500	360	270	190	100	90	80
パソコン周辺機器	2,000	1,500	900	750	600	460	370	290	200	140	75
ペット	1,800	1,500	600	420	300	260	220	180	130	100	80
スポーツ&アウトドア	1,500	1,000	800	650	400	200	180	150	100	80	70
おもちゃ	1,200	1,000	800	600	400	200	170	150	100	80	70
食品	1,200	900	750	650	500	350	300	250	200	150	80
服ファッション小物	1,000	700	500	420	300	140	130	120	100	70	30
ホビー	1,000	700	500	400	300	150	120	110	90	60	30
シューズ　バッグ	900	700	550	350	200	100	80	70	60	40	20
文具・オフィス用品	900	800	650	400	150	120	110	100	80	60	20
カー＆バイク	600	400	200	150	120	80	70	70	60	30	15
DIY・工具	600	400	300	200	150	100	90	80	60	30	20
ジュエリー	500	350	250	200	150	100	80	60	40	25	20
ベビー　マタニティ	350	250	200	180	150	110	100	90	80	60	30
楽器	300	200	120	100	90	80	70	60	55	30	20
腕時計	300	200	150	120	110	60	50	40	30	20	10
ランキング	100	250	500	700	1,000	2,000	3,000	4,000	5,000	7,500	10,000

いずれのデータも大カテゴリーのランキングなので、精度は高くありません。また、ランキングでの販売個数は、季節や景気などの環境要因で変動しますので、あくまで参考値としてください。

❸検索ボリュームから予測する

もうひとつは、検索ボリュームから予測する方法です。

購入者数＝検索ボリューム(検索表示回数)×クリック率×購入率

Amazon検索順位でトップに表示されると、35％程度の人が商品ページをクリックすると言われており、商品ページの内容が良ければそのうち10％以上の人が購入すると仮定して目標値を設定します。ニッチでライバルの少ない商品や商品ページの出来がいい商品となると、購入率は20〜30％になることも私の経験上あります。

例えば、以下のセラースプライトで調べた水鉄砲の月間検索数を見てみます。

水鉄砲の月間検索数

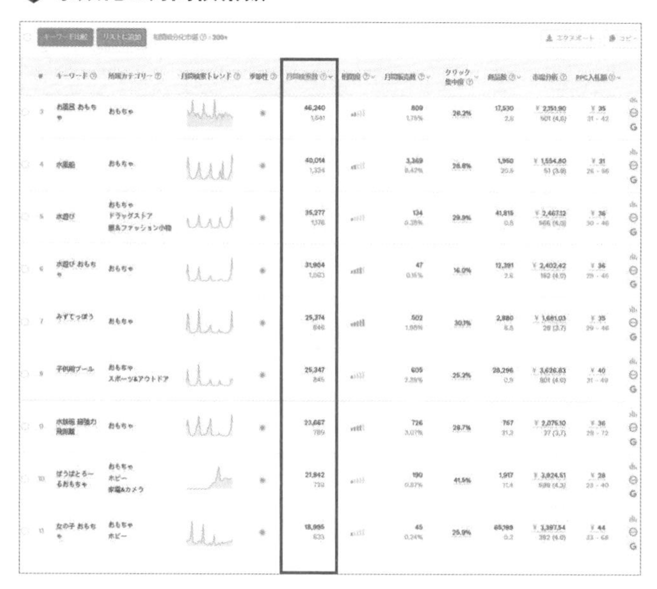

#	キーワード	所属カテゴリー	月間検索トレンド	季節性	月間検索数	[illegible]	月間販売数	クリック集中度	商品数	市場分析	PPC入札額
3	お風呂 おもちゃ	おもちゃ			46,240 1,541		809 1.75%	28.2%	17,530 2.6	￥2,351.90 501 (4.6)	￥35 31 - 43
4	水風船	おもちゃ			40,014 1,334		3,369 8.42%	28.8%	1,950 20.5	￥1,554.80 51 (3.9)	￥31 26 - 56
5	水遊び	おもちゃ ドラッグストア 服&ファッション小物			35,277 1,176		134 0.38%	29.9%	41,815 0.8	￥2,467.12 566 (4.3)	￥36 30 - 46
6	水遊び おもちゃ	おもちゃ			31,904 1,063		47 0.15%	16.0%	12,391 2.6	￥2,402.42 182 (4.0)	￥36 29 - 46
7	みずてっぽう	おもちゃ			25,374 846		502 1.98%	30.1%	2,880 8.8	￥1,661.03 28 (3.7)	￥35 29 - 46
8	子供用プール	おもちゃ スポーツ&アウトドア			25,347 845		605 2.39%	25.2%	28,296 0.9	￥3,626.83 801 (4.0)	￥40 31 - 49
9	水鉄砲 超強力 飛距離	おもちゃ			23,667 789		726 3.07%	28.7%	767 31.3	￥2,076.10 37 (3.7)	￥36 28 - 72
10	ぼうぼとろーるおもちゃ	おもちゃ ホビー 家電&カメラ			21,842 728		190 0.87%	41.5%	1,917 11.4	￥3,824.51 599 (4.3)	￥28 23 - 40
11	女の子 おもちゃ	おもちゃ ホビー			18,995 633		45 0.24%	25.9%	65,199 0.2	￥3,397.54 392 (4.0)	￥44 33 - 66

このなかで、今回OEM販売する商品のキーワードが「水鉄砲 超強力 飛距離」だったとします。このキーワードで検索順位トップに表示された場合は、23,647×35％×10％≒828個となり、月間で828個、1日27〜28個売れる計算になります。

ただ、こちらの予測方法も、クリック率、購入率ともにざっくりとした目安になるので、参考程度にとらえるようにしてください。

売値

売値については、元となった商品を参考にして最終決定します。実際は改良品を売ることになるので、同価格か少し高い価格で販売することを目指します。

しかし、利益予測の段階では保守的に同価格で計算してもいいでしょう。

手数料

Amazon販売手数料、FBA配送代行手数料、在庫保管手数料などの手数料です。**FBA料金シミュレーターで、ベンチマーク品のASINを入力すれば簡単に計算できます。**また、Amazon販売手数料、配送手数料、在庫保管手数料については、以下に示しますので参考にしてください。

❶Amazon販売手数料

Amazonでは、カテゴリー別に販売手数料が8〜15％の範囲で、1商品ごとにかかります。例えば化粧品であれば「ビューティー」というカテゴリーに入るので、販売手数料は10％ということになります。

Amazon販売手数料

カテゴリー	販売手数料	最低販売手数料
本	15%	なし
CD・レコード	15%	なし
DVD	15%	なし
ビデオ	15%	なし
エレクトロニクス（AV機器＆携帯電話）	8%	30円
カメラ	8%	30円
パソコン・周辺機器	8%	30円
（エレクトロニクス、カメラ、パソコン）付属品	10%	30円
Amazonデバイス用アクセサリ	45%	30円
楽器	10%	30円
ドラッグストア	*1商品あたりの売上合計が1,500円以下の場合は商品代金の8% *1商品あたりの売上合計が1,500円を超える場合は商品代金の10%	30円
ビューティ	*1商品あたりの売上合計が1,500円以下の場合は商品代金の8% *1商品あたりの売上合計が1,500円を超える場合は商品代金の10%	30円
スポーツ＆アウトドア	10%	30円
カー＆バイク用品	10%	30円
おもちゃ＆ホビー	10%	30円
TVゲーム	15%	なし
PCソフト	15%	なし
ペット用品	*1商品あたりの売上合計が1,500円以下の場合は商品代金の8% *1商品あたりの売上合計が1,500円を超える場合は商品代金の15%	30円

文房具・オフィス用品	15%	30円
ホーム（インテリア・キッチン）	15%	30円
ホーム（家具）	*1商品あたりの売上合計が20,000円以下の部分には商品代金の15% *1商品あたりの売上合計が20,000円を超える部分には商品代金の10%	30円
ホームアプライアンス	15%	30円
大型家電	8%	30円
DIY・工具	15%	30円
産業・研究開発用品	15%	30円
食品＆飲料	*1商品あたりの売上合計が1,500円以下の場合は商品代金の8% *1商品あたりの売上合計が1,500円を超える場合は商品代金の10%	なし
腕時計	*1商品あたりの売上合計が10,000円以下の部分には商品代金の15% *1商品あたりの売上合計が10,000円を超える部分には商品代金の5%	30円
ジュエリー	*1商品あたりの売上合計が10,000円以下の部分には商品代金の15% *1商品あたりの売上合計が10,000円を超える部分は商品代金の5%	30円
ベビー＆マタニティ	*1商品あたりの売上合計が1,500円以下の場合は商品代金の8% *1商品あたりの売上合計が1,500円を超える場合は商品代金の15%	30円
服＆ファッション小物	*1商品あたりの売上合計が3,000円以下の部分については商品代金の15% *1商品あたりの売上合計が3,000円を超える部分については商品代金の8%	30円
シューズ＆バッグ	*1商品あたりの売上合計が7,500円以下の部分については商品代金の15% *1商品あたりの売上合計が7,500円を超える部分には商品代金の5%	30円
その他のカテゴリー	15%	30円

❷FBA配送代行手数料

FBAを利用した場合に、1商品を出荷するごとにかかる手数料です。商品サイズや重量によって料金が変わります。

FBA配送代行手数料

	小型	標準			
		1	2	3	4
寸法（商品あたり）	25cm×18cm×2.0cm以下	35cm×30cm×3.3cm以下	60cm以下	80cm以下	100cm以下
重量（商品あたり）	250g以下	1kg以下	2kg以下	5kg以下	9kg以下
配送代行手数料（商品あたり）	288円	318円	434円	514円	603円

	大型							
	1	2	3	4	5	6	7	8
寸法（商品あたり）	60cm以下	80cm以下	100cm以下	120cm以下	140cm以下	160cm以下	180cm以下	200cm以下
重量（商品あたり）	2kg以下	5kg以下	10kg以下	15kg以下	20kg以下	25kg以下	30kg以下	40kg以下
配送代行手数料（商品あたり）	589円	712円	815円	975円	1,020円	1,100円	1,532円	1,756円

	超大型			
	1	2	3	4
寸法（商品あたり）	200cm以下	220cm以下	240cm以下	260cm以下
重量（商品あたり）	50kg以下			
配送代行手数料（商品あたり）	2,755円	3,573円	4,496円	5,625円

ただし、FBA小型軽量商品プログラム適用の商品については、配送代行手数料は以下の通り、通常の配送代行手数料より安くなります。FBA商品の小型・標準サイズを取り扱う全FCに対応しているので、該当する場合は利用してください。

	FBA小型軽量商品プログラム		参考:通常FBA配送代行手数料		
			小型商品	標準1	標準2
配送パッケージサイズ	25.0cm×18.0cm × 2.0cm以下	35.0cm×30.0cm × 3.3cm以下	25cm×18cm×2.0cm以下	35cm × 30cm × 3.3cm以下	三辺合計60cm以下
重量	250g以下	1000g以下	250g以下	1000g以下	2000g以下
配送代行手数料	¥193	¥205	290円	381円	434円

【適用条件】

- 販売価格：1000円以下
- 商品重量：1000g以下
- 商品サイズ：35.0cm x 30.0cm x 3.3cm以下
- さらに、販売実績や商品の品質に関する指標に基づき、Amazonの裁量により使用可否が決定されます。

※2022年12月現在

【対象外の商品】

- 中古商品
- アダルト商品
- 混合在庫管理対象商品
- FBA禁止商品
- 危険物
- お酒類

- 温度管理商品

※2022年12月現在

❸在庫保管手数料

FBAを利用するとAmazon倉庫が保管・管理するための手数料がかかります。これが在庫保管手数料です。次の計算式で計算されますが、「商品サイズ」と「保管日数」で決まります。在庫回転が速ければ速いほど安くなります。また、FBA配送代行手数料同様、大型商品ほど高くなるので注意しましょう。

在庫保管手数料

月額基準金額 × 商品サイズ(cm³) / 10cm×10cm×10cm × 保管日数 / 当月の日数

【月額基準金額】

	服&ファッション小物、シューズ&バッグ以外		服＆ファッション小物、シューズ&バッグ
在庫期間	小型/標準サイズ	大型/特大サイズ	すべてのサイズ
1~9月	¥5.160	¥4.370	¥3.100
10~12月	¥9.170	¥7.760	¥5.500

例）30日間保管した場合

10×10×10cmの商品＝約5円

20×20×20cmの商品＝約41円

30×30×30cmの商品＝約118円

40×40×40cmの商品＝約280円

❹FBA長期在庫保管手数料

FBAでは、毎月15日に在庫一掃チェックが入り、365日以上売れていない商品に対して、長期在庫保管手数料が請求されます。少商品多在庫のOEM販売では、注意しておきたいところです。1年以上売れない在庫については、積極的に処分していきましょう。

長期在庫保管手数料

在庫一掃チェック実施日	FBAに365日を超えて保管されている商品
月1回（毎月15日）	17.773円（10cm × 10cm × 10cmあたり）

仕入値

OEM生産委託先との交渉で最終決定した仕入値で考えます。ロット数などに応じてさまざまな条件がある場合は、各々の条件に当てはめて考えましょう。

03

OEM生産の可否を正しく判断するポイント

管理帳簿の仕入表を使って利益予測する

前項で国内OEMの利益予測についてお話しましたが、実際に計算する際は、『Amazon国内メーカー直取引完全ガイド』でもお伝えした管理帳簿を活用してください。

まだ管理帳簿をダウンロードしていない方は、本書379〜380ページのプレゼント項目よりダウンロードしてください。OEM販売に限らず、Amazon物販すべてに利用できます。

初めて使う方は、文章だけでは理解しづらいと思いますので、管理帳簿の説明動画もご覧になるとスムーズです。

●【動画】オリジナル管理帳簿の説明はコチラから

管理帳簿には、「仕入表」「在庫表」「売上表」がありますが、OEM販売の利益予測では、このうち「仕入表」を活用します。

仕入表とは、メーカーからもらった見積りで、利益が出るかどうかを確認するために使うシートで、利益予測にも適しています。

仕入表の最上段の項目欄は左から、以下のように並んでいます。

仕入表

仕入日 ❶	商品名 ❷	仕入単価 ❸	海外内送料 ❹	海外転送料 ❺	消費税・関税 ❻
	A社生産新色のバッグ	2,800	0	0	280
				0	0
				0	0
				0	0
				0	0
				0	0
		2,800	0	0	280

国内送料 ❼	FBA手数料 ❽	販売価格 ❾	利益単価 ❿	利益率 ⓫	重量 ⓬	総重量 ⓭	個数 ⓮
100	1408	5,500	912	16.6%	0.78	23.40	30
			0	[illegible]		[illegible]	
			0	[illegible]		[illegible]	
			0	#DIV/0!		0.00	
			0	#DIV/0!		0.00	
			0	#DIV/0!		0.00	
100	1408	5,500	912	16.6%	0.78	23.40	30

仕入原価 ⓯	売上高 ⓰	利益 ⓱	備考	アマゾン	仕入先
95,400	165,000	27,360	ホーム&キッチン − 990位・平均月間個数30個・FBA7		
0	0	0	ホーム&キッチン − 990位・平均月間個数30個・FBA7		
0	0	0	ホーム&キッチン − 990位・平均月間個数30個・FBA7		
0	0	0	ホーム&キッチン − 990位・平均月間個数30個・FBA7		
0	0	0	ホーム&キッチン − 990位・平均月間個数30個・FBA7		
0	0	0	ホーム&キッチン − 990位・平均月間個数30個・FBA7		
95,400	165,000	27,360			

❶ 仕入日：購入した日付(利益予測段階では未記入で構いません)

❷ 商品名：OEM販売する商品名(未確定の場合は検索キーワードなどで構いません)

❸ 仕入単価：OEM生産委託先メーカーの見積りに書いてある卸値

❹海外内送料：国内OEM販売の場合は関係なし

❺海外転送料：国内OEM販売の場合は関係なし

❻消費税・関税：消費税だけ10％掛かるように入力(国内メーカーの場合は関税関係なし)

❼国内送料：自宅か代行会社からAmazon倉庫までの送料(全体の数量で割る)

❽FBA手数料：FBA料金シミュレーターのAmazonの販売手数料、FBA出荷作業手数料、在庫保管手数料の合計を入力します。

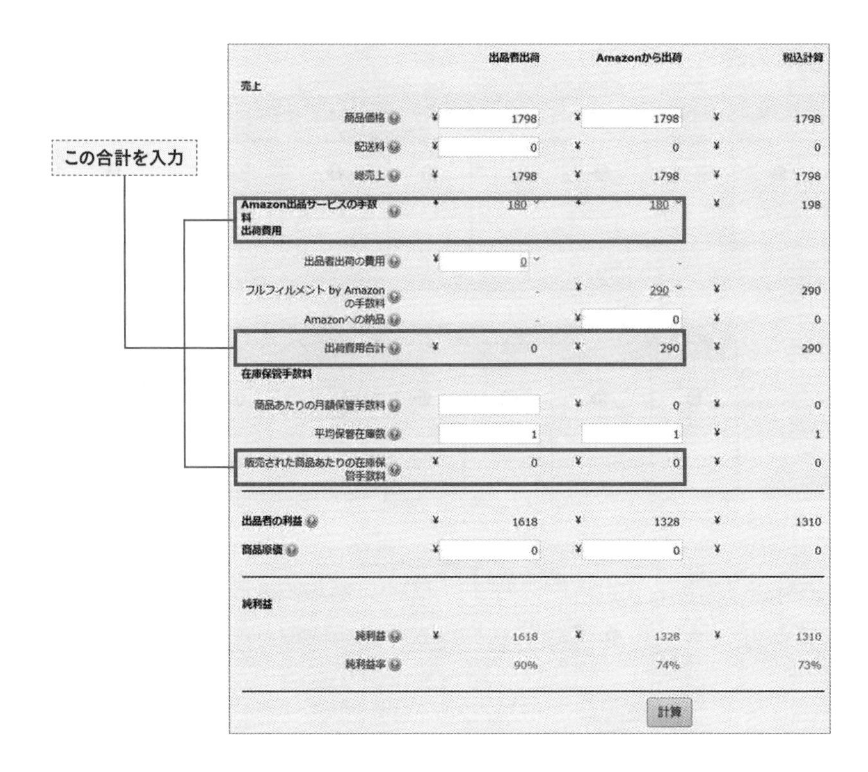

この場合は、右の図のように「Amazonの販売手数料180円＋FBA出荷作業手数料290円＋在庫保管手数料0円＝470円」となります。

在庫保管手数料に関しては、小さいものや標準サイズの商品はほぼ掛かりませんので、計算に含めなくても問題ないと思います。しかし大型サイズの商品は保管料が多くかかる場合があるので、よく計算した上で仕入れてください。FBA料金シミュレーターに記載のある保管料は、1ヶ月売れなかった場合の保管料です。

❾販売価格：Amazonの販売価格を記載

❿利益単価

利益が自動で計算されるように関数が入っています。計算式が入っているのでご安心ください。

「利益単価＝❾販売価格―❸仕入単価―❹海外内送料(0円)―❺海外転送料(0円)―❻消費税・関税―❼国内送料―❽FBA手数料」

⓫利益率

利益率が自動で計算されるように関数が入っています。

「利益率＝❿利益単価(利益)÷❾販売価格(売上単価)×100」

⓬重量：商品ページやFBAシミュレーターに記載があります。

商品ページ記載の重量

商品の情報

詳細情報

電池付属	いいえ
電池使用	いいえ
ブランド名	YONGNUO
メーカー	YONGNUO
製品型番	RF603CII-C3
梱包サイズ	16 x 8.9 x 4.9 cm; 160 g
商品重量	0.16 キログラム

登録情報

商品モデル番号	RF603CII-C3
ASIN	B00HRST8BK
Amazon.co.jp での取り扱い開始日	2013/6/24
おすすめ度	★★★★☆ 260個の評価 5つ星のうち4.1
Amazon 売れ筋ランキング	- 6,535位家電＆カメラ (の売れ筋ランキングを見る家電＆カメラ) - 2位ワイヤレスレリーズ

FBA料金シミュレーター記載の重量

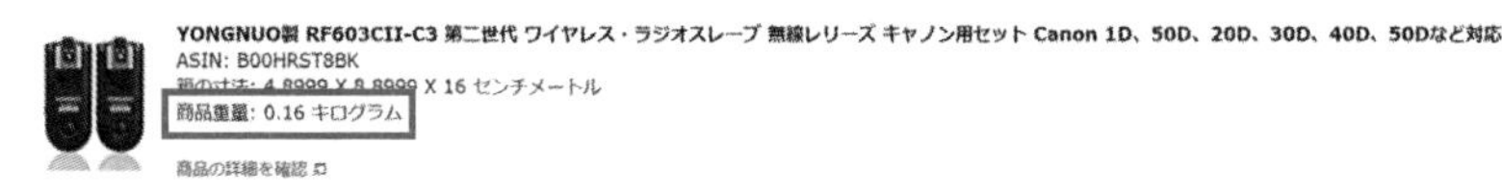

⑬総重量：⑫重量×⑪個数

⑭個数：月間販売個数、もしくは最低ロットを記入

⑮仕入原価：仕入れた合計金額

「仕入原価＝❸仕入単価＋❹海外内送料0円＋❺海外転送料0円＋❺消費税・関税＋❼国内送料)×⑭個数」

⑯売上高：その仕入れで見込まれる合計の売上高

「売上高＝❾販売価格×⑭個数」

⑰利益：その仕入れで見込まれる合計の利益額

「利益＝❿利益単価×⑭個数」

目標利益や許容仕入額と比較して可否を判断する

ここで計算した数値で、重要な数値は⑮仕入原価と⑰利益(月利額)になります。計算した仕入額、利益と、最初に設定した金額を比較して、設定した基準を超えていれば、OEM可能と判断します。

OEM生産OKの例

Ⓐ1商品あたりの仕入額上限	Ⓑ仕入表で計算した仕入原価	
2,000,000円	1,500,000円	Ⓐ>Ⓑで可
Ⓒ1商品あたりの月利の最低目標	Ⓓ仕入表で計算した利益（月利）	
300,000円	350,000円	Ⓒ<Ⓓで可

【OEM生産NGの例❶仕入額も利益も条件を満たさない】

Ⓐ1商品あたりの仕入額上限	Ⓑ仕入表で計算した仕入原価	
2,000,000円	2,500,000円	Ⓐ<Ⓑで不可
Ⓒ1商品あたりの月利の最低目標	Ⓓ仕入表で計算した利益（月利）	
300,000円	250,000円	Ⓒ>Ⓓで不可

【OEM生産NGの例❷仕入額の上限を超えている】

Ⓐ1商品あたりの仕入額上限	Ⓑ仕入表で計算した仕入原価	
2,000,000円	2,500,000円	Ⓐ<Ⓑで不可
Ⓒ1商品あたりの月利の最低目標	Ⓓ仕入表で計算した利益（月利）	
300,000円	320,000円	Ⓒ<Ⓓで可

【OEM生産NGの例❸目標利益を達成できない】

Ⓐ1商品あたりの仕入額上限	Ⓑ仕入表で計算した仕入原価	
2,000,000円	1,800,000円	Ⓐ>Ⓑで可
Ⓒ1商品あたりの月利の最低目標	Ⓓ仕入表で計算した利益（月利）	
300,000円	250,000円	Ⓒ>Ⓓで不可

OEM生産が可能と判断できる場合でも、最低ロットが大きい場合は、在庫を抱える期間が長くなりすぎないように注意してください。

OEMでは、半年分程度の在庫を持つこともありますが、長期の在庫は資金繰りが厳しくなるので、自身の許容できる範囲を決めておきましょう。

そのため、最低ロットが月額販売個数予測を上回る場合は、在庫期間がどのくらいになるかも計算してください。

在庫期間＝最低ロット÷月額販売個数予測

許容できる仕入額や在庫期間は、ご自身のOEM販売の経験によっても変わってきます。OEMが初めての方であれば、なるべく仕入額や在庫期間は抑えたいところですし、経験者であれば、ある程度の大きな投資ができます。

OEM生産の可否判断については、実例を示した方がわかりやすいので、次項に実例を紹介します。

04

【実例】こんなときOEMをやる？ やらない？

ここでは、過去に取引していたメーカーからOEMを打診された実例をもとに、どのような検証・判断をしたかをお伝えしたいと思います。

ただし、この話はあくまで実例をもとにしたフィクションです。登場する商品やAmazonレビューについては実際のOEM商品とは違うのでご了承ください。

ある日突然、取引先のメーカーからオファーが……

僕がメーカー取引を始めてからもうすぐ２年。始めは取引できるメーカーが見つからなかったり、利益が出なかったりした商品も多かったが、地道に続けていた結果なんとか月利100万円ほどを維持。そんなとき、長い付き合いのある取引メーカーから電話が……。

「お世話になります。先日はオーダーありがとうございました。ところで、今日はご提案がありまして……」

聞けば先日オーダーしたバッグの色違いを、うちだけに作ってくれるというのだ。このバッグは現在３色展開だが、４色目を独占できるとなると……。いったいどのくらい売れるのか？

とりあえず月間販売個数から現実的に予測してみよう。

【月間販売個数予測】色違いの商品はどれくらい売れるだろうか?

このバッグは、自分も含めてセラーが4人いる。色によってばらつきはあるが、自分は月に1色10個ほど、3色で合計30個程度売れている。

他のセラーも、ほぼ同価格で売っているので、1色10個×4人=40個/月、それが3色なので、バッグ全体で40個/月×3色＝120個/月ほど売れている計算になる。

1色40個/月売れているということは、新色を独占で出せたら40個分の売上が増えるということかな? いや、それともバッグ全体の売上が120個/月なので、4色で分けたら1色の売上が30個になるのかな? 一応両方のパターンで計算してみよう。

【新色が月に40個売れる場合】

まず楽観的な観測として、新色も今と同じく月に40個売れるとする。

❶全体の月間販売個数予測：現状120個＋新色40個＝160個

❷Ｉ色の月間販売個数予測：40個のまま

❸自分の月間販売個数予測：現状40個÷4人×3色＋新色40個＝70個

【新色が月に30個売れる場合】

一応保守的に、今の販売数を4色で分け合い、新色が月に30個しか売れないとする。

❶全体の月間販売個数予測：120個

❷１色の月間販売個数予測：120個÷4色＝30個

❸自分の月間販売個数予測：現状30個÷4人×3色＋新色30個≒53個

では、月間販売個数予測を53〜70個の間で考えておこう。

【利益予測】月利はどれくらいになるだろう?

月利はどうなるかな。管理帳簿の仕入表に記入してみよう。

❶仕入日：まだ決まってないので、後で記入

❷商品名：とりあえず「A社生産新色のバッグ」としよう

❸仕入単価：2,800円(税抜価格)

❹海外内送料：0円

❺海外転送料：0円

❻消費税・関税：2,800×10％＝280円

❼国内送料：100円

❽FBA手数料：FBA料金シミュレーターの合計値で1,408円

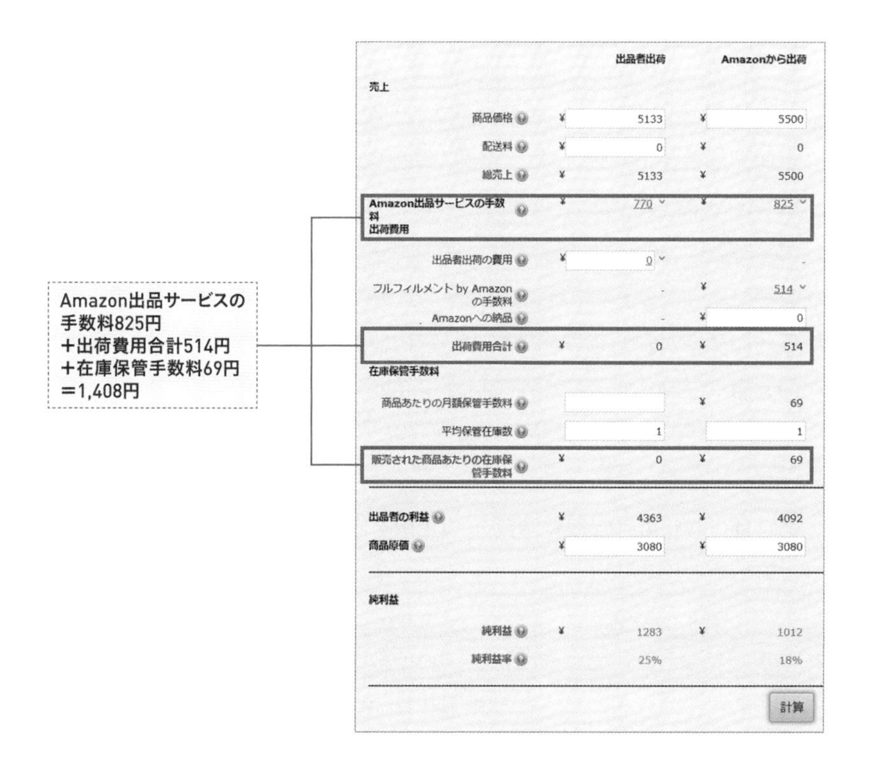

この場合は、右の図のように「Amazonの販売手数料180円＋FBA出荷作業手数料290円＋在庫保管手数料0円＝470円」となります。

在庫保管手数料に関しては、小さいものや標準サイズの商品はほぼ掛かりませんので、計算に含めなくても問題ないと思います。しかし大型サイズの商品は保管料が多くかかる場合があるので、よく計算した上で仕入れてください。FBA料金シミュレーターに記載のある保管料は、1ヶ月売れなかった場合の保管料です。

❾販売価格：現状の平均販売価格に併せて5,500円(税込)

❿利益単価：下のように自動計算されて912円

❾販売価格5,500円—❸仕入単価2,800円—❹海外内送料0円—❺海外転送料0円—❻消費税・関税280円—❼国内送料100円—❽FBA手数料1,408円＝912円

⓫利益率：下のように自動計算されて16.6%

❿利益単価912円÷❾販売価格5,500円×100＝16.6％

⓬重量：FBA料金シミュレーターから0.78kg

⓭総重量：⓬重量0.78kg×⓮個数

あとは、現状の月間販売個数と、OEMをした場合の月間販売個数を⓮個数に入力すると……

	月利予測額
現状のまま	**30個/月×912円＝27,360円**
OEMをした場合（月53個売上）	**53個/月×912円＝48,336円**
OEMをした場合（月70個売上）	**70個/月×912円＝63,840円**

なんと、利益は現状の1.8〜2.3倍に！ すでに違う色で売っている商品だから利益予測の精度は高いだろうし、これはやらないと損では?

【最低ロット】仕入資金と在庫期間はどのくらいだろう?

でも、メーカーは「最低ロット数は400個」と言っていた。

管理帳簿の仕入表を使って、個数を400個として仕入原価を計算してみると……。

(❸仕入単価2,800円+❹海外内送料0円+❺海外転送料0円+❻消費税・関税280円+❼国内送料100円)×⓮個数400個=1,272,000円

と、だいたい127万円かあ。まあ余裕資金は200万円ほどあるからなんとかなるかな……。

でも、この在庫をさばくにはどのくらいかかるだろう。新色の月間販売数は30〜40個と想定しているから、

在庫期間=最低ロット400個÷月額販売個数予測30〜40個=10〜13ヶ月≒約1年

1年も在庫を抱えることになるのか!

【可否判断】OEM生産するべきか、しないべきか?

今までの結果をまとめてみると……

Ⓐ1商品あたりの仕入額上限	Ⓑ仕入表で計算した仕入原価	
2,000,000円	1,272,000円	Ⓐ>Ⓑで可
Ⓒ1商品あたりの月利の最低目標 ※現状のメーカー直取引と比較	Ⓓ仕入表で計算した利益(月利) ※現状のメーカー直取引と比較	
+10,000円	+20,976〜36,480円	Ⓒ<Ⓓで可

※在庫期間は10〜13ヶ月

仕入額と利益額で考えれば、OEM生産可能と判断できる。だけど、+20,000〜40,000円の月利のために、127万円分も一度に仕入れて、1年くらい在庫持つのはちょっと……。

今ここで127万円も使ってしまったら余裕資金が半分以上なくなるので、他の商品を仕入れることができなくなる。それに、色違いの商品の実績から大丈夫とは思うけど、さすがに1年分の在庫を持つのは怖いなあ。

やっぱり、新色のOEM生産はやめておこうかな、どうしようかな……。

【レビュー確認】色を変えるだけでなく、商品を改良してみるのはどうか？

そういえば、メーカーの担当者は「あと、色違いだけでなく、バッグを改良して御社ブランドで売ってもらってもいいですよ」と言っていた。

一応、レビューを見てみよう。うーん、高い評価も多いけど、低い評価も一定数あるな。もしかしたら、改良の余地はあるかもしれない……、ん!?

Amazon カスタマー

★★★★☆ **自分で使いやすいようにカスタマイズしました。**

2016年9月2日に日本でレビュー済み

Amazonで購入

表のポケットにアイフォン６プラスを入れようとしても入らない(どこのポケットも)ので、ペンホルダーの位置まで横に広げました。そうすると上からアイフォンが落ちそうなので、パスケースを縫い付け、買い物用のカードまで入れられるようにしました。(写真１) 二番目に大きい部分にはウオレットチェーンを取り付ける部分を付けました。(写真２) ほかにも鍵用のチェーンを取り付ける部分もつけています。さらに。背中の部分にはアイフォンなどもはいるよう通気性の良い素材でポケットを付けました。(写真３) そのほか、どうしても底が緩いので、１００均のケースを入れ、そこの補強をしています。(少しの加工が要りましたが、きっちり入れることで、たくさんのものを入れても形が崩れなくなりました。また、ベルトの余った部分がぶらぶらするので、ベルト通しを作ってみました。この商品はたくさんポケットがあるので、どこに何を入れるか決めておけば全く探す手間が省けます。かっこいいバックです。ただし、多少縫製は悪く使用している際にほつれが出てきているのが残念。特に肩にかけるベルトの根っこ、サイドポケットの横がほつれてきていますね～

（＊先ほどお見せしたバックの商品とは異なる他商品のレビューを使用しております、あくまで参考としてご覧ください）

自分で使いやすいようにカスタマイズしてみた？　しかも、低評価のレビューで指摘されている欠点をカスタマイズした感じだな。なんて神レビューだ！　この通りに改良してみたら、もっと売れるかもしれない！

商品改良の見積りと最低ロットを確認しよう

メーカーには、ダメ元で改良の提案と見積りをとってみよう。メーカーと何度か協議してみたけど、ほかのバッグの素材を使えば、それほどコストアップにならずに作れることが判明。

仕入値は2,800円(税抜)から150円コストアップの2,950円(税抜)。この程度ならそんなに問題にならないかな。だけど、最低ロットは400個⇒550個に増やすという条件が付いてしまったけど。

管理帳簿の仕入表を使って計算すると……

⑮仕入原価＝(❸仕入単価2,950円＋❹海外内送料0円＋❺海外転送料0円＋❻消費税・関税295円＋❼国内送料100円)×⓮個数550個＝1,839,750円

余裕資金ぎりぎりの額だな。

再度販売個数と月利を予測してみる

販売価格は、コストアップ分を上乗せして税込で5,700円としよう。

販売個数は、今のバッグが3色合計で月120個売れているが、高くなった分8割くらいの販売個数になると想定して、月間100個としよう。

1個当たりの利益は、

⑩利益単価＝❾販売価格5,700円—❸仕入単価2,950円—❹海外内送料0円—❺海外転送料0円—❻消費税・関税295円—❼国内送料100円—❽FBA手数料1,408円＝947円

つまり、月利は、947円×100個＝94,700円。

既製品の売上は少し落ちるかもしれないけど、それを加味しても、1人で売っているから利益額がかなり増えた。しかも売れれば、この改良品で色違いのバッグを出そうという話になるかもしれない。

在庫期間はどれくらいかな。

在庫期間＝最低ロット550個÷月額販売個数予測100個＝5.5ヶ月≒約半年

色違いだけだと1年くらい在庫抱えていたのに、改良を加えたら半年で済んでしまうのか。この差は結構大きいな。もう1回まとめてみよう。

Ⓐ1商品あたりの仕入額上限	Ⓑ仕入表で計算した仕入原価	
2,000,000円	1,839,750円	Ⓐ>Ⓑで可
Ⓒ1商品あたりの月利の最低目標 ※現状のメーカー直取引と比較	Ⓓ仕入表で計算した利益(月利) ※現状のメーカー直取引と比較	
+10,000円	+94,670円	Ⓒ<Ⓓで可

※在庫期間は約半年

在庫をさばけるのも早いし、利益も断然多い。在庫期間が短くなったということは、それだけ値崩れのリスクも低くなったといえる。OEM販売であれば相乗りもいないし、かなり強力な商品だ。

問題は仕入資金かな。払えない額ではないが、余裕資金ぎりぎりだ。

それと、計算どおりに売れるかどうか。そもそも売れる商品ページに育てていかないといけない。改良点が伝わるように画像をうまく作ったり、適切なキーワード設定をしたり、発売開始してしばらくは広告を出したりする工夫も必要だ。

あなたならどうしますか？

以上、実例を基に、メーカーからOEM販売のオファーがあったケースを見てきました。あなたならどうするでしょうか？ おそらく、OEM販売が初めてか何回か経験しているかによっても判断は変わってくると思います。

また、今回は商品の改良を提案することによって、最低ロット数が大きくなりましたが、ロット数によっても判断が変わってくるでしょう。紹介したケースは、長く付き合っている取引メーカーとの話なので、実際にはもう少しロット数を抑えられることもあります。そうなれば、OEMが初めての方でも取り組みやすくなります。メーカー直取引でも、見積もりを精査して仕入れの判断をしますが、OEM販売では、次の点で判断基準が変わってきます。

- **売れるOEM商品、売れる商品ページを作り、育てるスキルが必要(Chapter6,7参照)**
- **最低ロットが大きいので、1回あたりの投資金額が大きい**

仕入額や利益額で可否を判断することも重要ですが、在庫期間やご自身の経験も踏まえて、総合的に判断するようにしましょう。

ただ、最初から大きな投資はおすすめしないものの、経験によってスキルが大きく得られるのもOEM販売の醍醐味です。

- **メーカーに最低ロットを抑えてもらった**
- **仕入額も既製品とそんなに変わらない**
- **自分の販売実績のある商品の改良なので利益予測の精度が高い**

こういうことであれば、積極的にOEM販売に取り組んでみてもいいでしょう。相乗りがないので、長期間利益が安定します。

Q OEM販売の場合、消費者から商品に関する問い合わせが来ることはありますか?

A 問い合わせが来ることは、めったにありません。

商品に対する問い合わせやクレームが来ることは稀にありますが、その数はそれほど多くありません。メーカー直取引でもめったにありませんが、OEM販売は扱う商品数が少ないためか、さらに少ない印象です。特に国内メーカーが製作した商品であれば、品質が高いので問い合わせやクレームはほとんどなく、私は経験したことがありません。そのため、そこまで神経質にならなくて大丈夫です。

ただ、中国輸入のOEM商品の場合は注意した方がいいかもしれません。ある中国製のITデバイスのOEM商品を販売したときのことです。「このスマホは対応しますか？」「この機種では使えないのですが」という、スマホとの互換性に関する問い合わせが来たことがありました。互換性のない機種があるというのは、国内商品であればあり得ないのですが、中国製であればあり得ます。

私がどうしたかというと、さすがに全機種の動作確認はできないので、問い合わせのあった機種と同じ中古の機種をヤフオクで買って確認しました。輸入品で、こういう互換性が求められる商品は、問い合わせやクレーム対応が少し大変かもしれません。特にOEMであれば、自分で対応しなくてはいけないことも多くなります。

なお、万が一問い合わせがあった場合は、Amazon販売であれば、基本は24時間以内に返信しないといけません。FBA利用商品でFBAの配送、返品・交換、返金に関して問い合わせがあればAmazonカスタマーサービスへ誘導します。

そうではなく、商品そのものに関する問い合わせであれば、自分でメーカーに確認するなどして対応する必要があります。

Chapter 5

OEMの新規商品ページ作成マニュアル

本章では、セラーセントラルの画面で新規商品ページを作成する方法を具体的に解説します。OEM販売が初めての方でも、本章の手順に沿って登録すれば商品登録できるようになっています。商品登録の手順でわからないことがあれば本章を見返すようにしてください。また、相乗り防止のため、自社ブランドの商標登録とAmazonに登録する方法についても解説します。

01

新規の商品ページを作成してみよう

新規商品ページ作成の事前準備

本章では、主に商品ページの作成方法(新規商品の登録)について解説しますが、その前に、新規商品の登録には次の情報が必要となります。

- JANコード
- ブランド名

JANコードとは、簡単に言うと日本のバーコード規格のことです。OEM商品については、自社ブランドの商品としてJANコードの登録が必要です。JANコードの取得と管理方法については、P162～で詳しく解説しているので、まだ取得していない方は事前に準備をしてください。**ブランド名は任意で決めていいですが、Amazon Brand Registry に登録していないとエラーが出ることがあります。**P122～でブランド名のエラー対策について説明します。

また、本格的にOEM販売に取り組む場合は、相乗り防止の観点で商標登録を早めに済ませた方がいいので、P170～以降で詳しく解説します。

新規商品ページ作成前に登録内容をまとめておく

これからセラーセントラルの画面で新規の商品ページ作成の手順について説明しますが、必要事項の入力に時間がかかっていると、知らないうちにセラーセントラルからログアウトしていて、入力内容が消えてしまうことがあります。そのため、以下より「新規商品登録必要事項テンプレート」をダウンロードして、事前に登録内容をまとめておくようにしてください（新規商品登録の流れに関しては文章だけだと伝わりづらいので、共著者の田中さんが過去開催したセミナー動画を本書最後のページよりダウンロード可能です）。

新規商品登録❶　登録画面表示

まずは以下の手順に従って、セラーセントラル（https://sellercentral.amazon.co.jp/）で新規商品登録画面を表示させてください。

●新規商品登録必要事項テンプレート

https://bit.ly/3vWSmd3

新規商品登録画面表示手順

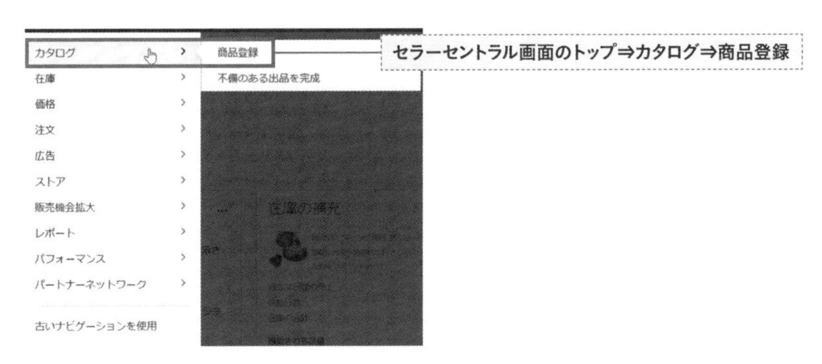

新規商品登録画面表示手順

新規商品登録画面表示手順

なお、選択したカテゴリーによって、これからお伝えする入力項目に若干の違いがありますが、カテゴリー共通で必要な入力事項を中心に解説します。

新規商品登録❷　重要情報タグ

まずは、タグの「その他の項目」をオンにして、すべての項目を表示します。

新規商品登録画面表示手順

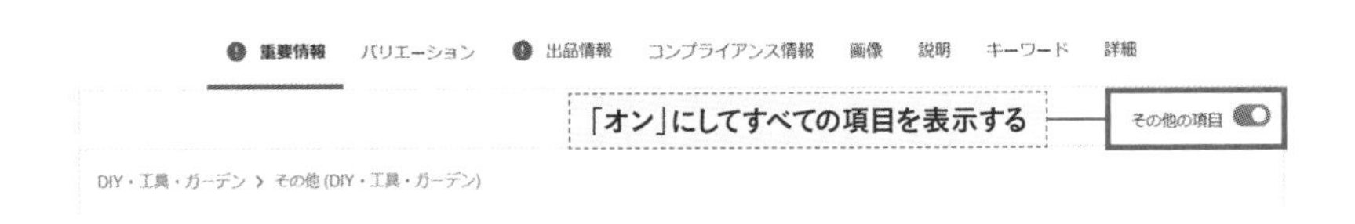

すべての項目を表示した後、必要事項を入力します。カテゴリーによる違いはありますが、赤く囲まれている項目は必須入力です。以下、簡単に解説します。

重要情報タグの入力項目

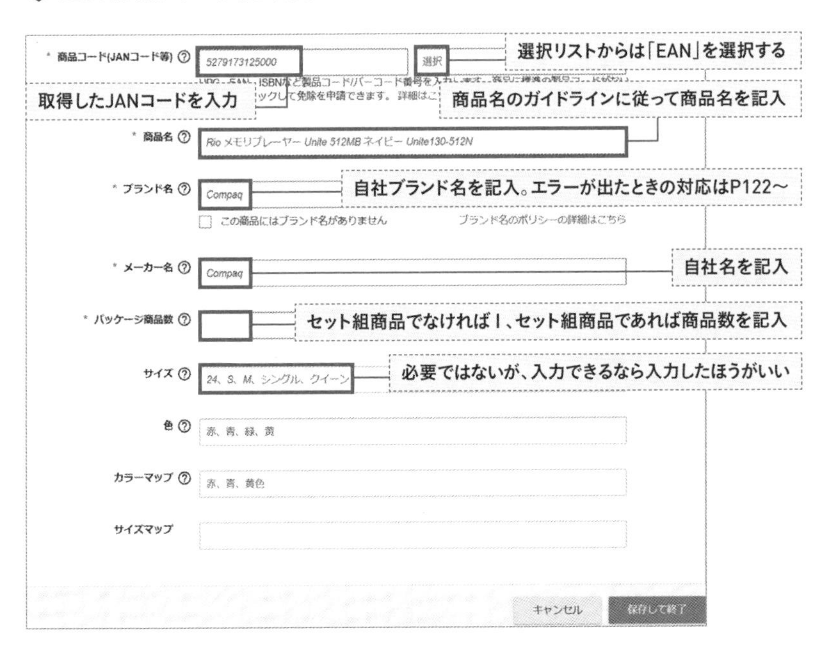

●商品コード(JANコード)

取得したJANコードを記入します。「選択」リストからは「EAN」を選択してください(JANコードの取得はP162〜)。

●商品名

商品名のガイドラインに沿って、商品名を記入します。全カテゴリーに共通するガイドラインは以下の通りです(2022年12月現在)。

❶スペースも含めて、商品カテゴリーの推奨文字数に従うこと

目安：英数字および全角文字、スペースを含めて合計で50〜80文字。推奨文字数はカテゴリーにより違いあり。

❷商品名にプロモーション的または主観的な用語が含まれていないこと。

例：「無料配送」「100%品質保証」「人気商品」「ベストセラー」

❸商品名に記号または非言語のASCII拡張文字が含まれていないこと。

例：~ ! * $? _ ~ { } # < > | * ; ^ ¬ ¦ Æ © ®

❹商品を特定する情報が含まれていること。

その他、基本的には以下のように商品名を入力することが推奨されています。

- **スペースを使う場合は、半角スペースを使う**
- **英数字やハイフンは半角とし、漢数字は極力使わない**
- **半角カタカナは使わない**
- **商品と無関係の単語を入れない**
- **景品表示法、薬機法、健康増進法に抵触する表現を避ける**

※虚偽、誇大な表現、病名・症状等(P297〜参照)

商品名のガイドラインの詳細は、カテゴリー別に分けられています。以下の手順で見つかる「商品登録規約」で各カテゴリーの商品名のガイドラインが示されています。

ガイドラインに従わない場合、検索対象外とされる可能性があるので確認するようにしましょう。ガイドラインの範囲内で適切なキーワードを入れ込み、検索上位に表示されるようにしましょう(P217〜)。

また、商品名だけでなく商品画像や仕様の文言について独自のルールがある場合でも、「商品登録規約」で記載がありますので、まとめて確認しておきましょう。

●Amazon 出品者のヘルプ

https://sellercentral.amazon.co.jp/gp/help/external/

カテゴリー別商品登録規約

在庫の作成と管理

- Fabriqué en France（Made in France、フランス製）の資格について
- 商品ドキュメントについて
- 出品情報を1つずつ作成する
- 一括アップロードを使って出品情報を作成する
- 商品と出品情報について
- Amazon検索機能
- ブラウズノードとリファインメンツについて
- ブラウズノード・リファインメンツの更新
- 商品ページのスタイルガイド
- 商品詳細ページと出品商品
- 大量出品手数料
- まとめ売り商品の画像基準
- 画像のトラブルシューティング
- Amazon Merchant Transport Utility (AMTU)
- メーカー型番
- 商品タックスコード(product tax code)の設定
- 重複の可能性があるASIN
- 検索対象外
- 価格の誤設定の可能性による出品停止
- 「中古品を購入」ボックスについて
- 「こちらからもご購入いただけます」ボックスの仕組み
- エラーコード
- 在庫の作成と管理のよくある質問
- ベビー&マタニティ 一部商品のカテゴリー変更について
- ドラッグストア　一部商品のカテゴリー変更について
- 新しいモデルへのリンク
- ドラッグストア　一部商品のカテゴリー変更について
- ホーム商品の寸法項目の更新に関するよくある質問
- 正味数、商品の形状、付属品総数に関する項目の詳細

「一括アップロードを使って出品情報を作成する」をクリック

一括アップロードを使って出品情報を作成する

- 在庫ファイル、商品登録規約、ブラウズツリーガイド
- 商品情報を在庫ファイルへ追加する
- 一括編集で出品情報の品質を向上させる

「在庫ファイル、商品登録規約、ブラウズツリーガイド」をクリック

Help / 在庫管理 / 在庫の作成と管理 / 一括アップロードを使って出品情報を作成する / **在庫ファイル、商品登録規約、ブラウズツリーガイド**

在庫ファイル、商品登録規約、ブラウズツリーガイド

Individual sellers: これは、大口出品者のみが利用できる機能です。小口出品者は利用できません。詳しくは、出品形態の変更およびアカウント解約をご覧ください。

注: 在庫ファイルテンプレートのマクロはサポートされなくなりました。

注: 2020年9月1日より「ベビー＆マタニティカテゴリー」における一部商品が「服＆ファッション小物カテゴリー」に移管されます。詳しくはこちらをご覧ください。

注: 2021年7月1日より「ドラッグストアカテゴリー」における一部商品が「産業・研究開発用品カテゴリー」に移管されております。詳しくはこちらをご覧ください。

Amazon出品大学から以下の情報を入手することもできます。

- フィードファイルをアップロードして商品を追加する方法（新しいASINの場合）
- フィードファイルをアップロードして商品を追加する方法（ASINがある場合）

概要

在庫ファイルテンプレートは、複数の列で構成されたMicrosoft Excelのスプレッドシートで、商品の説明および出品に使用します。在庫ファイルテンプレートを使用すると、Amazonサイトに出品情報を一括してアップロードおよび更新できます。

- 在庫ファイルテンプレートは、このヘルプページの後半にある在庫ファイルテンプレートセクションからダウンロードできます。
- 在庫ファイルテンプレートを出品する商品の種類にあわせてカスタマイズできます。これにより、複数のカテゴリーの商品をひとつの在庫ファイルテンプレートを使って出品できます。 詳しくは、カスタム在庫ファイルテンプレートをご覧ください。
- 注文から出荷までの日数を一括で更新できます。詳しくは、注文から出荷までのリードタイムを変更するをご覧ください。
- バリエーションを一括で作成することもできます。詳しくは、バリエーションがある商品の登録、更新方法は？ をご覧ください。

関連記事

在庫ファイル、商品登録規約、ブラウズツリーガイド

在庫ファイルを使用して商品を追加する

商品情報を在庫ファイルへ追加する

一括編集で出品情報の品質を向上させる

お困りですか？

セラーフォーラムで質問する

サポートを受ける

画面を下にスクロールする

カテゴリー別在庫ファイルテンプレート

注: *翻訳（英語および中国語）は参照のみを目的としています。翻訳版と日本語版の間に矛盾がある場合は、日本語版が優先されます。

カテゴリー	テンプレート名	商品登録規約	ブラウズツリーガイド
エレクトロニクス	在庫ファイルテンプレート	エレクトロニクス（日本語）	エレクトロニクス（日本語）
		エレクトロニクス（英語）*、エレクトロニクス（中国語）*	エレクトロニクス（英語）*、エレクトロニクス（中国語）*
カメラ	在庫ファイルテンプレート	カメラ（日本語）	エレクトロニクス（日本語）
		カメラ（英語）*、カメラ（中国語）*	エレクトロニクス（英語）*、エレクトロニクス（中国語）*
ホーム、ホームアプライアンス	在庫ファイルテンプレート	ホーム（日本語） ホームアプライアンス（日本語）	ホーム&キッチン（日本語）
		ホーム（英語）*、ホーム（中国語）*	ホーム&キッチン（英語）*、ホーム&キッチン（中国語）*
		ホームアプライアンス（英語）*、ホームアプライアンス（中国語）*	
PCソフト&TVゲーム	在庫ファイルテンプレート	輸入ビデオゲーム（日本語）	PCソフト（日本語） TVゲーム（日本語）
		輸入ビデオゲーム（英語）*、輸入ビデオゲーム（中国語）*	PCソフト（英語）*、PCソフト（中国語）*
			TVゲーム（英語）*、TVゲーム（中国語）*

商品登録規約を確認する

●ブランド名

自社ブランド名を記入します。カテゴリーによっては必須項目になっていないですが、入力しないとノーブランド品として出品されるので必ず入力します。エラーが出てきた際の対応はP122〜にて詳しくお伝えします。

●メーカー名

自社名を記入します。

●パッケージ商品数

1セットあたりの商品数です。セット組商品でなければ「1」を入力します。セット組商品であれば商品数を記入してください。

●サイズ、色、カラーマップ

必須入力項目ではないですが、入力しておくとAmazonの絞り込み検索で有効になるので、消費者に探してもらいやすくなります。もし可能であれば入力しておきましょう。

新規商品登録❸　ブランド名を入力して5665エラーが出たときの対応

Amazon Brand Registry(P186〜)に登録していないブランド名を使おうとすると、5665エラーが出ることがあります。

その場合は、テクニカルサポートに5665エラーが出たことと、以下の必要情報を連絡して、ブランド名が使えるように設定してもらいましょう。

- **出品情報の作成時に使用したブランド名。**
- **商品やパッケージの実物の画像（いずれかにブランドが表記されていること）。画像は、商品やパッケージを手で持った状態、またはテー**

ブルの上に置いた状態でも可。ブランド表記は恒久的に貼付されている必要がある。

- 在庫ファイルテンプレートを使用している場合は、在庫ファイル処理レポートのバッチIDも提供すること。

ブランド名要件をすべて満たしている画像の例

上記のように、エラー解除にはブランド名が記載された商品の写真が必要です。またブランド表記は、ステッカーなど剥がせるものは不可となります。ブランド名が記載された商品は、生産委託先のメーカーにOEM商品を作ってもらう場合は用意できるかと思います。

写真が用意できたら、テクニカルサポートに以下の例文のように問い合わせてください。

＝＝＝＝＝＝＝＝＝＝＝＝＝＝＝＝＝

件名：エラーコード5665の件

内容：

・ブランド名：xxxxx

・弊社が使用している上記ブランドを使えるようにしていただきたいと思いご連絡しました。商標登録は現在手続き中です。

・商品とブランド名が写ったパッケージの写真を添付しますので、ご確認ください。

添付：商品とブランド名が写ったパッケージの写真

＝＝＝＝＝＝＝＝＝＝＝＝＝＝＝＝＝

新規商品登録❹　バリエーション

バリエーションタグの入力項目

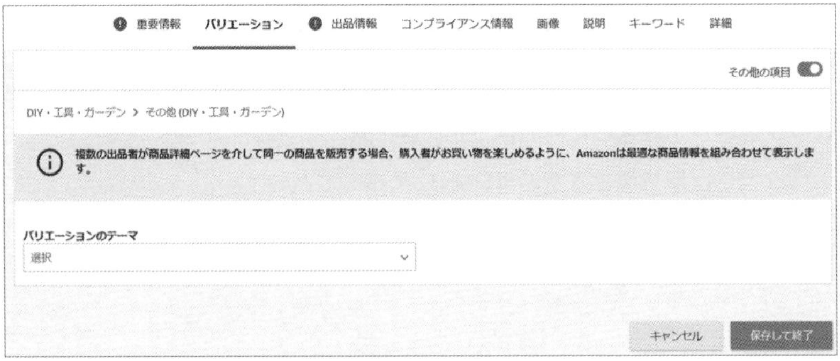

色やサイズなどのバリエーション選択がない商品であれば、この項目は何も入力しなくて結構です。バリエーション登録についてはP142～をご覧ください。

新規商品登録❺　出品情報タグ

出品情報タグの入力項目

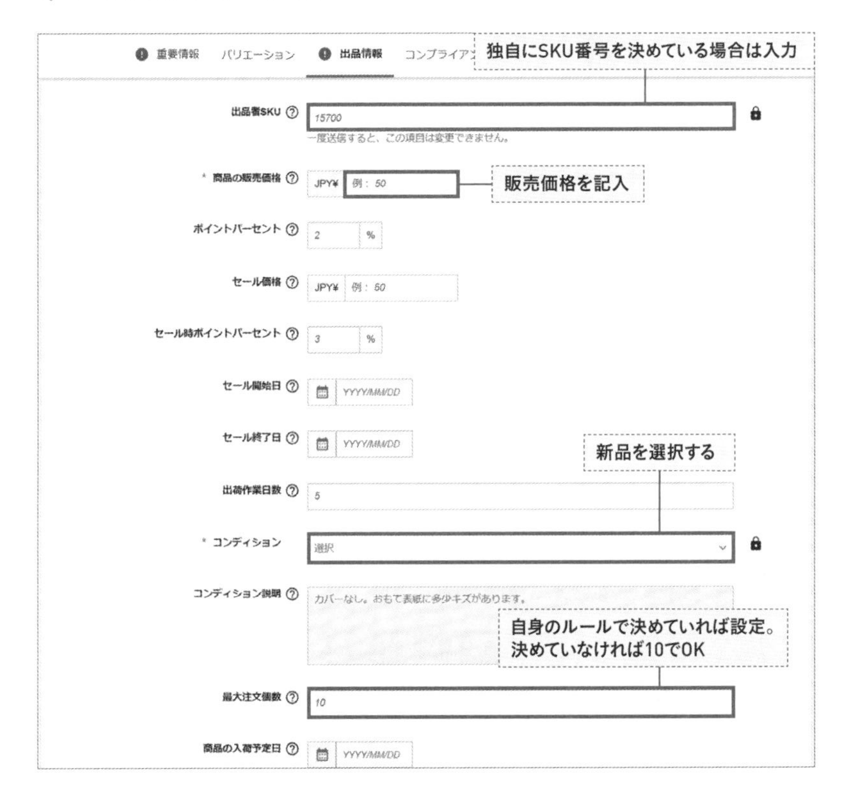

メーカー希望価格
JPY¥ 例：50
FBAの場合、「はい」を選択
配送日時指定SKUリスト
生鮮食品
ギフトメッセージ
選択
ギフト包装
選択
FBAの場合、「はい」を選択
配送パターン
移行された配送パターン
代金引換
開始日を提案する
YYYY/MM/DD
注文可能になる日程を選択できる(変更可)
商品タックスコード
A_GEN_STANDARD
フルフィルメントチャネル
私はこの商品を自分で発送します
(出品者から出荷)
出品者出荷の場合
Amazonが発送し、カスタマーサービスを提供します
(Amazonから出荷)
FBA利用の場合
この商品の注文は、Amazon から出荷するよう指定されていおり、Amazon が出品者から商品を受領すると販売可能となります。ご利用にはフルフィルメント by Amazon の手数料がかかります。 詳細はこちら
キャンセル
保存して終了

出品情報タグでは、以下の情報を入力します。

●出品者SKU

独自にSKU番号を決めている場合は入力します。

●販売価格

決定した販売価格（税込）を記入します。

●コンディション

新品を選択します。

●ギフト包装

ギフト包装やギフトメッセージなどのギフト設定は、プレゼント用に商品を買う方などに向けた設定です。商品によってはニーズがあり、機会損失を防ぐため、FBA利用の場合は特別な理由がなければ「はい」を選択します。

●ギフトメッセージ

上記同様、FBA利用であれば「はい」を選択します。

●最大注文個数

自身のルールで設定しますが、決めてなければ10を選択します。

●開始日を提案する

消費者が商品を注文できるようになる日程を設定できます。

また、詳細タグでも似たような設定があり、「商品の公開日」では、消費者が商品ページを閲覧できる日を設定できます。特に理由がなければ、この2項目は同じ日に設定することで問題ありません。新規登録後に変更することもできますから、仮入力で結構です。

詳細タグの「商品の公開日」

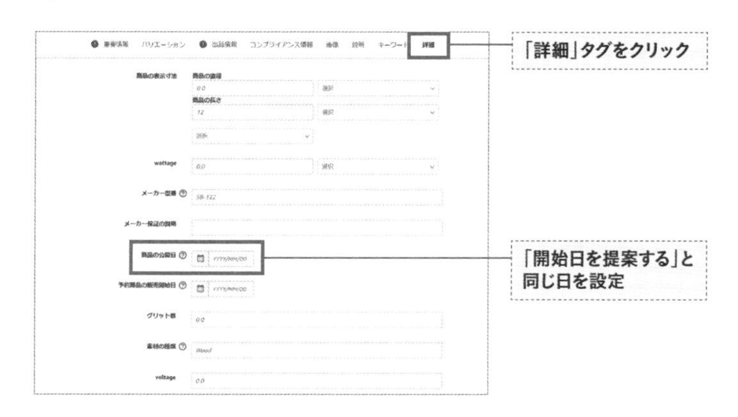

●フルフィルメントチャネル

出品者出荷か、FBA出荷かを選択します。FBAの場合は「Amazonから出荷」を選択。

新規商品登録❻　コンプライアンス情報タグ

コンプライアンス情報タグの入力項目

ここは、特に入力する必要はありません。

新規法品登録❼　画像タグ

画像タグ

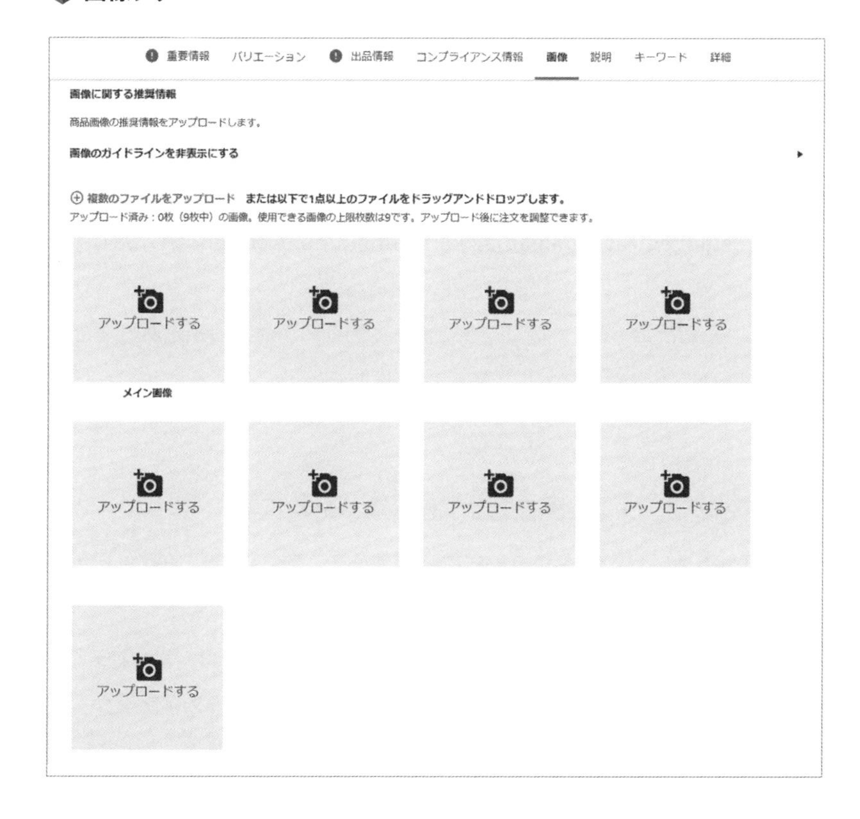

商品ページの画像は、最大で9枚まで登録できます。しかし、8枚目と9枚目は、商品ページには表示されないので、優先度はかなり低くなります。最初の1枚目(メイン画像)は、商品検索結果一覧にも表示される、もっともよく消費者に見られる画像になります。

しかし、最初の1枚目は白抜き・文字なしと決まっているなど制限が多いので、2〜7枚目(サブ画像)でいかに訴求力を高めるかが重要となります。

商品画像は、訴求力を高めるうえで最も大切です(Chapter6参照)が、ガイドラインに従って作成しなければいけません。画像についてもガイドラインに準拠していないと、画像を変更するまで検索対象外となりますので注意してください。

以下、商品画像のガイドラインの概要についてお伝えしますが、詳細な情報は随時変更されますので、以下から最新情報を確認するようにしてください。

●商品画像の要件

https://sellercentral-japan.amazon.com/help/hub/reference/G1881

また、画像についてもカテゴリーによって個別の例外ルールがある場合があります。P119〜でお伝えした商品登録規約を確認するようにしてください。

【メイン画像とサブ画像のルール概要】

1枚目の画像(メイン画像)と2枚目以降の画像(サブ画像)には、それぞれ共通するルールと違うルールがあります。

大きなところでは、メイン画像は白背景(RGB値255)としなければならず、文字を使うことができません。しかし、サブ画像には背景や文字を使うことができます。

メイン画像とサブ画像の基本的なルール

背景が白ではないのでメイン画像に登録できない

サブ画像として使用できる

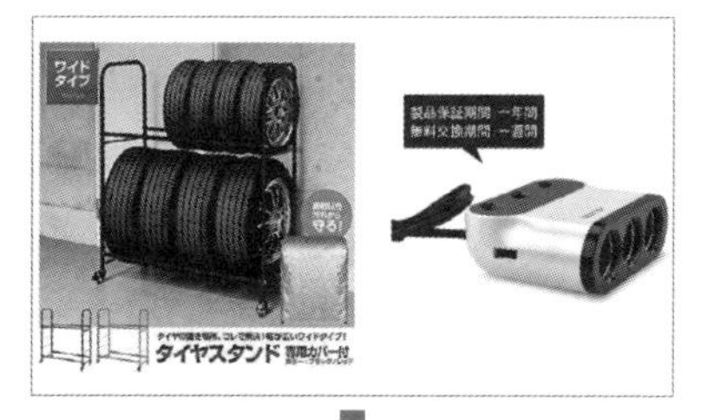

文字が入っているのでメイン画像に登録できない

サブ画像として使用できる

その他、メイン画像とサブ画像のルールの違いは以下のようになります。

メイン画像とサブ画像のルール比較表

	メイン画像	サブ画像
フォーマット	JPEG(.jpg),GIF(.gif),PNG(.png) ※処理速度の速いJPEG形式がおすすめ	
サイズ	最小縦または横のどちらか長い辺が500ピクセル 最小縦または横のどちらか長い辺が10000ピクセル	
背景	純粋な白 ※RGB値が(255,255,255)	白を推奨しますが必須ではありません
不鮮明な画像、画素化した画像、端がギザギザに加工された画像	NG	NG
商品に同梱されないアクセサリー類とのコーディネート、合成写真、複数の商品や色	NG	OK ※購入者に付属品であると誤解を与えないように注意
複数の商品や色、サイズが写った画像	NG	OK
モデルが入った写真	NG (服&ファッション小物カテゴリーの商品およびそのアクセサリをモデルが着用している場合を除く)	OK

【その他禁止事項】

- 商品名と一致しない画像
- 不鮮明な画像、画素化した画像、端がギザギザに加工された画像
- ヌードや性的なものを示唆させるような画像
- モデルが着用して撮影された子供向けの下着または水着の画像
- Amazonのロゴや商標、およびAmazonのロゴや商標と類似した画像

新規商品登録❽ 説明タグ

説明タグ

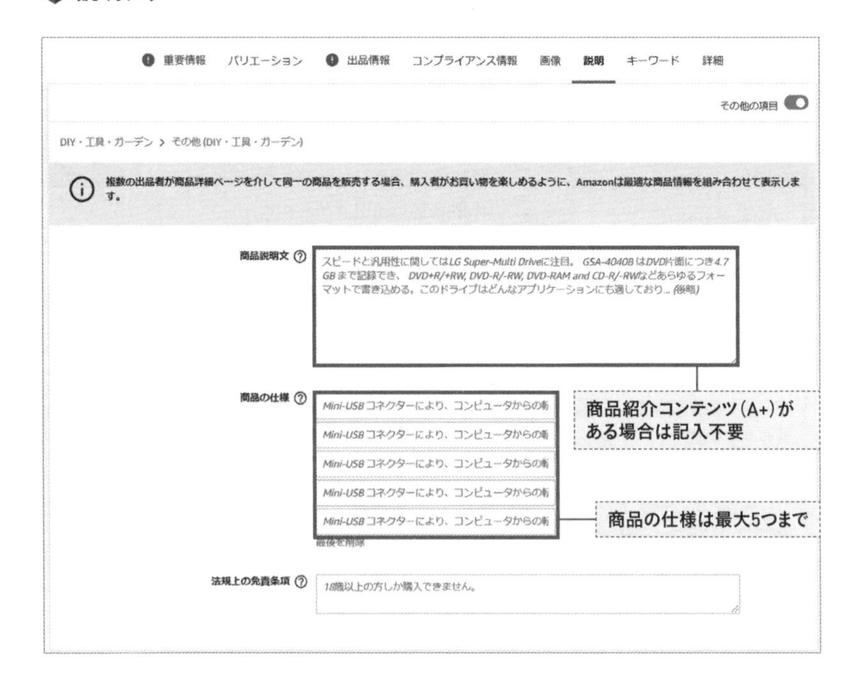

商品説明文と商品の仕様

画像をクリックして拡大イメージを表示

YONGNUO製 RF603CII-C3 第二世代ワイヤレス・ラジオスレーブ 無線レリーズ キャノン用セット Canon 1D、50D、20D、30D、40D、50Dなど対応

YONGNUOのストアを表示

262個の評価

Amazon's Choice yongnuo

価格: ￥4,200

ポイント: 126pt (3%) 詳細はこちら

2%以上 ポイント 詳細

JCBカードをAmazonに追加して今すぐ**500**ポイント獲得！カードを追加 詳細を見る

新品 (6)件の出品： ￥4,200

- ●●新しいRF-603 IIは、RF-603の改良版です。リモートシャッターリリースと、フラッシュとスタジオストロボを同期的にトリガーできる多機能フラッシュトリガーです。
- ●●トランシーバーベースのシステムを通して、各アイテムはトリガーまたはレシーバーとして柔軟に使用することができます。各アイテムの電源として必要な単四電池は2本だけです。
- ●●2.4GHzの無線周波数はほとんどの国に適しており、高速、距離、安定性を保証します。容量の大きい場所では、リモコンの距離は100mに達することがあります。状況に応じて、同期速度は1/320に達することがあります。
- ●●改善された機能： 1.滑り落ちるのを防ぐホットシューロックシステム 2.操作を簡単にするために横に切り替えます 3.自己検知システムの強化
- ●●関数： シングルコンタクトトリガをサポートしています。 有線と無線のリモートシャッターレリーズ機能を実現できます。 フラッシュトリガー：フラッシュスピードライトを起動します。 Studio Strobeライトを点灯するには（この機能を果たすには、

商品仕様

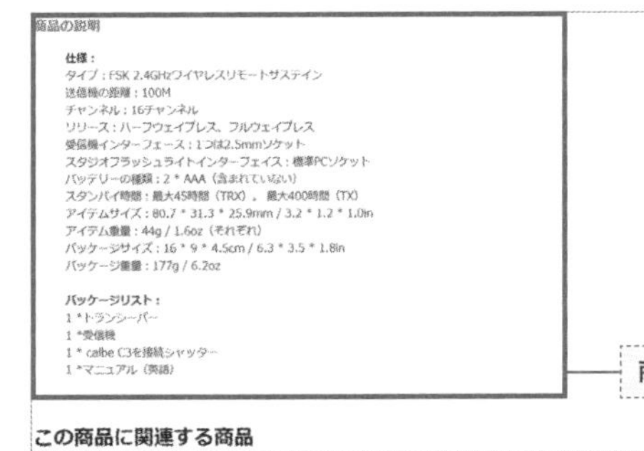
商品の説明

仕様：
タイプ：FSK 2.4GHzワイヤレスリモートサステイン
送信機の距離：100M
チャンネル：16チャンネル
リリース：ハーフウェイプレス、フルウェイプレス
受信機インターフェース：1つは2.5mmソケット
スタジオフラッシュライトインターフェイス：標準PCソケット
バッテリーの種類：2 * AAA（含まれていない）
スタンバイ時間：最大45時間（TRX）、最大400時間（TX）
アイテムサイズ：80.7 * 31.3 * 25.9mm / 3.2 * 1.2 * 1.0in
アイテム重量：44g / 1.6oz（それぞれ）
パッケージサイズ：16 * 9 * 4.5cm / 6.3 * 3.5 * 1.8in
パッケージ重量：177g / 6.2oz

パッケージリスト：
1 *トランシーバー
1 *受信機
1 * calbe C3を接続シャッター
1 *マニュアル（英語）

商品説明

この商品に関連する商品　　ページ: 1 / 20

説明タグでは、商品説明文と商品の仕様を記載します。なお、こちらについても訴求力やSEO対策に関わってきますので、Chapter6〜7で詳しくお伝えします。

●商品説明文

商品の特徴などに関する詳細な説明を書く欄で、全角600文字以内で記載します。商品の状態や送料など、出品者固有の情報は含まないようにしてください。

なお、商品紹介コンテンツ(A+)を使用する場合は、商品説明文の記載は不要です。商品紹介コンテンツ(A+)を使えば画像の挿入もでき、商品の魅力を伝えやすくなります(P254〜)。

なお、商品説明文については、商品タイトルや仕様とは違って検索対象(SEO対策)にはなるともならないとも言われています。私の実感としては、あまり検索対象になっていないように思います。そのため、商品説明文や商品紹介コンテンツでは、訴求力を高めた表現や、タイトルや仕様では書ききれなかった情報を記載するといいでしょう。

●商品の仕様

商品の仕様は最大5項目まで記入できます。最初は1項目しか表示されていませんが、「さらに登録」をクリックすることで最大5項目まで表示させることができます。

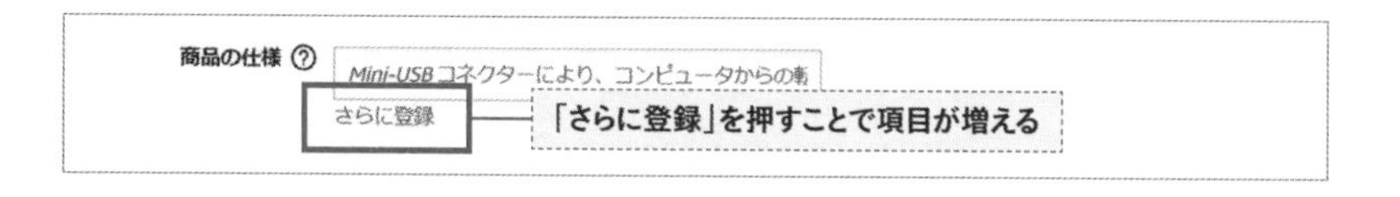

文字制限は1項目につき全角100文字以内です。また、商品の仕様は検索対象になりますので、検索ワードを織り交ぜながら記入してください(詳細はP313〜)。

なお、商品の仕様は、検索ワードを織り交ぜようと、各100文字以内でびっしりと書く場合もあります。しかし、あまり文字数が多いと、消費者に読んでもらえないことを懸念し、最低限必要な検索ワードだけを含める場合もあります。

これはどちらがいいということはないので、商品によって使い分けることで問題ありません。ただ、以下に詳細に商品の仕様を書いた例と、簡潔に仕様を書いた例を挙げますが、いずれもあまりよくない例です。詳細な例のほうは、検索キーワードを散りばめていますが、少し文字が多すぎて消費者には読んでもらえない可能性があります。逆に簡潔な例のほうは、簡潔すぎて検索キーワードが少なく、消費者にも訴求しきれていません。あくまで目安ですが、以下の2つの例の中間くらいを目指すといいでしょう。

商品の仕様記載のよくない例

この商品について

- 高透過率のレンズ採用：光学倍率をコンサートシーンで使える8倍を維持したまま、光の透過率をできるだけ上げることのできるレンズを採用。薄暗い場所でも明快なブルーレイ画質を見える可能。8倍の倍率で、80m先の人を裸眼で10m先から見るのと同じ大きさで見えます。目の前に臨場感を見逃さないように。
- 持ち転び便利：【ネックストラップ付き】首にかけられるネックストラップが付属。いつでもスタンバイ、落とす心配から解放されます！収納用ポーチも付属されていますので、忘れ、紛失も心配不要です。
- 軽量でコンパクト：本体重量がわずか196g、折りたたみ可能なので、片手で疲れなくもってこい最適。また滑り止めゴム製外装はショックを吸収し、手のひらにきゅっとグリップします。 旅行、山、海、コンサート、野球観戦、運動会に気軽に持ち歩けます！
- 業界最新のBAK4プリズム、スッキリと見えた：多層膜コーーティングがレンズに施されていて、光と色のバランスが良くなり、光反射と最小の歪み、より良い画像の明るさ。スポーツイベント、ハイキング、キャンプ、野生動物の観察、旅行、コンサートなどに活躍できます。お子様もお使いいただけます。
- サポートについて：Sallousの商品は全て1年間の保証期間が付きます。商品の品質には万全を期しておりますが、万が一商品不具合である場合、交換または返品返金に対応させていただきます。商品の使用に何かご問題がございましたら、いつでもご気軽にお問い合わせください。早急に対応いたします。

詳細に商品の仕様を書いた例

- 表地: 帆布
- 留め具の種類: ファスナー
- タテ36cmxヨコ23cmxマチ11cm
- ポケットの数:7(外側4/内側3)
- 重量:690g

簡潔に仕様を書いた例

なお、商品説明文や仕様についての記載ルールは、基本的には商品名と一緒ですが、以下の情報を記載しないように注意するようにしましょう。

- 嫌がらせ、下品な表現、中傷的な表現、小児性愛をほのめかす表現、中傷、他者のプライバシーを侵害するもの、憎悪に満ちた表現や人種・民族差別を示すもの、軽蔑的な表現、資金洗浄やギャンブルに関連または促すような表現、ポルノグラフィー、卑わいなまたは不快な表現、違法な内容を含む情報
- リンクまたは連絡先情報
- レビュー、引用、またはお客様の声
- 好意的なレビューのリクエスト
- 在庫状況、価格、コンディションの詳細

新規商品登録⑨ キーワードタグ

キーワードタグ

重要情報　バリエーション　出品情報　コンプライアンス情報　画像　説明　キーワード　詳細

その他の項目

DIY・工具・ガーデン ＞ その他 (DIY・工具・ガーデン)

複数の出品者が商品詳細ページを介して同一の商品を販売する場合、購入者がお買い物を楽しめるように、Amazonは最適な商品情報を組み合わせて表示します。

検索キーワード　子供用

特定用途キーワード　さらに登録

プラチナキーワード　追加オプション　さらに登録

検索キーワードを入力

キャンセル　保存して終了

キーワードタグでは、入力する項目は左の図の赤枠で囲った「検索キーワード」のみです。「特定用途キーワード」や「プラチナキーワード」には入力する必要はありません。

ただし、検索キーワードは以下のルールを守るようにして設定してください。

- **検索キーワードの長さは500バイト未満に制限されている（ファッションカテゴリーでは250バイト未満）。日本語は大抵1文字3バイトなので、160文字以内を目安とすること(ファッションカテゴリーは80文字以内)。**
- **キーワードを半角スペースで区切る。区切りスペースはバイト数制限に含まれない。**
- **ひらがな・カタカナやアルファベットの大文字・小文字は片方だけ入れればどちらも検索対象になる(「はさみ」と「ハサミ」、「iphone 5」と「IPHONE 5」など)。**
- **複合キーワードの各単語は検索対象にはならない。例えば「枕カバー」では、「枕」と「カバー」は検索対象にならない。「枕」と「カバー」を検索キーワードにするなら「枕 カバー」と半角スペースで区切ること。**
- **「;」、「:」、「-」などの記号は不要。**
- **同じ語句を繰り返し入力しないようにすること。**

また、以下の検索キーワードの使用は禁止されているので注意してください。検索対象外の対象となります。

- 検索キーワードにブランド名を含めないこと。
- 検索キーワードにASINを含めないこと。
- 冒涜的表現を追加しないこと。
- 「新しい」や「セール中」など、一時的な表現を使用しないこと。
- 「推奨」、「最低価格」、「素晴らしい」など、主観的な表現を使用しないこと。
- 暴力的または攻撃的なキーワードを使用しないこと。

禁止されている検索キーワード例

ブランド名	Apple、Nike、Amazonなど
一時的な表現	現在入手可能、真新しい、現在、割引、発売したばかり、最後のチャンス、終了直前、最新、期間限定、新品、セール中、今週（今月、今年など）、本日
主観的な表現	素晴らしい、最高、安い、最安値、効果的、最速、お買い得、最低、最良、人気、トレンドなど

以上を踏まえて、以下のまな板の適切な検索キーワード例を挙げます。

適切な検索キーワード例

適切な検索キーワード
切断 みじん切り 板 食肉処理 ブロック 竹 木材 木製 大 ハイブリッド ポリプロピレン 食べもの 等級 プラスチック 滑り止め キッチン 両面 抗菌剤 自然 BPA フリー 染み 傷跡 抵抗 環境に優しい ドリップ 溝

検索キーワードの考え方については、SEO対策に強く関わる話なので、詳しくはP304〜をご覧ください。

新規商品登録⑩ 詳細タグ

詳細タグ

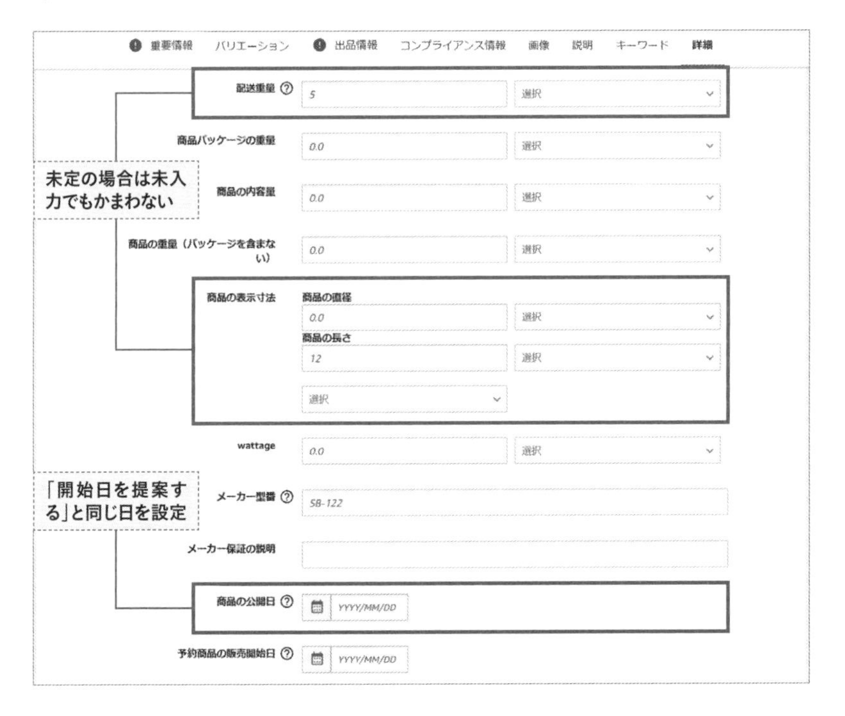

詳細タグについては、新規商品登録時に入力しなくてはいけない項目はありません。もしわかるのであれば、上記の重量と表示寸法を記入しておけば、FBA納品時に入力する手間は省けるくらいで、未定の場合は未入力で問題ありません。

あとは、P127でお伝えした「商品の公開日」を、必要ならば入力しておくくらいでしょう。

商品ページに反映されるまでは1日程度

以上で必要事項の記入は終わりです。最後に「保存して終了」をクリックして新規商品ページが作られます。

注意点として、新ページのSKUはすぐに在庫管理に表示されますが、すべての内容が商品ページに反映されるまでは1日程度かかることがあります。その間、画像のアップロードが遅れて検索外になったり、ページの一部が正しく反映されなかったりします。

だからといって焦って修正を繰り返すようなことはせず、登録から1日程度は待ってみましょう。1日経っても正しく反映されていない場合は、テクニカルサポートに問い合わせてみてください。

検索対象外になった場合の対処方法

万が一、商品が検索対象外になってしまった場合は、在庫管理の画面で状態を確認することができます。以下の手順で検索対象外の商品を探し、問題のある箇所を修正しましょう。

検索対象外商品の修正方法

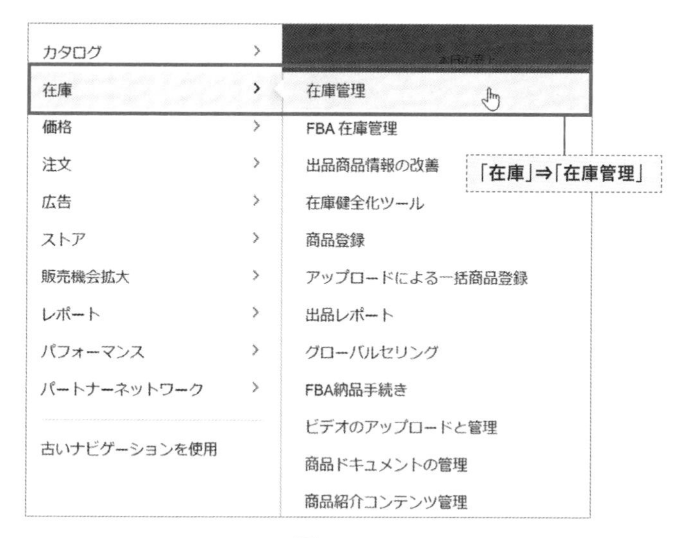

02

バリエーションの組み方と登録方法

バリエーションとは？

複数のサイズや色を持つ同一シリーズの商品を、1つの商品ページにまとめて表示させるための設定をバリエーション登録といいます。

バリエーション登録された商品

バリエーション登録には、次のようにメリットだけでなく、デメリットもあるので、商品によって各々判断するようにしましょう。

バリエーション登録のメリットは？

【メリット❶】消費者の離脱を防ぐ

バリエーション登録により、消費者は、色ごとやサイズごとに別のページを行き来することなく、ひとつの商品ページから購入したい商品を選ぶことができます。

別のページを行き来することになれば、消費者の離脱を招いてしまいます。ひとつの商品ページにまとめられるのは、取りこぼしなくまとめ買いを促すことができるので、とても便利な機能です。

また、セット組商品と、1個ずつ商品を販売するような場合は、商品価格でまとめ買いがお得とわかりやすく表示されます。

【メリット❷】出品者の管理が楽になる

セラーセントラルの在庫管理の画面を見たときに、バリエーション登録された商品は、まとめて表示されます。そのため、楽に確認・修正ができます。

【メリット❸】検索上位商品と組むことで他の商品も売れやすくなる

サイズや色によって、Amazonでの検索順位にバラつきが出る場合があります。その場合は、検索上位表示のサイズや色の商品とバリエーションを組むことで、他の商品も同時に閲覧されます。

検索上位の商品に引っ張られる形で、他のシリーズの商品も売れやすくなります。

検索上位にバラつきのある同一シリーズ商品の例

【メリット❹】登録できるキーワードが増やせる

サイズ違いや色違いの商品が1つの商品ページに集約されることで、登録できるキーワードを増やすことが可能になります。

そのため、様々なキーワードで検索上位を狙うことができるようになります。AmazonのSEOは売れれば売れるほど強くなるので、強力な商品ページに育てられる可能性があります。

ただし、後述するように「親デフォルトカテゴリー」の商品では、子商品のページに他の同一シリーズ商品との違いを記載することができません。そのため、このメリットは享受できなくなるのでご注意ください。

【メリット❺】レビューが集約される

サイズ違いや色違いの商品が1つの商品ページに集約されるため、カスタマーレビューが集約されます。そのため、商品ページの評価が高くなり、消費者の購買意欲を高めるとともに検索でも上位に表示されやすくなります。

【メリット❻】Amazonランキングが上がりやすい

商品販売個数が集約されるため、Amazonランキングが上がりやすくなります。そのため、検索でも上位に表示され、ますます売れるという好循環に繋がります。

バリエーション登録のデメリットは？

【デメリット❹】検索上位独占商品のバリエーション登録で露出機会減少の恐れ

もし、サイズや色によってAmazonの検索順位にバラつきがなく、いずれも検索上位に表示される場合は、バリエーション登録はかえってデメリットになります。

なぜなら、下図のように同じシリーズの商品が検索上位を独占できている場合、バリエーションを組むと露出が下がることになるためです。

商品によって検索順位にバラつきがあるかないかで、メリット・デメリットが変わってきますので注意してください。

検索上位にバラつきのある同一シリーズ商品の例

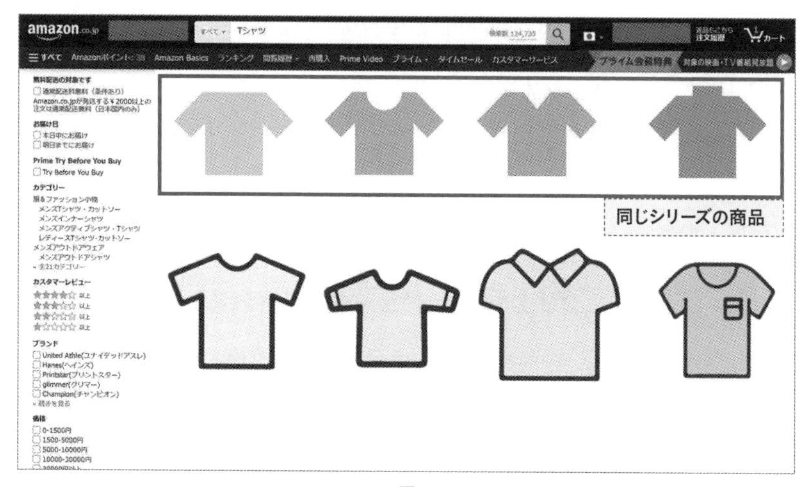

【デメリット❷】売れ筋商品がメインで表示されるとは限らない

Amazonの検索結果一覧に表示される商品が、必ずしも売れ筋商品になるとは限りません。

例えば「黒いTシャツ」は売れているのに、「白いTシャツ」「赤いTシャツ」が売れていない場合です。

この状態でバリエーションを組むと、検索結果一覧に黒いTシャツが表示されていればいいのですが、他のTシャツが表示されている場合は売れ行きが下がってしまいます。

バリエーションのテーマ(種類)

カテゴリーや商品によって、バリエーションのテーマ(種類)は変わってきます。サイズや色、容量だけでなく、食品であれば味、香水であれば香りもあります。パッケージ数の違い(5枚入り、10枚入り、3セット等)もあり得るでしょう。カテゴリーによっては、「サイズ＆色」など複数バリエーションを設定できる場合もあります。

バリエーションのテーマ

色:ブルー、レッドなど

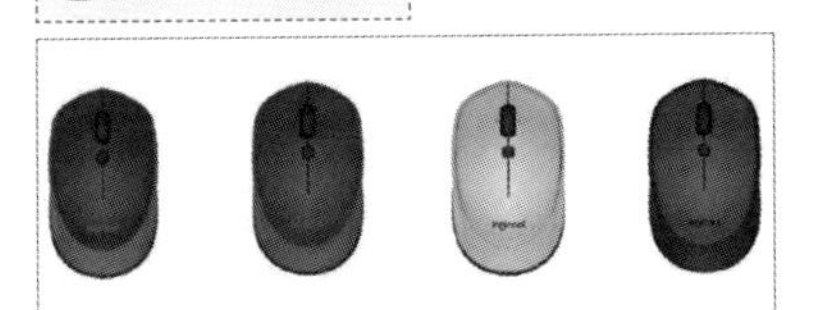

リングのサイズ:9号、11号など

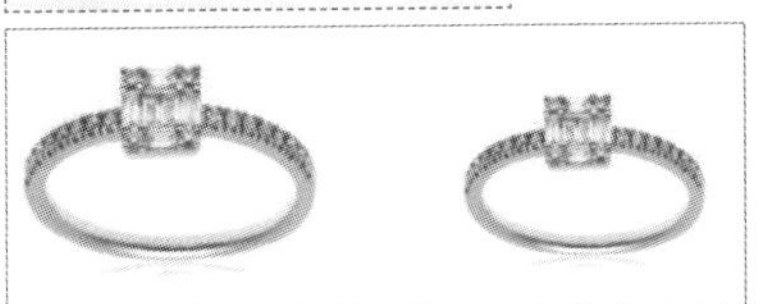

種類:味の違いなど

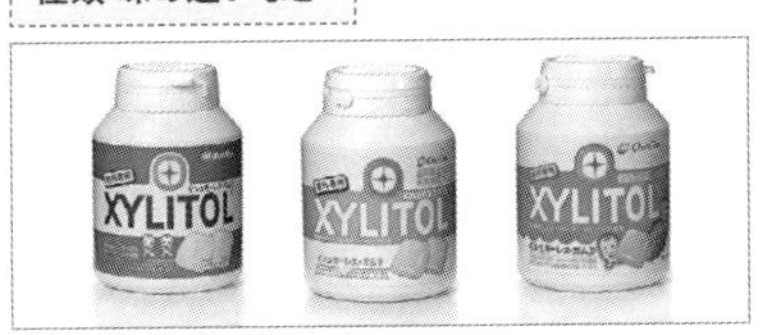

サイズ:容量別、詰替用など

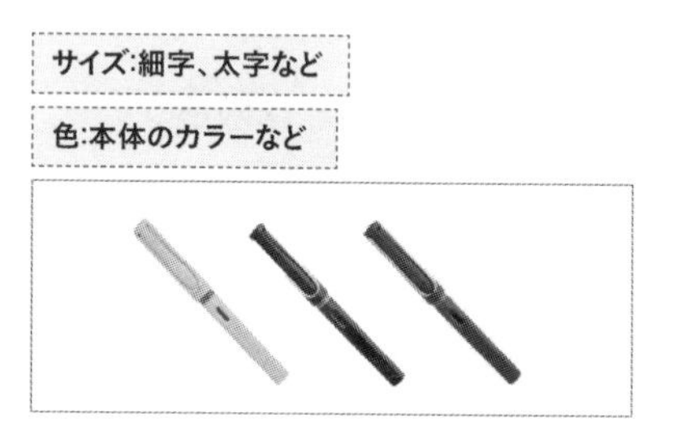

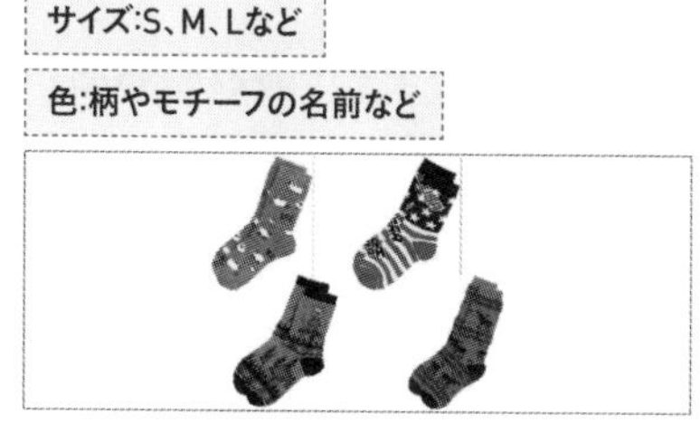

バリエーションの構成

Amazonのバリエーションの構成は、バリエーション用の親商品ページを作り、そこに子商品ページを紐づける構成となっています。

ただ、親商品はあくまで子商品を管理するための架空の商品であり、該当する商品が実際にあるわけではありません。

実在する子商品同士が、親商品を介することで、関連商品になり、冒頭でお話したような商品ページになります。

「親商品」自体は架空の商品なので販売の対象にはなりませんが、販売個数やランキングを算出するために、すべての子商品をまとめる役割として存在します。

バリエーションの親子関係

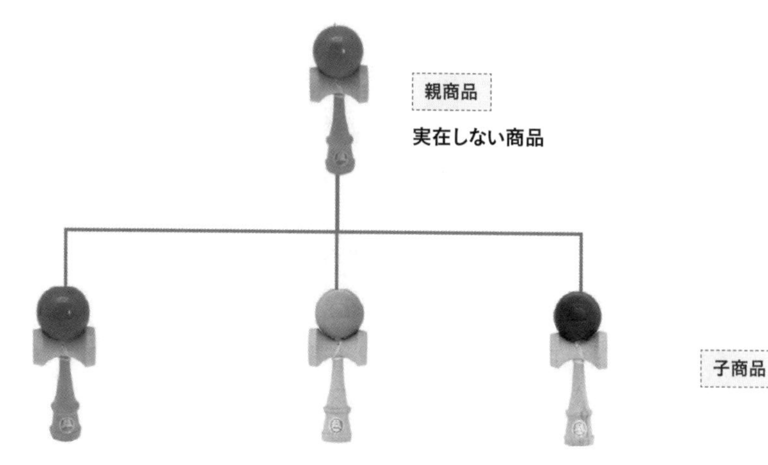

親商品	子商品
実在せず販売できない商品	実在して販売する商品
1つのみ	複数
子商品の販売を合計してランキングに反映	個々の販売はランキングに反映されない

カテゴリーによるタイトル・商品情報表示の違い

通常、商品ページ上には、子商品に入力した商品タイトル、仕様および商品説明が表示される「子デフォルトカテゴリー」になります。しかし、一部のカテゴリーは、親商品の商品情報が表示される「親デフォルトカテゴリー」です。

注意しなければいけないのが、「親デフォルトカテゴリー」では、いくら子商品のページに内容を記載しても、親商品のページ内容で上書きされてしまうということです。

例えば「親デフォルトカテゴリー」では、子商品のページに他の同一シリーズ商品との違いを記載することができないことになります。その場合は、親ページに記載をまとめないといけないので注意してください。

親デフォルトカテゴリー	・服&ファッション小物 ・シューズ&バッグ ・スポーツ&アウトドア
子デフォルトカテゴリー	上記以外

バリエーションの登録方法（セラーセントラル）

では、バリエーションの登録方法についてお伝えします。まずはセラーセントラルの画面で行う方法について説明します。

【❶新規商品登録画面表示】

まずはP115～と同様に、新規商品登録画面を表示します。ここで、親商品の情報を入力していきます。

新規商品登録画面表示手順

カタログ ＞
在庫 ＞
価格 ＞
注文 ＞
広告 ＞
ストア ＞
商品登録
不備のある出品を完成
セラーセントラル画面のトップ⇒カタログ⇒商品登録

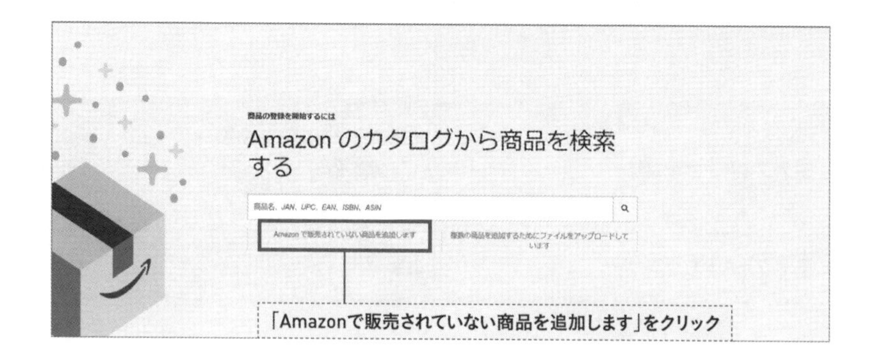

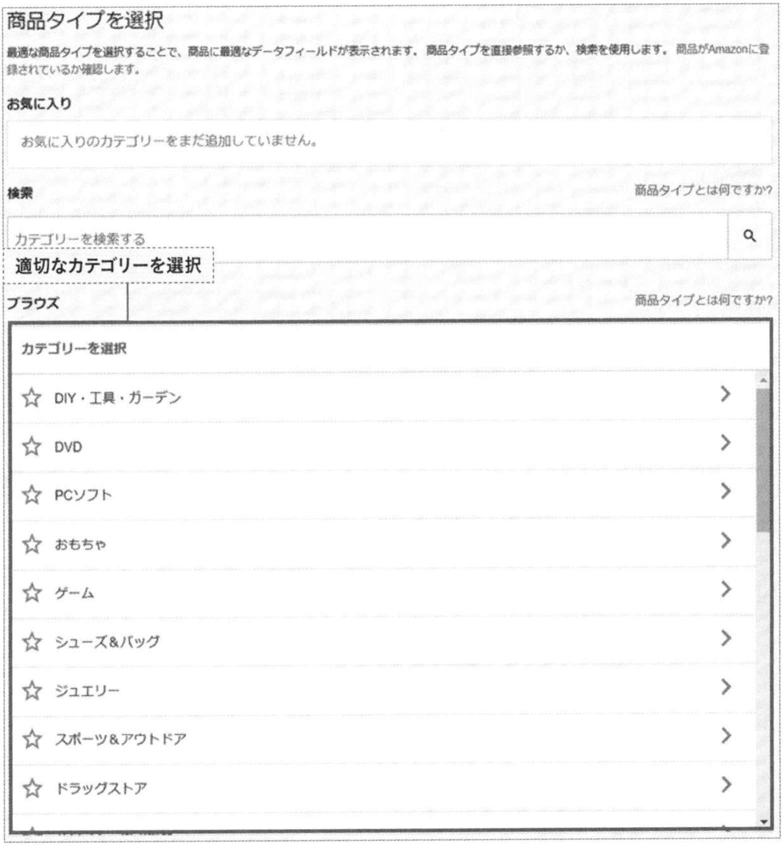

商品タイプを選択

最適な商品タイプを選択することで、商品に最適なデータフィールドが表示されます。商品タイプを直接参照するか、検索を使用します。商品がAmazonに登録されているか確認します。

お気に入り

お気に入りのカテゴリーをまだ追加していません。

検索　商品タイプとは何ですか?

カテゴリーを検索する

適切なカテゴリーを選択

ブラウズ　商品タイプとは何ですか?

カテゴリーを選択

- DIY・工具・ガーデン
- DVD
- PCソフト
- おもちゃ
- ゲーム
- シューズ&バッグ
- ジュエリー
- スポーツ&アウトドア
- ドラッグストア

【❷重要情報タグの入力】

続いて、重要情報タグを記入します。これも基本的には新規商品登録と同じですが、親商品は空ページなのでJANコードの記入は必要なく、空欄としてください。

親商品の重要情報入力

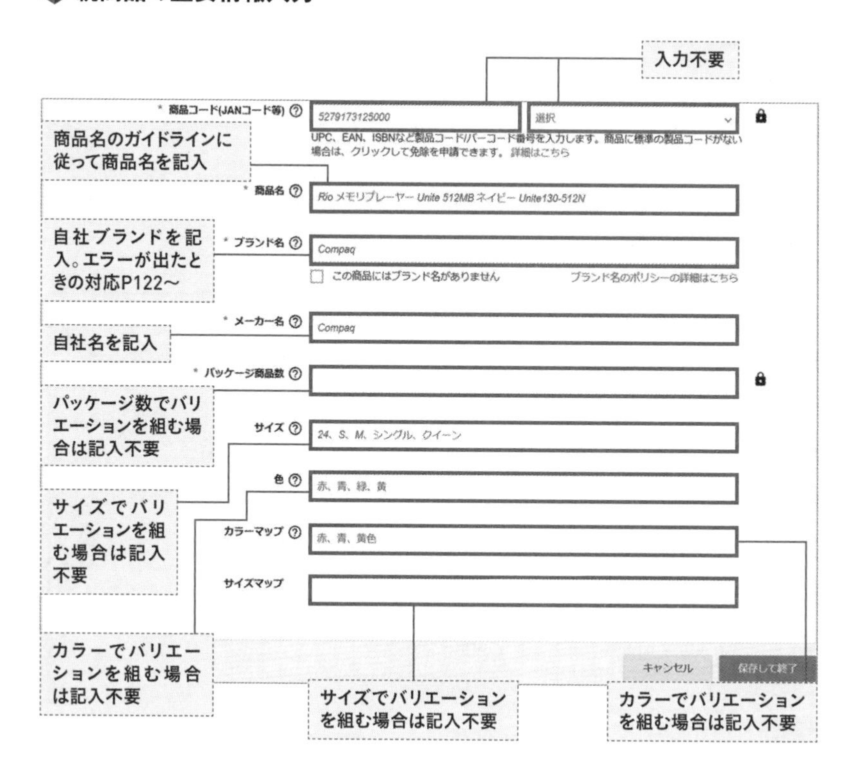

【❸その他のタグの入力】

その他のタグについては、入力する項目は次の通りです。

- **出品情報タグ⇒出品者SKU(独自にSKU番号を決めている場合のみ)**
- **説明タグ⇒商品説明文(親デフォルトカテゴリーの場合のみ。商品紹介コンテンツ(A+)使用の際は空欄)**

  ⇒商品の仕様(親デフォルトカテゴリーの場合のみ)

なお、画像、キーワードタグは記入する必要はありません。これらは、子商品ごとに設定する必要があるので、各々の子商品の登録画面で設定するようにしてください。

【❹バリエーションタグの入力】

続いて、バリエーションタグをクリックしてバリエーションのテーマを選びます。表示されるバリエーションのテーマはカテゴリーによって違います。

なお、バリエーションのテーマは一度選ぶと変更できないので、複数のテーマになる可能性がある場合は、複数のテーマを選ぶようにしましょう。 例えばよくあるのが、今は色違いだけど、将来的にサイズ違いも出すかもしれない、といった場合です。その場合は、「Color」や「Size」ではなく、「Colorsize」「size name-color name」などで選んでおきましょう。

バリエーションテーマの選択

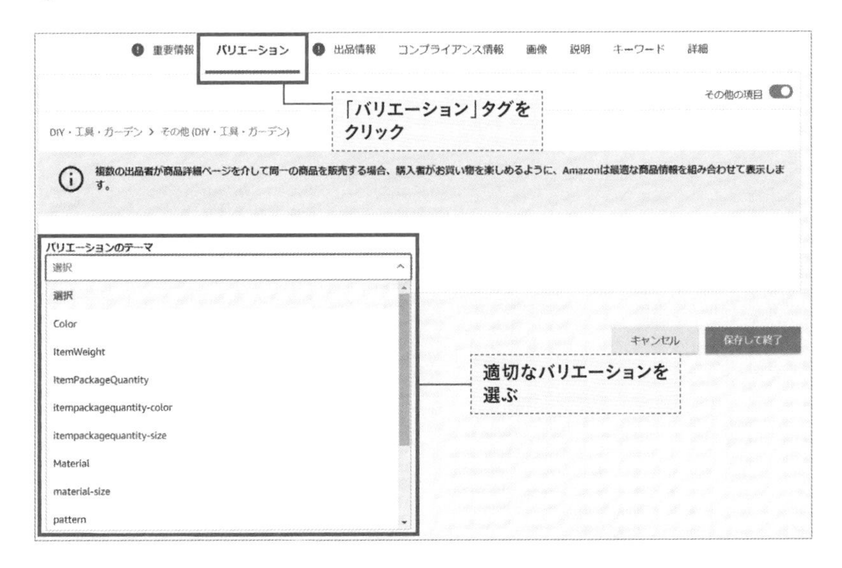

バリエーションのテーマを選んだら、登録したい子商品のバリエーションを1つずつ入力します。なお、テーマは一度しか選べませんが、バリエーショ

ンは後からでも追加ができます。例えばサイズは当初はS、M、Lだけで考えていたが、XLも需要があると見込んで後で追加するような場合です(P156~)。

入力が終わったら「バリエーションを登録」をクリックします。

バリエーションの入力

バリエーションのテーマ
SizeName-ColorName
バリエーションテーマ (バリエーションのテーマ)で選択した値のため、少なくとも1つの子SKUを指定する必要があります。
次のテーマに関するバリエーションをすべて入力してください。
各項目では、出品商品に存在するバリエーションをすべて記入します。たとえば、サイズが大、中、小の三種類、色が白と黒の二種類のシャツを出品している場合、すべてを記載してください。すべてのバリエーションを扱っていない場合や、一時的に在庫切れになっている場合でも、記載する必要があります。無効なバリエーションは次のページで削除することができます。詳細はこちら。
サイズ
S
M
L
例: 24、S、M、シングル、クイーン
色
赤
青
黒
例: 赤、青、緑、黄
バリエーションを登録
登録したい子商品のバリエーションを1つずつ入力する
入力完了したら「バリエーションを登録」をクリック

入力したバリエーションに応じた記入欄が表示されます。それぞれの子商品について、以下の表のように必要な情報を記入します。

子商品の情報の入力

子商品ページがない場合は、ここで入力した内容で新規に子商品ページが作られます。既存ページと一致させたい場合は以下のように入力してください。

- **出品者SKU：既存の子商品ページを紐づけたい場合や、新規子商品ページのSKUを指定したい場合は記入します。空欄にしておくと、新規の子商品ページ(またはSKU)が自動で作られます。**
- **商品コード(JANコード等)：JANコードまたはASIN等を記入します。**
- **商品コードのタイプ：JANコードなら「EAN」、ASINなら「ASIN」を選択します。**
- **コンディション：既存商品の子商品と同じコンディションを選びます。**
- **販売価格：既存商品と同じ販売価格を選びます。**
- **在庫：既存商品の在庫数を記入します。**

バリエーション登録で1点注意したいことは、入力を進めていくと「該当する商品が見つかりました」と子商品を選ぶポップアップが表示されることがあります。このとき「はい、これは私の商品です」を選ぶと、子商品のページ変更画面へ勝手に移るので、必ず「キャンセル」を選んでください。

必要な情報をすべて記入し終えたら、「保存して終了」を押します。

バリエーション登録についても、すべての反映が終わるのに1日ほどかかることがあります。バリエーション登録直後は作ったばかりだとページの表示が一部おかしいことがありますが、焦って変更したりせずに1日は待ってみましょう。

【❺バリエーションの追加登録】

バリエーション登録後、例えば色やサイズを追加したいなど、バリエーションを追加したい場合は、次のような手順で登録します。

● セラーセントラル画面のトップ⇒在庫⇒在庫管理

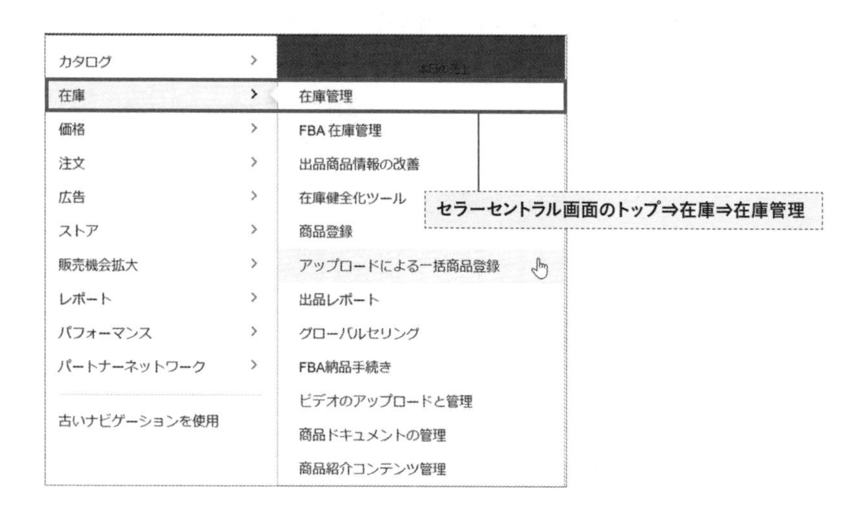

● 登録済の商品一覧が出てくるので、該当商品の「詳細の編集」をクリック

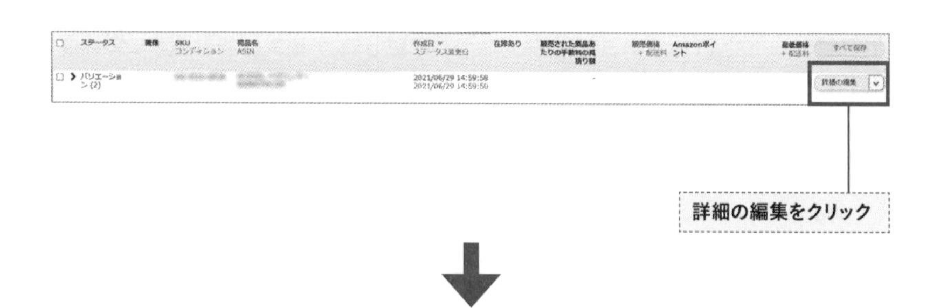

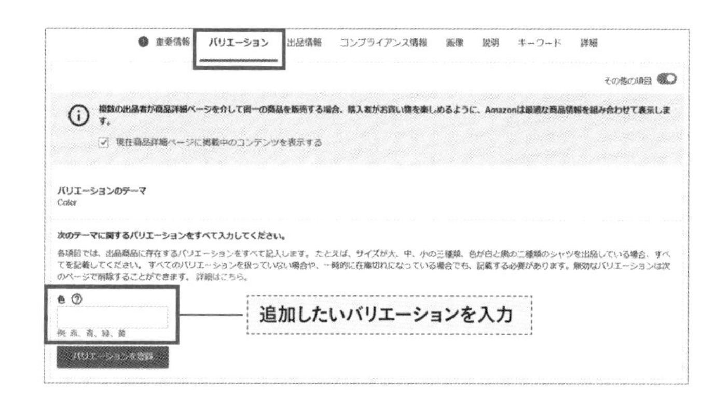

バリエーションの登録方法(在庫ファイル)

次に、在庫ファイルに必要事項を入力してバリエーションを登録する方法についてお伝えします。なお、在庫ファイルの項目や入力内容はカテゴリーによって少し違います。

【❻在庫ファイルのダウンロード】

まずは在庫ファイルをダウンロードします。

- セラーセントラルトップ画面で「在庫」⇒「アップロードによる一括商品登録」を選択

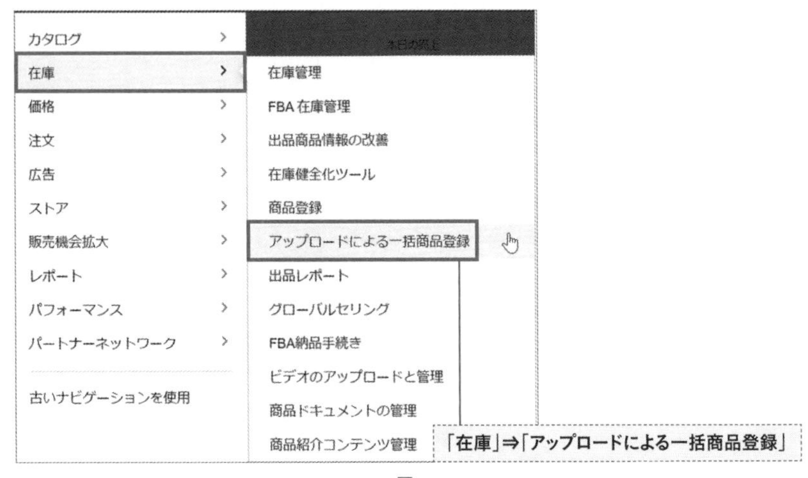

●「在庫ファイルをダウンロード」を選択

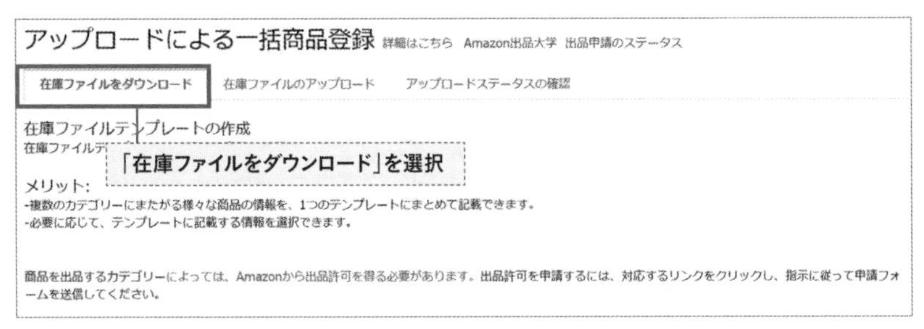

●下にスクロールし、該当するカテゴリーを「選択」する

● モードは「詳細」を選択して「テンプレートを作成する」をクリック

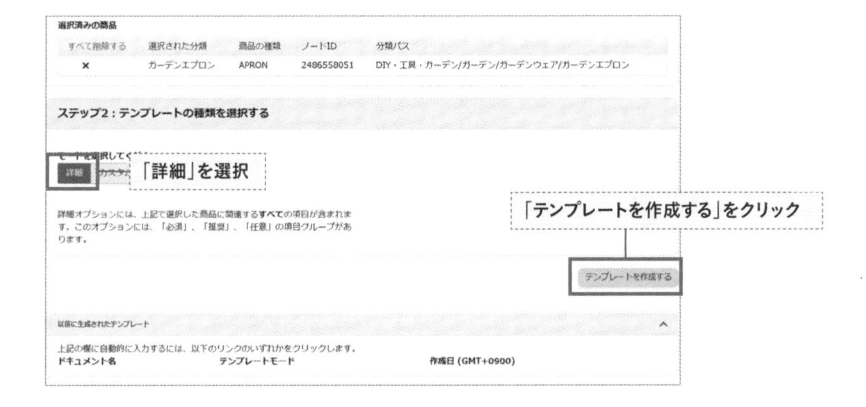

【❷在庫ファイルに必要事項を記入(バリエーションの項目以外)】

「商品画像」タブに書いてあることや、「データ定義」タブに書いてあることを参考に、テンプレートに必要事項を記入していきます。ただ、下図のように書いていけばOKです。また、現時点で記載できない項目があれば、アップロード後にセラーセントラルの画面で記入することも可能です。

下図からの記入例では、1行目に親商品を新規作成、2行目に既存子商品、3行目に新規子商品を登録する場合について示します。

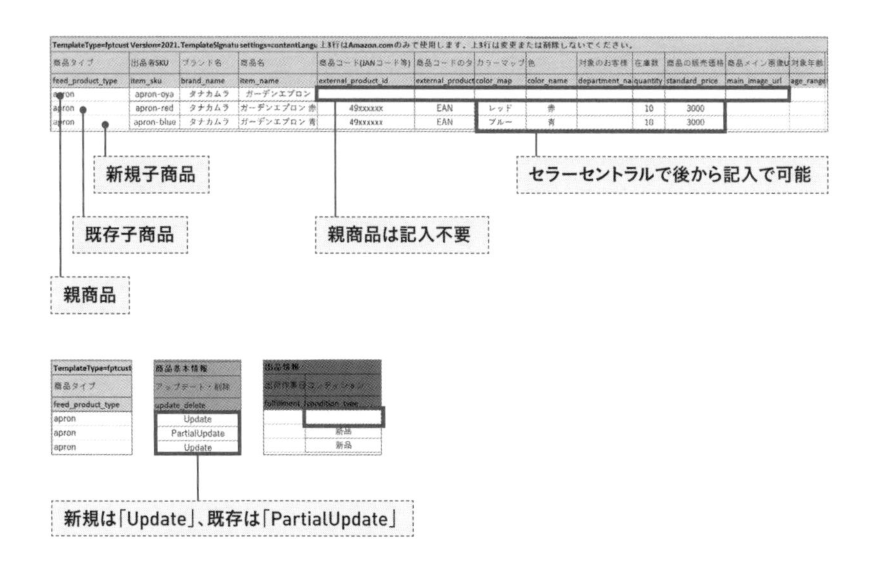

【❸在庫ファイルに必要事項を記入(バリエーションの項目)】

バリエーションの項目は以下のように入れていきます。

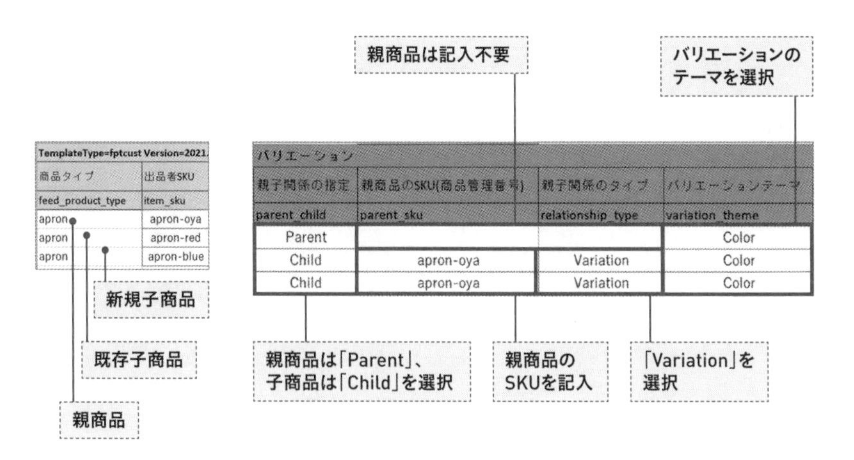

【❹在庫ファイルをアップロード】

記入が終わったらファイルを保存して、セラーセントラルの一括商品登録の画面「在庫ファイルのアップロード」でファイルをアップロードします。

ファイル形式はエクセルで構いませんが、無用なエラーを避けるため、ファイル名は日本語を使わず、半角英数字にしたほうが無難です。

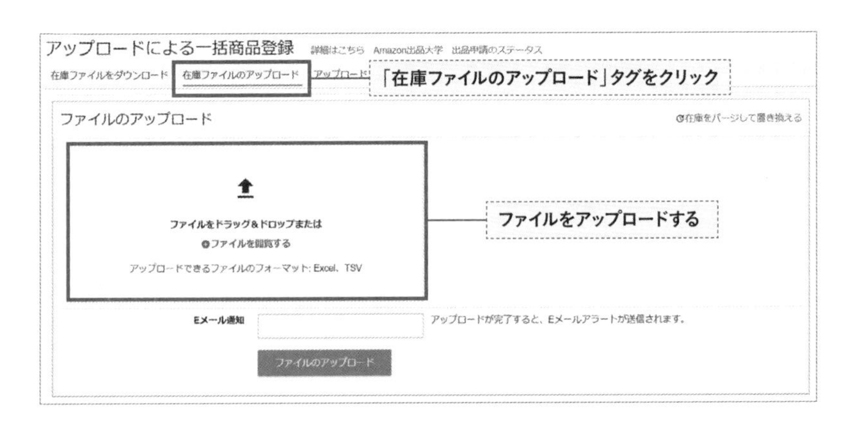

また、エラーが出た場合は、「アップロードステータス」から確認ができます。

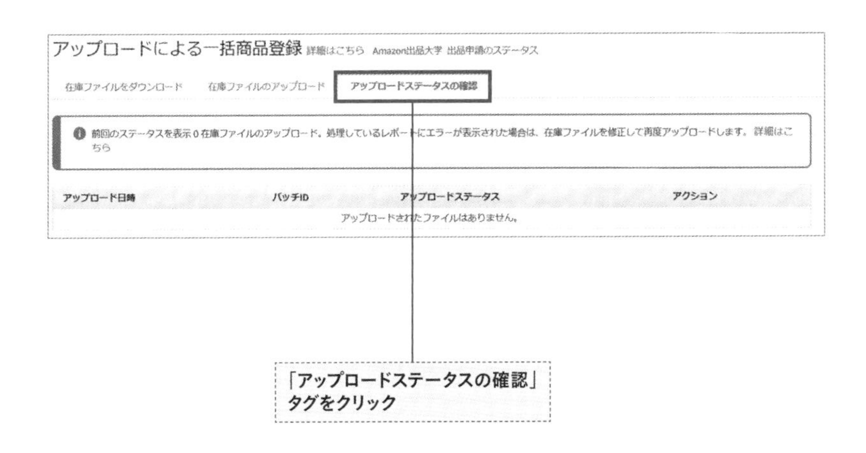

03

JANコードの取得と管理方法

JANコードとGS1事業者コード

本章の冒頭でもお伝えした通り、自社ブランドを付ける場合、独自のJANコードを取得する必要があります。

具体的に言うと、JANコードは下図のように、GS1事業者コード、アイテムコード、チェックデジットという番号から作られますが、この作り方を解説します。

JANコード	世界共通の商品識別番号。バーコードの下に表示されている13桁の数字がJANコード。
GS1事業者コード	JANコードやGLNなどのコードを設定するために必要な9桁または7桁の番号。日本では最初の2行が「45」または「49」で始まる

JANコードとGS1コード（一般社団法人流通システム開発センターより抜粋）

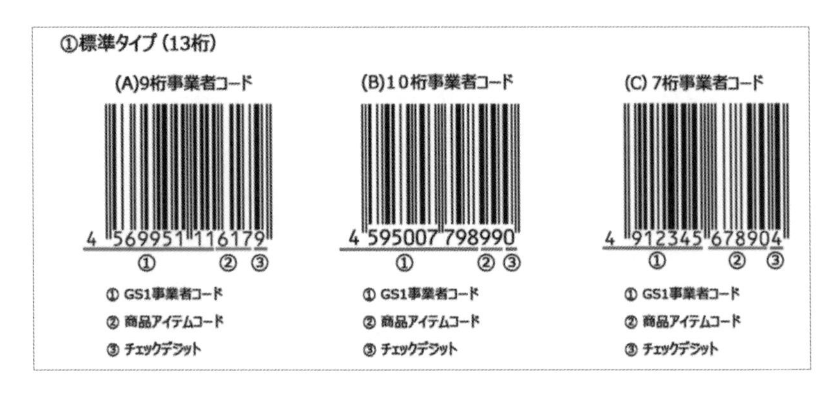

聞き慣れない言葉かもしれませんが、淡々と登録作業していくだけなので難しいところではありません。では早速JANコードを取得していきましょう。

GS1事業者コードの新規登録手続き手順

まず、以下の「一般社団法人流通システム開発センター」のHPにアクセスします。

一般社団法人流通システム開発センター　https://www.dsri.jp/

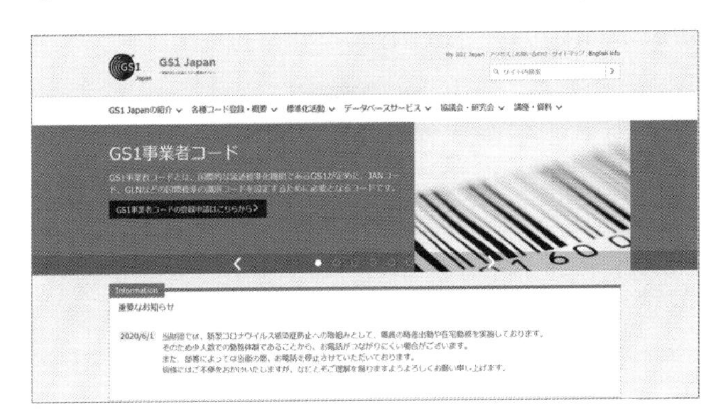

トップメニューの「各種コード・概要」から「GS1事業者コード・GTIN(JANコード)」を選択します。

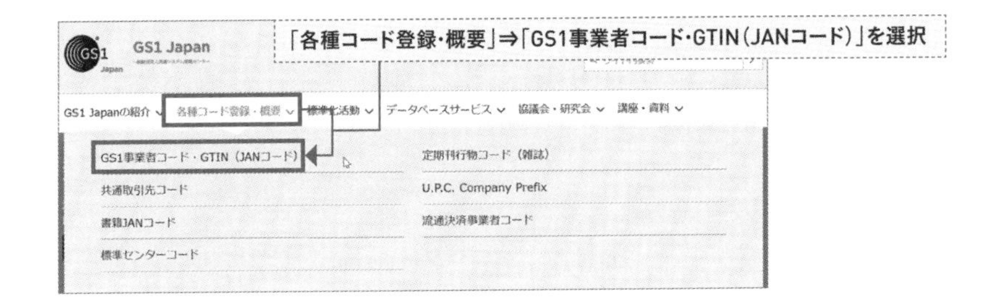

「新規登録はこちら」を選択します。

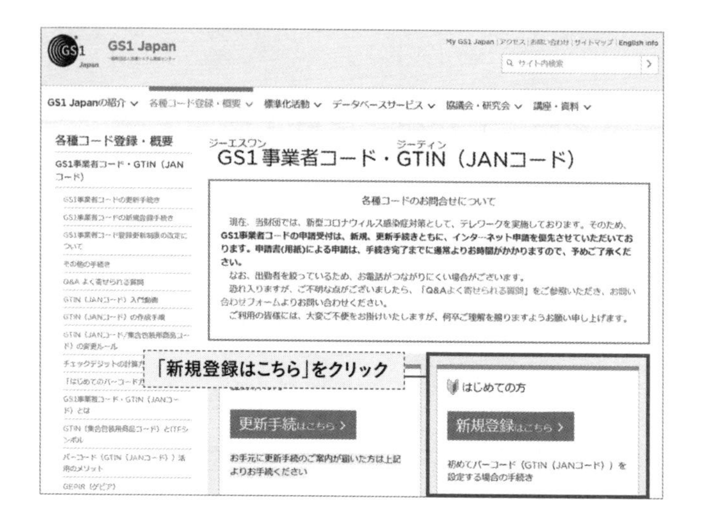

「GS1事業者コードの新規登録手続き」記載の手順に従って登録を行います。

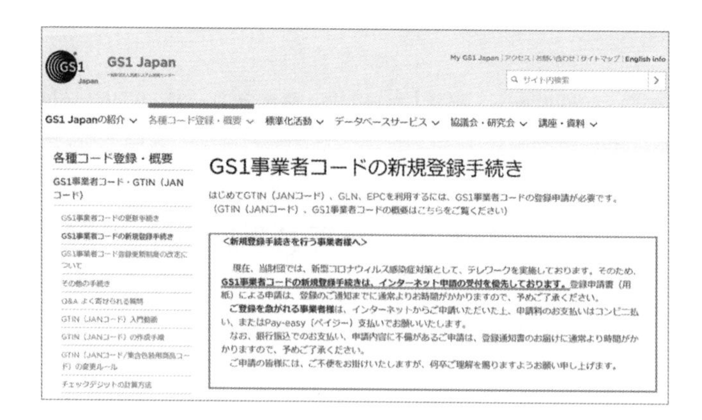

- メールアドレスを登録する
- 届いたメールに記載されているURLにアクセスして、必要事項を入力
- 登録申請料を支払う
- 登録通知書を受け取る(登録完了)

登録申請料を入金後、申請内容に不備がなければ約1週間で、GS1事業者コードが記載された「GS1事業者コード登録通知書」が普通郵便で届きます。

登録申請料

登録申請料は、以下のように3年払いと1年払いを選択することができ、初期申請料と登録管理費の合計が登録申請料となります。

つまり、年商が1億円未満の場合、3年払いであれば登録申請料は27,500円、1年払いであれば17,050円となります。

GS1事業者コード登録申請料（一般社団法人流通システム開発センターより抜粋）

3年払い（消費税10%込）

	事業者全体の年間売上高	初期申請料	登録管理費
Ⅰ	5000億円以上	44,000 円	306,900 円
Ⅱ	1000億円以上 ～ 5000億円未満		276,100 円
Ⅲ	500億円以上 ～ 1000億円未満		152,900 円
Ⅳ	100億円以上 ～ 500億円未満		92,400 円
Ⅴ	10億円以上 ～ 100億円未満		46,200 円
Ⅵ	1億円以上 ～ 10億円未満	22,000 円	20,900 円
Ⅶ	1億円未満	11,000 円	16,500 円

1年払い（消費税10%込）

	事業者全体の年間売上高	初期申請料	登録管理費
Ⅰ	5000億円以上	44,000 円	110,000 円
Ⅱ	1000億円以上 ～ 5000億円未満		99,000 円
Ⅲ	500億円以上 ～ 1000億円未満		55,000 円
Ⅳ	100億円以上 ～ 500億円未満		33,000 円
Ⅴ	10億円以上 ～ 100億円未満		16,500 円
Ⅵ	1億円以上 ～ 10億円未満	22,000 円	7,700 円
Ⅶ	1億円未満	11,000 円	6,050 円

JANコードの作り方

JANコードは下図のように、GS1事業者コード、アイテムコード、チェックデジットから作られます。

JANコードの構成（一般社団法人流通システム開発センターより抜粋）

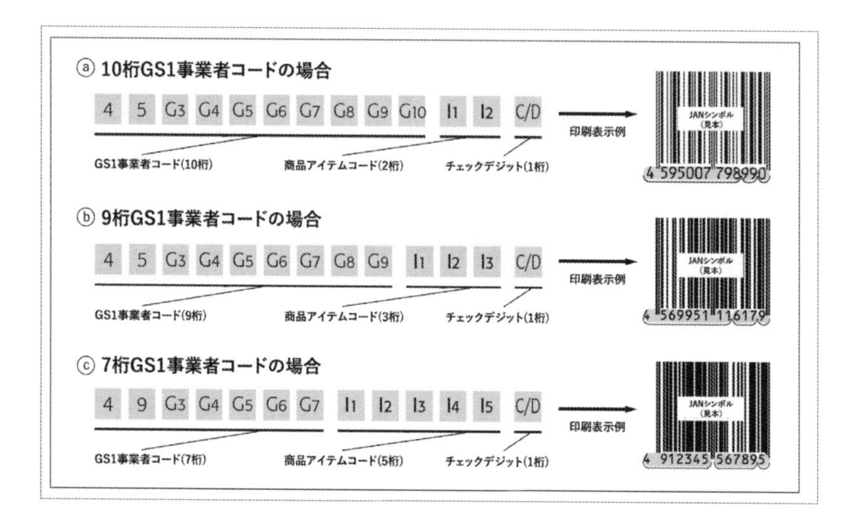

❶GS1事業者コード

登録申請料を入金後に届く「GS1事業者コード登録通知書」でGS1事業者コードが記載されています。

❷商品アイテムコード

商品アイテムコード3 桁を任意で設定し、重複のないように正確に管理が必要です。商品アイテムコードは「001」「002」「003」と1ずつ増やしていくようにしましょう。一部の桁を商品分類別に細かく管理することは、変更があると管理がむずかしくなるのでお勧めしません。

なお、GS1事業者コードが10桁の場合、商品アイテムコードは2桁、GS1

事業者コードが7桁の場合、商品アイテムコードは5桁になります。商品アイテムコードが2桁の場合は「01」から、5桁の場合は「00001」から1ずつ増やしていくようにしましょう。

❸チェックデジット

一般流通システム開発センターのHPに、チェックデジットの自動計算フォームがあるので、こちらを使えば自動で計算され、JANコードが確定します。

例えば下記の図であれば、GS1事業者コードとアイテムコードを合わせた12桁が「451234567001」で、チェックデジットが6と計算されたため、JANコードは「4512345670016」となります。

チェックデジットの自動計算入力フォーム

https://www.dsri.jp/jan/check_digit.html

チェックデジットの計算方法

下記の入力フォームを利用し、GTIN（JANコード）やGTIN（集合包装用商品コード）、U.P.C.、SSCC（出荷梱包シリアル番号）のチェックデジットを求めることができます。

チェックデジットの自動計算入力フォーム

計算したいコードの入力欄に、GS1事業者コード、商品アイテムコード等を半角数字で入力し、「計算」ボタンをクリックしてください。チェックデジット
計算結果につきましては、各事業者の責任

GS1事業者コードとアイテムコードを合わせた12桁を入力

コードの種類	入力欄	チェックデジット表示欄
GTIN（JANコード）標準タイプ（13桁）	451234567001 計算 12桁を入力	6
GTIN（JANコード）短縮タイプ（8桁）	計算 7桁を入力	
GTIN（集合包装用商品コード）（14桁） GS1事業者コードの前にインジケータ1桁を設定します。	計算 13桁を入力	
U.P.C.（12桁）	計算 11桁を入力	
SSCC（18桁）（出荷梱包シリアル番号）	計算 17桁を入力	

チェックデジットが自動計算される

JANコードの管理方法❶
～流通システム開発センターのデータベースを活用する～

JANコードは、極力一括でわかりやすく管理するようにしましょう。

方法としては、1つ目に流通システム開発センターが提供するJANの設定、管理サービスであるGJDBを活用する方法です。

流通システム開発センターのHPから、以下の手順で申し込みます。

GJDBの申し込み方法

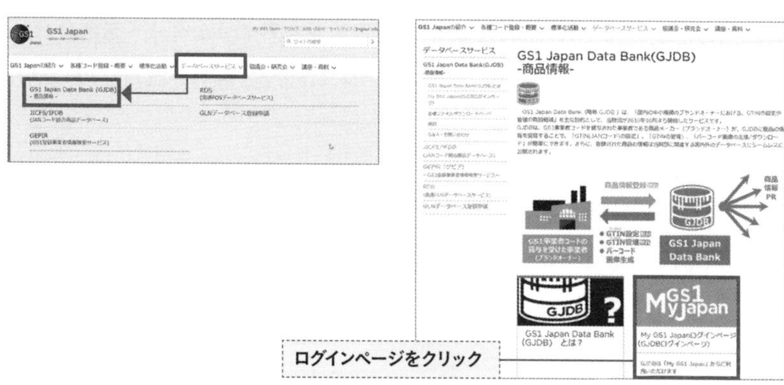

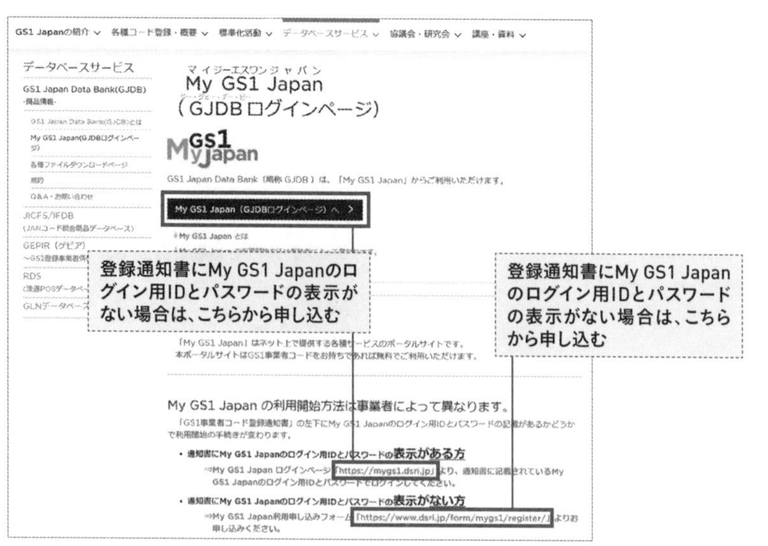

JANの管理方法❷ ～独自にJAN管理する～

JANコードはエクセルなどで独自に算出、管理しても構いません。私が使っているJAN管理シートのダウンロードリンクとQRコードを、独自に管理されたい方はご活用ください。このJAN管理シートも本書最後のページより入手可能です。

JAN管理シートの使い方は下記の通りで、青く塗りつぶした項目に手入力すれば、JANコードが自動で算出されます。

JAN管理シートの使い方

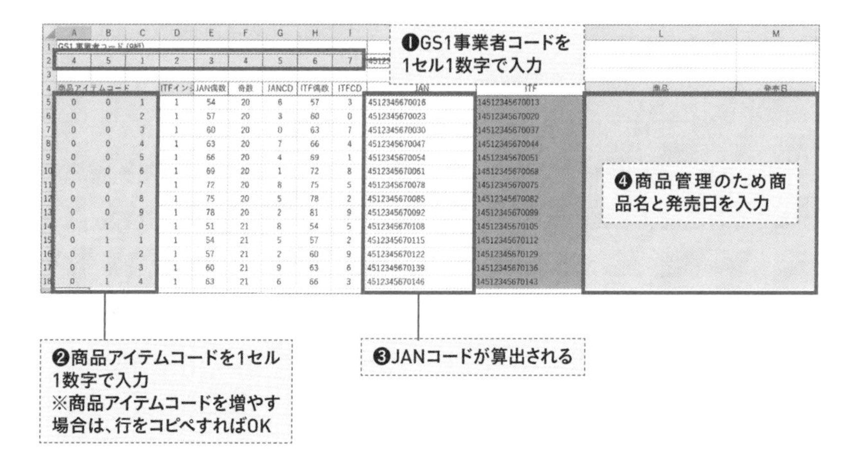

	A	B	C	D	E	F	G	H	I	J	K	L	M
1	GS1事業者コード(9桁)												
2	4	5	1	2	3	4	5	6	7	4512			
3													
4	商品アイテムコード			ITFイン	JAN偶数	奇数	JANCD	ITF偶数	ITFCD	JAN	ITF	商品	発売日
5	0	0	1	1	54	20	6	57	3	4512345670016	14512345670013		
6	0	0	2	1	57	20	3	60	0	4512345670023	14512345670020		
7	0	0	3	1	60	20	0	63	7	4512345670030	14512345670037		
8	0	0	4	1	63	20	7	66	4	4512345670047	14512345670044		
9	0	0	5	1	66	20	4	69	1	4512345670054	14512345670051		
10	0	0	6	1	69	20	1	72	8	4512345670061	14512345670068		
11	0	0	7	1	72	20	8	75	5	4512345670078	14512345670075		
12	0	0	8	1	75	20	5	78	2	4512345670085	14512345670082		
13	0	0	9	1	78	20	2	81	9	4512345670092	14512345670099		
14	0	1	0	1	51	21	8	54	5	4512345670108	14512345670105		
15	0	1	1	1	54	21	5	57	2	4512345670115	14512345670112		
16	0	1	2	1	57	21	2	60	9	4512345670122	14512345670129		
17	0	1	3	1	60	21	9	63	6	4512345670139	14512345670136		
18	0	1	4	1	63	21	6	66	3	4512345670146	14512345670143		

04

OEM販売するなら知っておきたい商標登録

OEM販売をする際は、自社ブランドの商標登録をした方がいい場合があります。（通常は商標登録すべきものですが）**なぜなら商標権があれば、作成した商品ページに誰かに相乗りされても「相乗りの取り下げ」をAmazonに申請することができるためです。**他にもAmazon Brand Registryに登録できることで、ストア構築やスポンサーブランド広告の掲載が可能になるという大きなメリットがあります(P194〜)。

とはいえ、OEMに取り組んだばかりで、まだ商品がそんなに売れていないのであれば、相乗りされるリスクは非常に低くなります。また、販売商品数が多くなければストア構築等のメリットも薄いので必ずしも商標登録が必要ではありません。

ただ、そのような場合でもブランド名が商標登録できるかどうかは確認してください。そうしないと、「自社ブランド名で販売したOEM商品が売れてきたので、商標登録しようとしたら、既に先に同じブランド名で商標登録されていた」ということが起こり得るためです。そのまま販売すると商標権侵害となるので、せっかく売れてきたのに商品のパッケージやタグ、商品ページの作り替えが必要となります。せっかく集めたレビューも全部消え、SEO対策も一からやり直さないといけなくなってしまいます。

ここでは簡単に商標権についてお伝えしますが、商標に関する詳しいことは弁理士さんに相談するようにしてください。

そもそも商標とは？

商標とは、事業者が、自己(自社)の取り扱う商品・サービスを他人(他社)のものと区別するために使用するマークやネーミング(識別標識)を言います。**この商標を財産として守るのが「商標権」という知的財産権です。**

商標には、名称やロゴなど、文字、図形、記号、立体的形状や、これらを組み合わせたタイプ(名称とロゴの組み合わせ等)など、様々です。他の商標では音、色彩、ホログラムなどもありますが、OEM販売の場合は文字や図形、記号について考えれば問題ありません(商標法第2条)。

典型的な商標例（特許庁「事例から学ぶ商標活用ガイド」より抜粋）

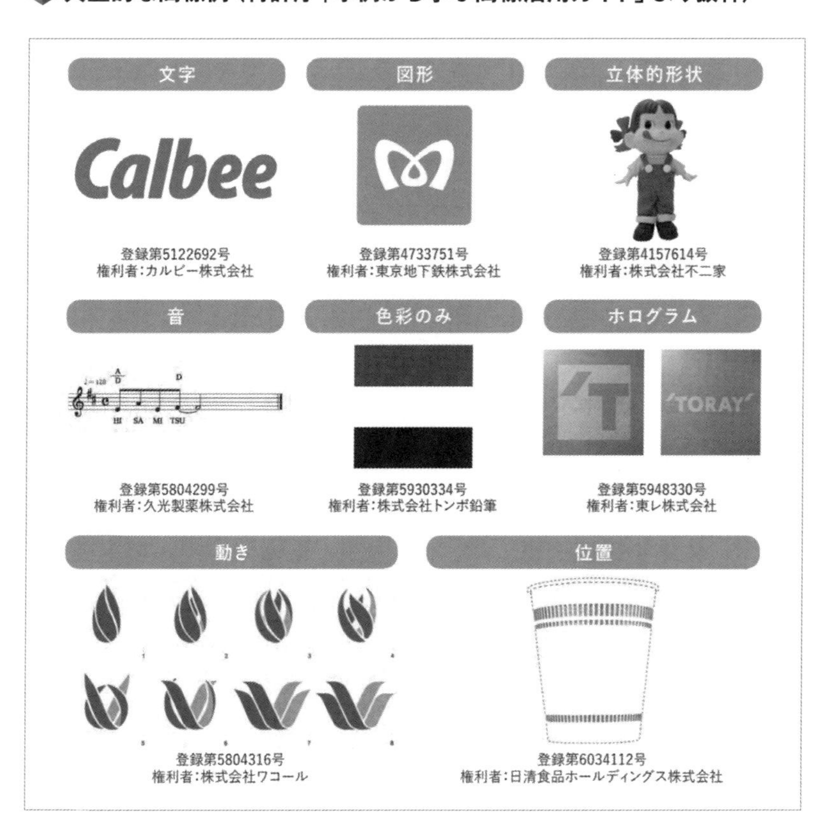

日本の商標は先願主義

日本は先に商標登録の手続きを行ったものが優先的に保護される「先願主義」をとっています。**ですので、商標を先に使用していたとしても、別の第三者が特許庁へ商標登録をしていたら、こちらが商標権の侵害となる可能性があるので注意が必要です。**

そのため、商標登録をいつするかはともかく、自社ブランドが先に商標登録されていないか確認する必要があるのです。

先願主義（特許庁「事例から学ぶ商標活用ガイド」より抜粋）

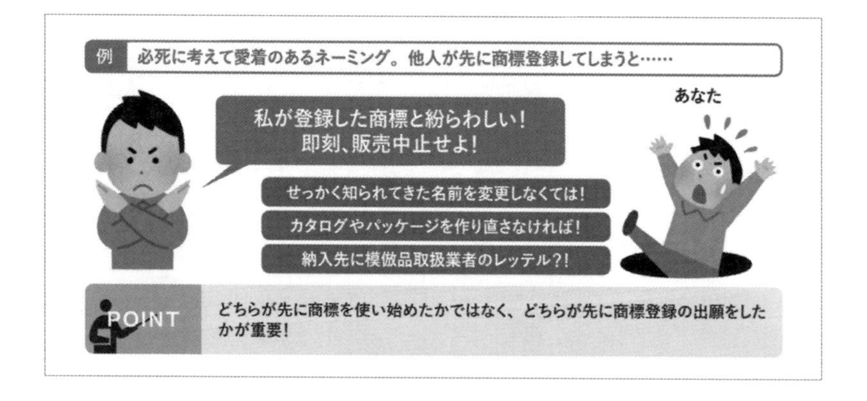

商標の区分について

商標権は、名称やロゴと、その名称やロゴを使用する商品(指定商品)やサービス(指定役務)の組合せでひとつの権利となっています。

商標登録出願を行う際には、「商標登録を受けようとする商標」とともに、その商標を使用する指定商品・指定役務を指定し、商標登録願に記載することになります。

また、指定商品・指定役務を記載する際には、あわせて「区分」も指定する必要があります。「区分」とは、商品・役務を一定の基準によってカテゴリー分けしたもので、第1～45類まであります。商標は区分ごとに登録します。

自分がどんな区分にあてはまるか確認する方法は主に2つあり、1つが特許庁の「類似商品・役務審査基準」です。特許庁のHPから確認する場合は、下のように「各区分の代表的な商品・役務」を見ると、自分のどの区分にあてはまるか確認しやすいでしょう。

●特許庁「類似商品・役務審査基準」
https://www.jpo.go.jp/system/laws/rule/guideline/trademark/ruiji_kijun/ruiji_kijun11-2021.html

代表的な商品・役務

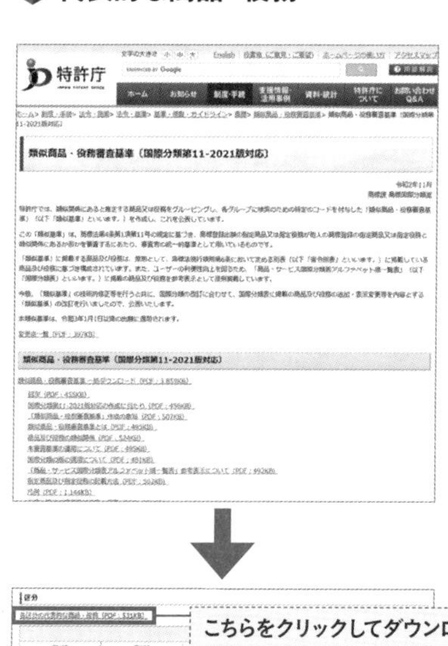

各類に属する代表的な商品・役務（２０２１年１月１日以降の出願に対応）

以下に掲げる商品・役務は、類似商品・役務審査基準〔国際分類第１１－２０２１版対応〕に掲載した各類の商品・役務のうち、［　　］で囲った範囲の包括概念表示と、その包括概念には包含されていない□（四角カッコ）で囲った見出しの商品・役務を抜粋したものです。

第　1　類	化学品，工業用のり及び接着剤，植物成長調整剤類，肥料，陶磁器用釉薬，塗装用パテ，高級脂肪酸，非鉄金属，非金属鉱物，写真材料，試験紙（医療用のものを除く。），人工甘味料，工業用粉類，原料プラスチック，パルプ
第　2　類	カナダバルサム，コパール，サンダラック，セラック，ダンマール，媒染剤，腐蝕防止剤，防錆剤，マスチック，松脂，木材保存剤，染料，顔料，塗料，印刷インキ，絵の具，防錆グリース，塗装用・装飾用・印刷用又は美術用の非鉄金属はく及び粉，塗装用・装飾用・印刷用又は美術用の貴金属はく及び粉
第　3　類	家庭用帯電防止剤，家庭用脱脂剤，さび除去剤，染み抜きベンジン，洗濯用柔軟剤，洗濯用漂白剤，かつら装着用接着剤，洗濯用でん粉のり，洗濯用ふのり，つけまつ毛用接着剤，口臭用消臭剤，動物用防臭剤，塗料用剥離剤，靴クリーム，靴墨，つや出し剤，せっけん類，歯磨き，化粧品，香料，薫料，研磨紙，研磨布，研磨用砂，人造軽石，つや出し紙，つけづめ，つけまつ毛

もう1つ、**区分を確認するためにおすすめなのが、スムーズに商標登録できることでおすすめのToreruのオウンドメディアの「わかりやすい！商標の区分一覧【2022年最新版】」です。**特許庁のHPよりこちらの方がわかりやすいかもしれません。

●Toreru Media「わかりやすい！商標の区分一覧【2022年最新版】」
https://toreru.jp/media/trademark/992/

このページを開くと、区分検索ができるようになり、該当する商品・役務のキーワードを入れることでどの区分に該当するか確認することができます。

Toreruでの区分検索

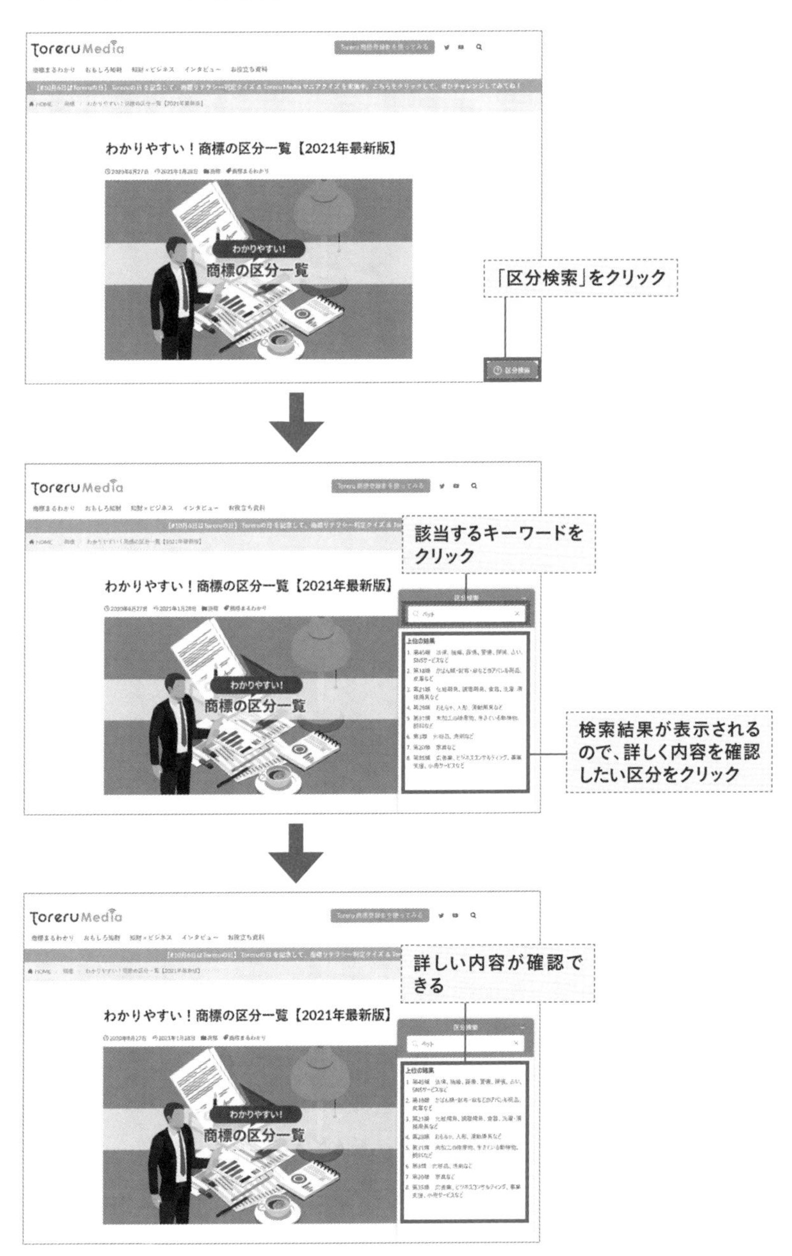

また、特許庁のHPと同様に区分一覧表も掲載されていますので、こちらも参考にしてみてください。

商標区分一覧表(Toreru)

商標の区分一覧表（分類別）

番号	内容	番号	内容	番号	内容
1	化学品	16	紙、紙製品、事務用品	31	生きている動植物
2	塗料、着色料	17	電気絶縁用などの材料	32	アルコールを含有しない飲料、ビール
3	洗浄剤、化粧品	18	革、旅行用品、馬具	33	ビールを除くアルコール飲料
4	工業用油、工業用油脂、燃料、光剤	19	金属製でない建築材料	34	たばこ、喫煙用具、マッチ
5	薬剤	20	家具	35	広告、事業の管理、小売・卸売
6	卑金属、その製品	21	家庭用品、化粧用具、ガラス製品	36	金融、保険、不動産の取引
7	加工機械	22	ロープ製品、織物用の原料繊維	37	建設、設置工事、修理
8	手動工具	23	織物用の糸	38	電気通信
9	科学用、電気制御用などの機械器具	24	織物、家庭用の織物製カバー	39	輸送、旅行の手配
10	医療用機械器具、医療用品	25	被服、履物	40	物品の加工その他の処理
11	照明用、加熱用などの装置	26	裁縫用品	41	教育、娯楽、スポーツ、文化活動
12	乗物その他移動用の装置	27	床敷物、織物製でない壁掛け	42	コンピューター、ソフトウェアの開発
13	火器、火工品	28	がん具、遊戯用具、運動用具	43	飲食物の提供、宿泊施設の提供
14	貴金属、宝飾品、時計	29	動物性の食品、加工食品	44	医療、美容、農業のサービス
15	楽器	30	植物性の加工食品、調味料	45	冠婚葬祭、警備、法律のサービス

【商標登録に関わる主な手数料】

- **商標登録出願：3,400円＋(区分数×8,600円)**
- **商標登録料：区分数×28,200円**
- **更新登録申請：区分数×38,800円**

Amazon商品ページの相乗り防止の観点という点では、1区分だけ申請することで問題ないでしょう。その後、Amazonだけでなく実店舗も始めたなど、必要に応じて区分を追加していけばいいかと思います。

また、Amazonでは区分ごとの商標管理が今のところ行われていないので、該当する区分で申請することで問題ありません。

すでに登録済の商標を別の区分で登録しても大丈夫？

商標権の話をすると、「他社に登録されている商標を違う区分で登録しても大丈夫か?」という質問がよくあります。

これは結論から言うと**「登録できる場合もあれば、できない場合もある」**というのが正解です。

商標登録できる条件(商標権侵害とならない条件)は、次の通りです。

❶非類似商標＋非類似商品・役務
❷同一商標＋非類似商品・役務
❸非類似商標＋同一商品・役務

同じ名称でも、別の区分で登録ができる場合は、「❷同一商標＋非類似商品・役務」の場合です。

例えばすでに「TANAKAMURA」というブランド名の家具が商標登録されているが、「TANAKAMURA」というサプリメントであれば商標登録できるという場合です。

家具とサプリメントであれば、だれが見ても非類似です。しかし、場合によっては、一見違う商品・役務に見えても「類似」と判断されてしまうことがあります。例えば宝石箱(第14類)と家具(第20類)は類似と判断されてしまいます。つまり、上記の例では「TANAKAMURA」という宝石箱で商標登録しようとするとNGになるということです。

注意すべき点は、同じ区分の商品・役務でも非類似になることもあれば、違う区分の商品・役務で類似もあり得ることです。例えば同じ第25類の「被服」と「履物」は非類似扱いの商品となりますが、第16類の「書籍」と第9類の「電子書籍」は類似扱いとなります。

ややこしいところなので、実際に商標登録の申請をするときは、弁理士さんに登録可能性を確認してもらいましょう。

似たような名称の商標はどのように判断されるのか？

他社と同一商標(まったく同じ名称やロゴの商標)がNGなのは、理解しやすいと思います。しかし、問題は商標の類似・非類似の判断基準です。「似ているのか?」「似ていないのか?」を判断するのは悩ましい問題です。

商品の類似・非類似については、次の3項目が基準となっています。こちらについても実際は弁理士さんに確認する必要がありますが、参考までにご覧ください。

【外見類似】

外見類似とは、見た目が似ているかどうかです。見た目といってもロゴだけでなく、文字でも外見類似に当てはまることがあります。

例えば、「JapaX」と「Japax」みたいに、大文字と小文字の違いはあるが、外見上の判別が難しいような場合です。

よくある例が、「0(数字のゼロ)」「O(大文字アルファベットのオー)」です。

読み方も意味も違いますが、外観的には共通しています。そのため、類似の商標と判断される可能性があります。

【称呼類似】

称呼類似については、見た目は違うが、読み方が似ている、もしくは同じような場合です。このような場合、類似の商標と判断される可能性があります。

【読み方が似ている場合】

ダイラマックス	ダイナマックス
ビスカリン	ビスコリン
ビュープレックス	ビューフレックス
コロネート	コロネット
CPN	CPM
RISCOAT	VISCOAT

【読み方が同じで表記の違いがある場合】

JapaX（ジャパックス）	Japax（ジャパックス）
花のかおり	はなのかおり

【観念類似】

見た目や読み方が違っても、意味合いが共通していれば類似と判断されるのが観念類似です。例えば「でんでんむし物語」という和菓子と、「かたつむり物語」という和菓子のような場合です。

同一・類似商標でないのに商標登録できない例

他の商標と同一・類似ではなく、商品・役務も違うのに、商標登録できないこともあるので注意してください(商標法第3〜4条)。

- **誰もが知っているような有名な商標**
- **極めて簡単で、ありふれた商標**

有名な例がサントリーの「はちみつレモン」で、「はちみつ」「レモン」という一般名詞を組み合わせただけということで、商標登録できなかったということがあります。

また、「佐藤」「田中」「中村」という名前、「東京」「銀座」「名古屋」などの地名も、それだけでは商標登録できない可能性があるので注意してください。

商標登録するなら文字か?ロゴか?

OEM販売するなら、商標登録は文字か、ロゴかの2択になるかと思うので、以下にメリット・デメリットをまとめます。Amazonの相乗り防止という観点では、文字商標だけでいいかと思いますが、詳細は弁理士さんにご相談ください。

	文字	ロゴ	文字&ロゴ
例	EC STARs Lab.		EC STARs Lab.
メリット	見た目、読み方、意味合いの似た文字を排除できる可能性が高い	類似のロゴを排除できる可能性が高い	文字商標では登録できなくても、ロゴとの組合せで登録できることがある
デメリット	一般的なありふれた名称を判断されると登録できないことがある	読み方が商標登録されないことがある	保護できる商標権が弱くなる可能性がある(文字商標だけでは排除できたのに、文字&ロゴでは排除できない等)

商標が登録されていないか確認する方法

自社ブランドの名称やロゴが先に登録されていないかどうかは、J-PlaPatで検索して確認するようにしましょう。ただ、J-PlatPatで検索しても、先に紹介したタイプの類似商標を見落とすことはあり得るので、あくまで参考程度にしてください。

●特許情報プラットフォームJ-PlatPat

https://www.j-platpat.inpit.go.jp/

登録済の商標を確認する手順

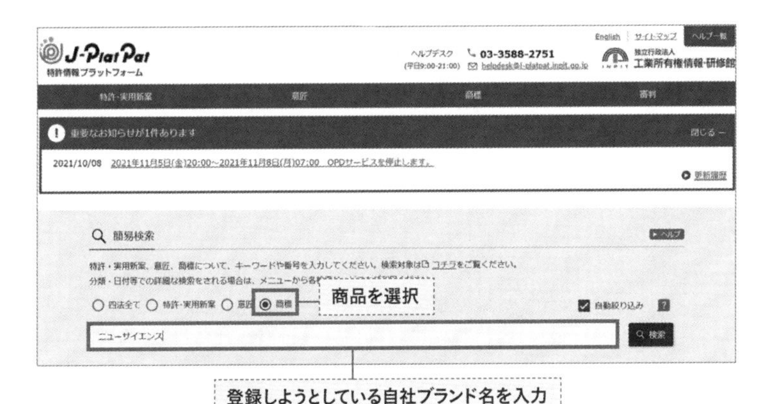

検索結果が出てこなかった場合

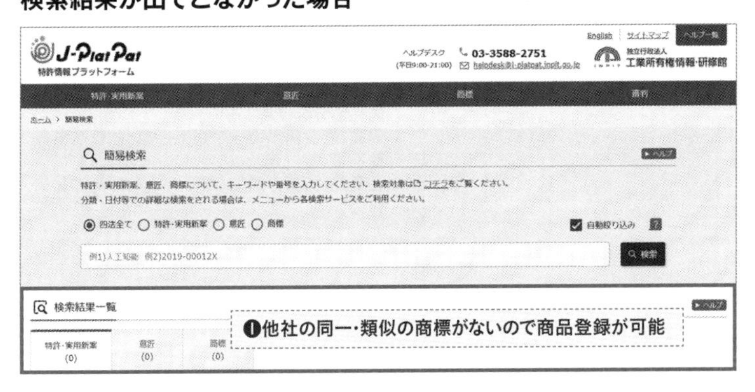

検索結果が出てきた場合

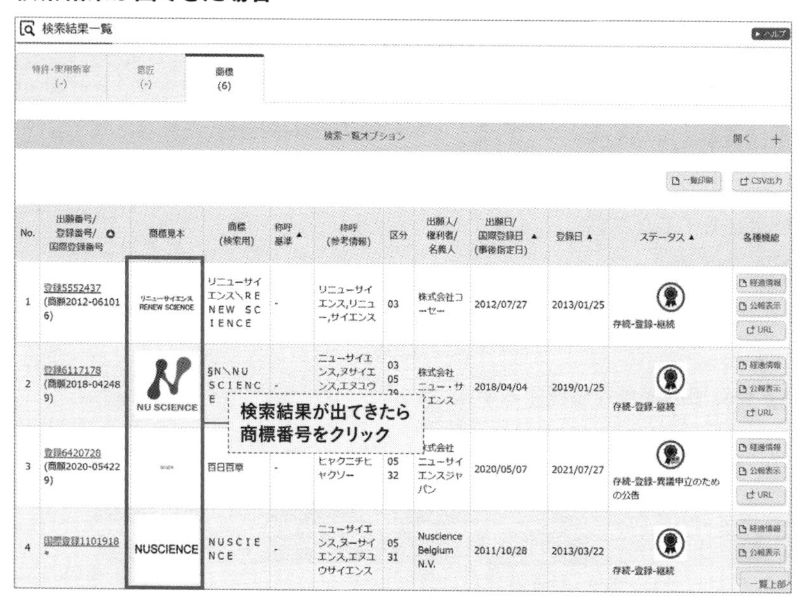

検索結果一覧

特許・実用新案 (-) | 意匠 (-) | 商標 (6)

検索一覧オプション

No.	出願番号/登録番号/国際登録番号	商標見本	商標（検索用）	称呼基準	称呼（参考情報）	区分	出願人/権利者/名義人	出願日/国際登録日（事後指定日）	登録日	ステータス	各種機能
1	登録5552437（商願2012-061016）	リニューサイエンス RENEW SCIENCE	リニューサイエンス＼RENEW SCIENCE	-	リニューサイエンス,リニュー,サイエンス	03	株式会社コーセー	2012/07/27	2013/01/25	存続-登録-継続	経過情報 公報表示 URL
2	登録6117178（商願2018-042489）	NU SCIENCE	§N＼NUSCIENCE	-	ニューサイエンス,ヌサイエンス,エヌユウ…	03 05 …	株式会社ニュー・サイエンス	2018/04/04	2019/01/25	存続-登録-継続	経過情報 公報表示 URL
3	登録6420728（商願2020-054229）		百日百草	-	…ヒャクニチヒャクソー	05 32	株式会社ニューサイエンスジャパン	2020/05/07	2021/07/27	存続-登録-異議申立のための公告	経過情報 公報表示 URL
4	国際登録1101918 *	NUSCIENCE	NUSCIENCE	-	ニューサイエンス,ヌーサイエンス,エヌユウサイエンス	05 31	Nuscience Belgium N.V.	2011/10/28	2013/03/22	存続-登録-継続	経過情報 公報表示

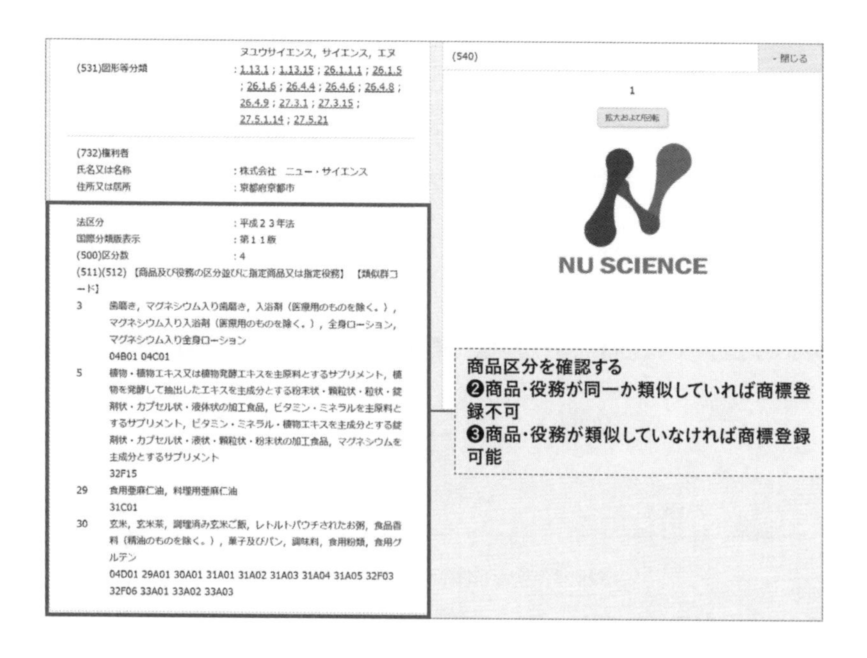

ヌユウサイエンス，サイエンス，エヌ

(531)図形等分類 ：1.13.1；1.13.15；26.1.1.1；26.1.5；26.1.6；26.4.4；26.4.6；26.4.8；26.4.9；27.3.1；27.3.15；27.5.1.14；27.5.21

(732)権利者
氏名又は名称 ：株式会社　ニュー・サイエンス
住所又は居所 ：京都府京都市

法区分 ：平成２３年法
国際分類版表示 ：第１１版
(500)区分数 ：4
(511)(512)【商品及び役務の区分並びに指定商品又は指定役務】【類似群コード】

3　歯磨き，マグネシウム入り歯磨き，入浴剤（医療用のものを除く。），マグネシウム入り入浴剤（医療用のものを除く。），全身ローション，マグネシウム入り全身ローション
04B01 04C01

5　植物・植物エキス又は植物発酵エキスを主原料とするサプリメント，植物を発酵して抽出したエキスを主成分とする粉末状・顆粒状・粒状・錠剤状・カプセル状・液体状の加工食品，ビタミン・ミネラルを主原料とするサプリメント，ビタミン・ミネラル・植物エキスを主成分とする錠剤状・カプセル状・液状・顆粒状・粉末状の加工食品，マグネシウムを主成分とするサプリメント
32F15

29　食用亜麻仁油，料理用亜麻仁油
31C01

30　玄米，玄米茶，調理済み玄米ご飯，レトルトパウチされたお粥，食品香料（精油のものを除く。），菓子及びパン，調味料，食用粉類，食用グルテン
04D01 29A01 30A01 31A01 31A02 31A03 31A04 31A05 32F03 32F06 33A01 33A02 33A03

(540)
NU SCIENCE

商標登録の方法

商標登録の方法には、大きく分けて自分で登録するか、Web上の登録サービスを利用するか、最寄りの弁理士さんに任せるかのいずれかになります。自分で登録すると、費用は登録料だけとなるため一番安上がりです。しかし、類似商標の調査などが不十分で登録されない可能性があるので、確実に商標登録するなら弁理士さんなどに任せた方がいいでしょう。これは車検を自分で通すか、整備工場やディーラーに任せるかに似ています。

❶自分で登録する場合

行政が運営している「知財ポータル」の無料相談窓口が全国にあるので、そちらで申請書の書き方などのアドバイスを受けることもできます。特許庁に直接問い合わせてもいいでしょう。

知財ポータル　https://chizai-portal.inpit.go.jp/

○特許庁問い合わせ先：TEL 03-3581-1101

❷Web上の商標登録サービス

先ほど紹介したToreruやCotoboxなど、Web上で完結する商標登録サービスも提供されています。費用が比較的安く、類似調査もしてくれるのでおすすめです。

Toreru https://toreru.jp/

Cotobox https://cotobox.com/

❸最寄りの弁理士さんに依頼する

一番費用が高くなりますが、今回の商標登録だけでなく、今後も知財関係の相談に乗ってほしいということであれば、最寄りの弁理士さんに依頼するのも良いでしょう。

先ほど紹介した知財ポータルで、相談に乗ってくれる弁理士さんと繋がるのもいいかと思います。

商標登録の審査期間と早期審査について

Amazonで相乗り防止をするためには、商標が取得できてからAmazon Brand Registryに登録する必要があります。

商標の取得には通常1年数ヶ月ほどかかってしまいます。しかし、Amazonですでに販売を開始しているような場合など商標を既に使用しているような場合は、早期審査が認められる可能性があります。

早期審査が認められれば、3〜6ヶ月と通常の審査より短縮することが可能になりますし、登録料も通常と変わりません(弁理士を通す場合は別途手数料がかかります)。必要な書類も、通常の出願書類と「早期審査に関する事情説明書」(Amazonの商品ページの画像など証拠書類を添付)だけなので手間はかかりません。

ただ、デメリットとしては、早期審査では既に販売しているか相当程度準備が進んでいる商品・役務しか申請できず、権利範囲が狭まることです。例えばカバンのOEM商品を売っていて、そのブランドで将来アクセサリーや服などにも展開しようと思う場合、通常の商標申請であればすべての区分で申請できます。しかし、早期審査では現在販売しているカバンでしか申請できません(後から追加申請は可能です)。

事情説明書に添付する証拠書類は、商標を使用しているので、商品画像だけを添付しても認められません。必ず、Amazonの商品ページなど商標を使用している証拠となる画像を添付するようにしましょう。

不明点があれば、先ほど紹介したように知財ポータルや特許庁に問い合わせたり、弁理士に相談したりするようにしてください。

○問い合わせ先：特許庁 審査業務部商標課企画調査班
TEL 03-3581-1101　内線2805(早期審査用の内線)

では、いつ頃商標の申請をしたらいいかということですが、OEM販売を本格的に進めるために相乗りリスクを避けたい場合は早期審査をした方がいいです。しかし、試しにOEMをする段階であれば、販売の推移を見ながら権利の範囲を広くとって通常申請すればいいでしょう。

Amazon Brand Registryの登録方法

無事に商標を取得できたらAmazon Brand Registryに登録しましょう。以下、申請手順を示します。ログインについては、セラーセントラルの出品アカウントと一緒です。

●Amazon Brand Registry
https://brandservices.amazon.co.jp/

Amazon Brand Registryの登録手順

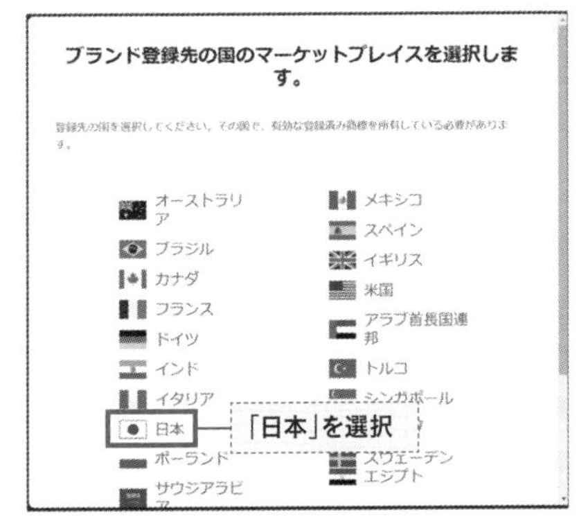

セラーセントラルと同様のメールアドレスとパスワード

利用規約に同意する

Amazonブランド登録規約

当社は、全てのブランドがブランド登録に参加し、ブランド登録を利用されることを希望しています。そこで当社は、本規約をできる限りシンプルなものにするために改定しました。発効日である2020年4月25日以降、ブランド登録の利用には以下の条件が適用されます。

1. お客様は、ブランド登録に登録するブランドがお客様に帰属していること、または当該ブランドから、当該ブランドを代理して行為をする権限を付与されていることを表明します。
2. お客様は、ブランド登録の利用に関して、お客様が知る限り正確かつ真正な情報を提供することに同意します。
3. お客様のAmazonアカウントに紐づけられた利用規約は、ブランド登録の利用には適用されません。

「同意して続行する」をクリック

今はしない　同意して続行する

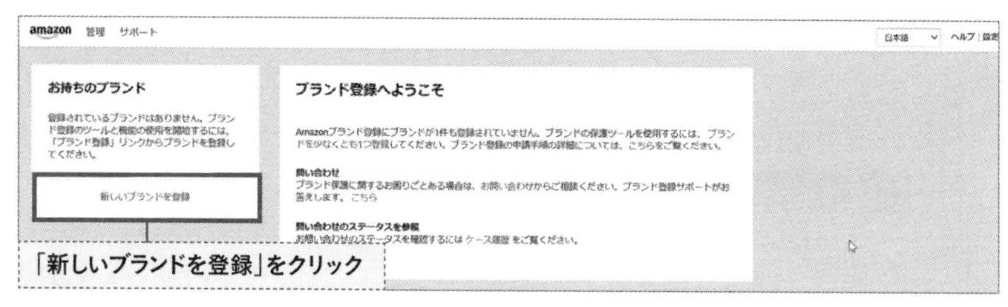

ブランドを登録する

手続きを開始する前に、申請プロセスで入力が必要となる情報を確認してください。

- 商標登録番号
- 商品やパッケージにブランドがはっきりと表示されている画像
- Amazonと取引関係がある場合は、ベンダーコードを提供する必要があります。
- AmazonにブランドのASINのサンプルリスト
- 商品を販売する国に関する情報

申請の管理　「ブランドの登録」をクリック　ブランドの登録

ブランドを登録する

ブランド情報　出品用アカウント情報　流通とライセンス情報

ブランド情報

以下の情報は、Amazonがブランドを識別し、ブランド登録を開始していただくのに役立ちます。

申請するブランド名を入力してください。

商品登録したブランド名を入力

こちらで入力したブランド名が、アマゾン商品詳細ページに表示されます。大文字・小文字を区別して入力をお願いします。入力するブランド名は、原則として商標と一致している必要があります。

登録商標機関を選択してください

日本 - Japanese Patent/Trademark Office - JPO　**日本を選択**

登録済みの商標で申請する場合は、登録番号を入力してください。出願中の商標で申請する場合は、申請番号を入力してください。

取得した登録番号を入力

例：1234567、2020-123456、123456

商標の現在のステータスはどうなっていますか。

商標のステータスについて詳しくは、ブランド登録に関するよくある質問をご覧ください。

- 登録済み　**「登録済み」を選択**
- 出願中
  次のステータスは、登録出願中の商標として認められています。審査待ち、審査中、拒絶査定不服審判中、異議申立のための公告、異議申立中

商標の種類を選択してください

- 文字商標　**該当する商標の種類を選択**
- 図形商標

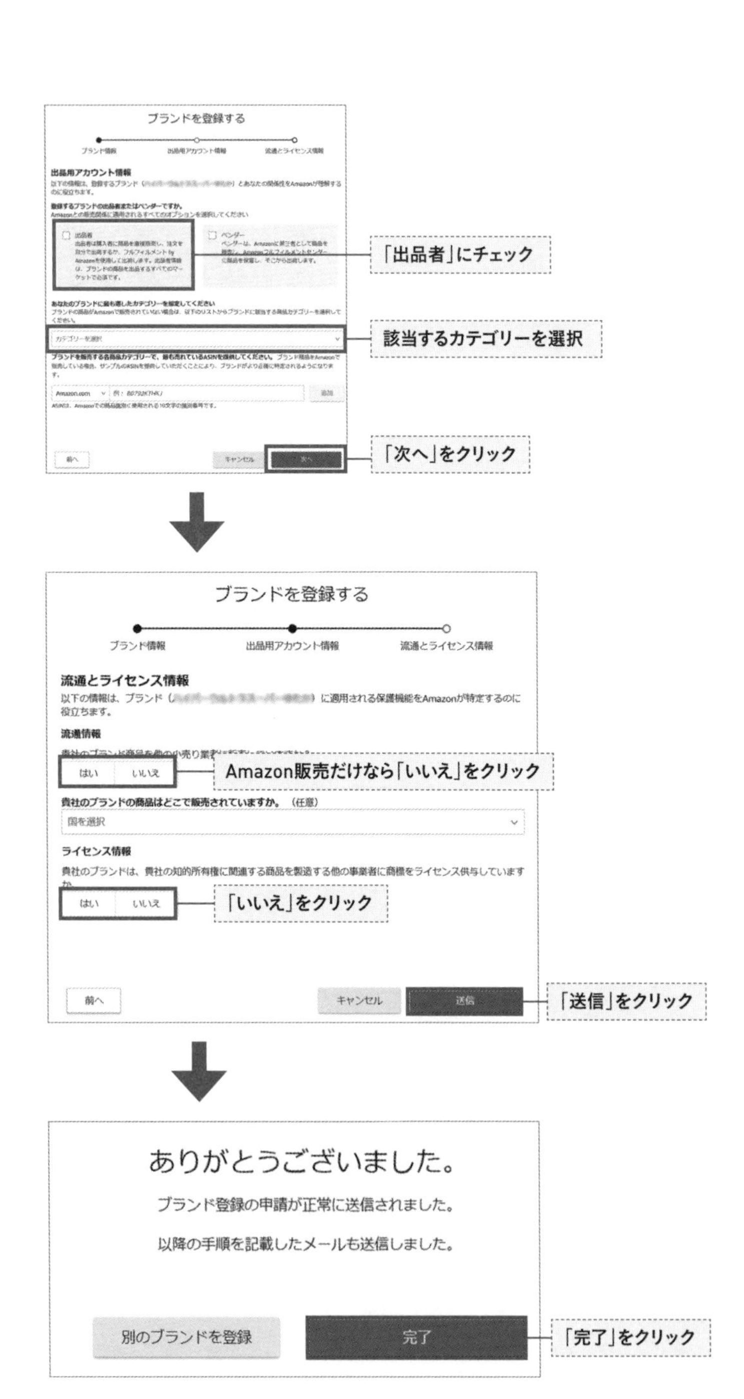

ブランドを登録する
ブランド情報
出品用アカウント情報
流通とライセンス情報
出品用アカウント情報
登録するブランドの出品者またはベンダーですか。
出品者
ベンダー
あなたのブランドに最も適したカテゴリーを指定してください
カテゴリーを選択
Amazon.com
前へ
キャンセル
次へ
「出品者」にチェック
該当するカテゴリーを選択
「次へ」をクリック
ブランドを登録する
ブランド情報
出品用アカウント情報
流通とライセンス情報
流通とライセンス情報
以下の情報は、ブランド（ ）に適用される保護機能をAmazonが特定するのに役立ちます。
流通情報
はい
いいえ
Amazon販売だけなら「いいえ」をクリック
貴社のブランドの商品はどこで販売されていますか。（任意）
国を選択
ライセンス情報
貴社のブランドは、貴社の知的所有権に関連する商品を製造する他の事業者に商標をライセンス供与していますか。
はい
いいえ
「いいえ」をクリック
前へ
キャンセル
送信
「送信」をクリック
ありがとうございました。
ブランド登録の申請が正常に送信されました。
以降の手順を記載したメールも送信しました。
別のブランドを登録
完了
「完了」をクリック

相乗り防止以外のAmazon Brand Registryのメリット

Amazon Brand Registryに登録すると、相乗り防止以外で次のようなメリットがあります。

❶Vineメンバーにレビューを依頼できる

Amazonのガイドラインでは、商品の無償提供や報酬を与えるなどして商品レビュー投稿を依頼することを禁止しています。

ただ、これは例外があり、Vineメンバーと呼ばれるAmazonが選んだトップレビュアーにはレビューを依頼することができます。Vineメンバーは、Amazonが選んだ率直なレビューを投稿している実績を持つレビュアーなので、レビューの質は非常に高く、信憑性が高いです。**これをAmazon Vine先取りプログラムと言います。**

Vineメンバーのレビューには「Vine 先取りプログラムメンバーのカスタマーレビュー」などの表示がされます。そのため、消費者は他のレビュアーと区別でき、一般的なレビューに比べ、信憑性の高いレビューとして見られやすくなります。

Amazon Vineメンバーのレビュー投稿

★★★★★ **二つ折り財布として、最もオーソドックスなスタイルの上等な財布。カードの出し入れがしやすい。**
2021年9月1日に日本でレビュー済み
色: ブラウン | サイズ: Medium | **Vine先取りプログラムメンバーのカスタマーレビュー** (詳細)
二つ折りの財布として、最もオーソドックスな構成の財布だと思います。札入れが2つに分かれていて、カード入れが4ヶ所、小銭入れ、という構成です。小銭入れは、このタイプのものとしては、わりとマチが広くとってあるので、ある程度の量は入りますが、底がすぼまったタイプなので、多量に入れるのには向かないと思います。このタイプの財布として良くある、内ポケットも2ヵ所ありますが、財布の中央側から出し入れするので、これは使いやすくはないと自分は思います。

閉じた状態では横幅は、実測で約11.5cmです（このサイトの写真のように、開いた状態で片側を測ると、中央部分が少しふくらむので12cmになります）。この横幅はもう少し狭くても良いようにも思いますが、今の財布がある程度横幅があるのは、（お札のためではなく）カードを横向きに出し入れしやすいようにするためなのかもしれません。ICカード免許証やそれと同じ大きさのカードならば、カード入れに1枚だけ収めた場合は、少し左右にゆとりがあるくらいで、出し入れがしやすいです。二つ折り財布では、カードを横向きに入れようとすると、きつきつなものもあるので、これは好印象です。

使われている革は、栃木レザー社という会社で、化学薬品を全く使わずに、時間をかけてなめして作られたタンニンなめしレザーということです。ブラウンを選びましたが、色もなめらかで深く、上品な雰囲気を出しています。この「ブラウン」に関しては、パソコンのディスプレイで見るよりも、実物の方が色が濃く見えます。おそらく、相当に明るい照明で照らせば、このサイトの写真くらい明るい色にみえるのかもしれません。しかし、実物の濃いブラウンは、決して黒っぽく濃くなっているわけではなく、ブラウンとして深く染まっているという感じです。

造りはていねいで、縫製も細かく良く揃っています。天然皮革なので、湿気の多いところに長期間置かないといった注意事項が、添付のカードに記されています。手入れとして、風合いを保つためには、天然皮革専用のクリームでケアすることが勧められています。

しっかりした造りで、幅にうまくゆとりがあるから、カードやお札の出し入れに気を使わないで済む、そんな財布です。目立たずに、質の高さに満足できることと思います。
^ もっと少なく読む
1人のお客様がこれが役に立ったと考えています

「Vine先取りプログラムメンバーのカスタマーレビュー」と表示される

旭 殿堂入りNO1レビュアー ベスト50レビュアー VINEメンバー
★★★★★ **有名な栃木レザーの長財布です。**
2021年8月31日に日本でレビュー済み
色: ブラック | サイズ: Large | **Vine先取りプログラムメンバーのカスタマーレビュー** (詳細)
本革の財布と言えば「栃木レザー」と言われるほど有名です。
ある程度の年齢になると外国のデザイナーズブランドよりも、日本に誇れる良い物を
持ちたいと思うようになり、栃木レザーはその筆頭格だと思います。
手触りでわかる高品質の本革、ファスナーもYKK、日本人の職人さんが1つ1つ
心を込めて製造、札入れが2ヵ所、カードポケット8個、小銭もたくさん入ります。
ギフトボックスに入っているので、プレゼントにも喜ばれそうな長財布で、
敬老の日や退職祝いなどにもピッタリです。
1人のお客様がこれが役に立ったと考えています

条件としてはAmazon Brand Registryに登録している他、現状のレビュー数が30件未満の新品に限られます。そのため、出品したばかりの商品に利用されることが多く、出品直後からレビューを集めることができます。

ただ、デメリットとしては高評価が付くとは限らず、低評価レビューが付く可能性もあることです。しかも、低評価レビューの内容も説得力があり、

信憑性が高くなります。**つまり、Vineメンバーのレビューは高評価でも低評価でもインパクトが強いという点は注意してください。**

また、2021年11月以降、1親ASINごとに22,000円のAmazon Vine登録手数料がかかることも注意してください(最初のVineレビューを受け取って7日後に請求)。

Vineメンバーにレビューを依頼する方法は以下の通りです。

Amazon Vineメンバーへのレビュー依頼方法

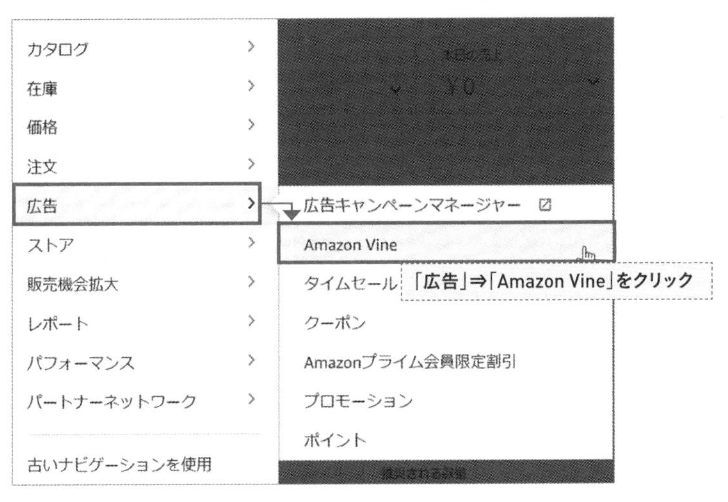

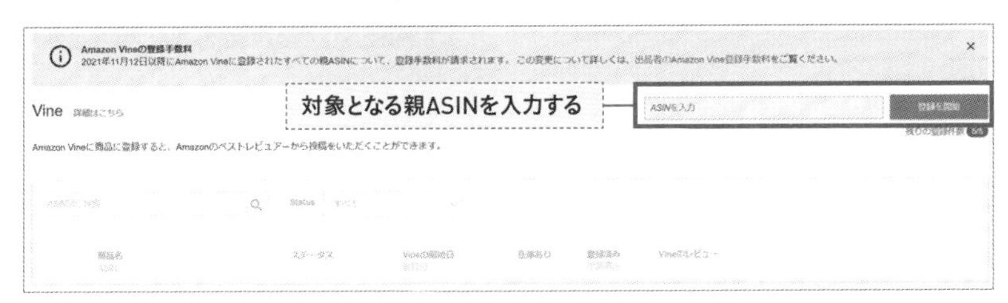

❷Amazonストア構築

通常のセラーのストアページは、単に半日業者名や住所、運営責任者名、特商法の表記がされている程度で、お店感が全然ありません。

通常のストアページ

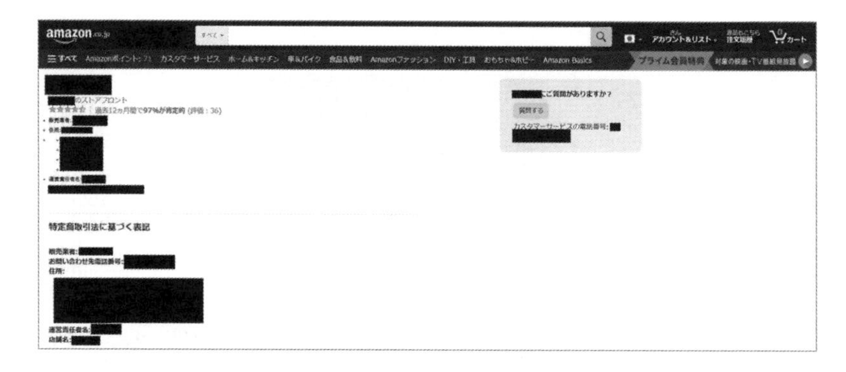

Amazonストア

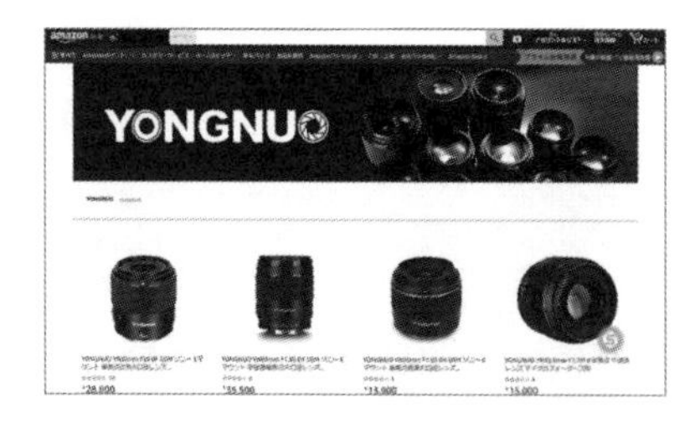

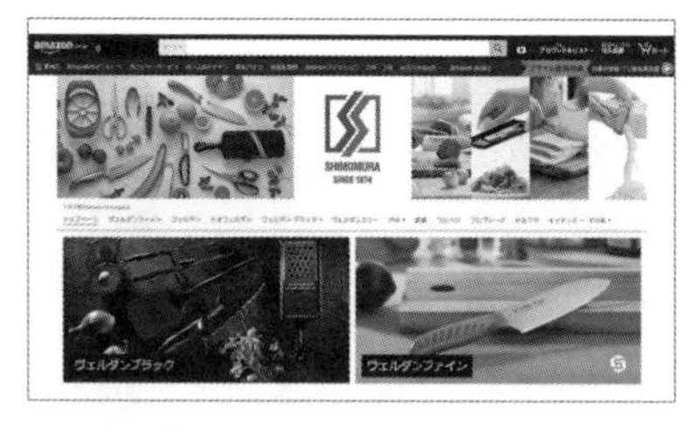

こうすることで、自社ブランドの認知度を高めてファンを増やし、「このブランドの商品なら買いたい」という人が増えてきます。

また、AmazonストアのURLをFacebookやTwitter、インスタなどのSNS、ブログなどで告知して顧客の囲い込みが可能になります。

OEM商品の販売点数が増えてきたら検討してみるといいでしょう。以下にAmazonストアの作成方法について示します。

Amazonストアの作成方法

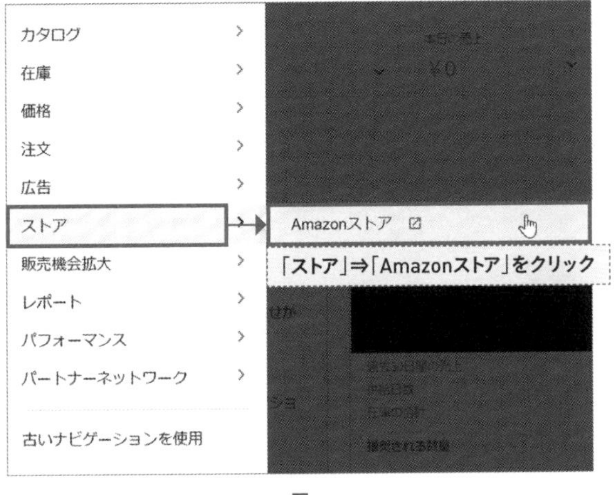

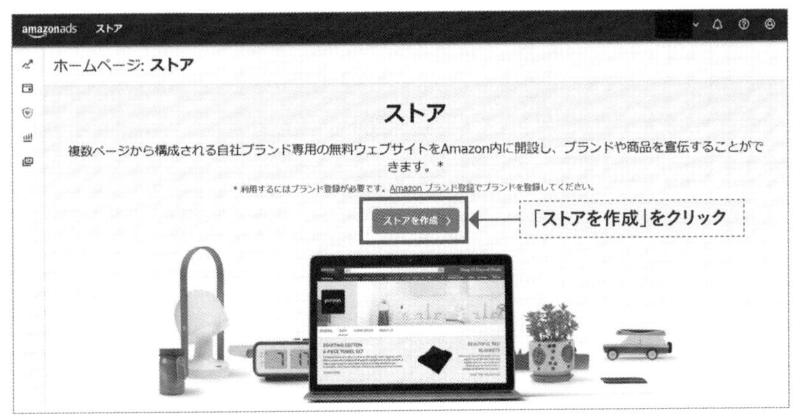

❸スポンサーブランド広告

スポンサーブランド広告は、Amazon Brand Registryに登録していると利用できる広告の1つです。商品検索ページにスポンサープロダクト広告(Chapter7参照)よりも上位に表示され、目立つ位置に表示できるのでクリックされやすくなります。

スポンサーブランド広告

　また、スポンサーブランド広告は、Amazon Brand Registry登録者に利用が限定されておりライバルが少なく、費用対効果がいい場合もあります。

　さらに、自社商品だけでなくAmazonストアにも消費者を誘導できるので、ストア単位の宣伝までできます。Amazonストアが充実している方は検討の余地があります。スポンサーブランド広告には、次の3種類があります。

【商品コレクション広告】

　出品している商品を、1〜3点掲載することが可能で、さらにAmazonストアへの誘導も可能です。

【ストアスポットライト広告】

　Amazonストアを3ページ掲載することができる広告で、トップページの他にサブページが必要となります。

【動画広告】

　商品1点と、紹介する動画をセットで掲載することができ、より強い訴求を行うことができます。

例：検索結果上部に下記のような広告を出すことができます。

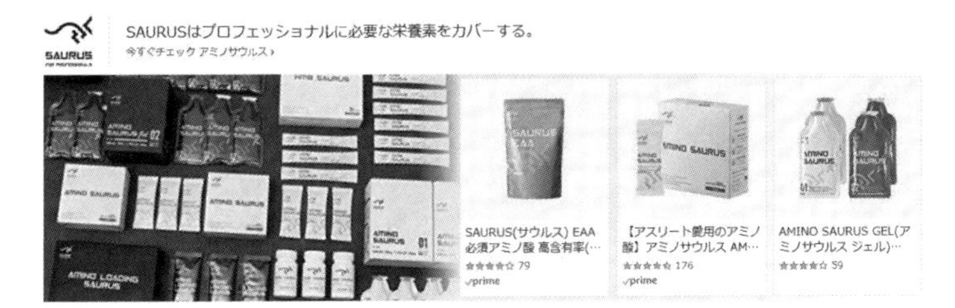

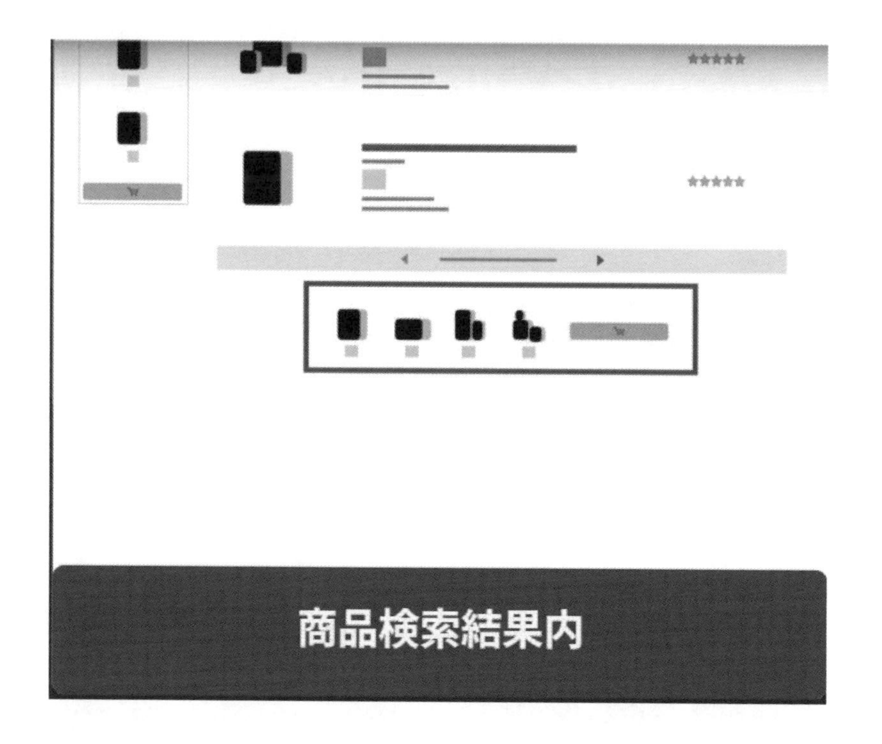

例：枠内の検索結果下部に下記のような広告を出すことができます。

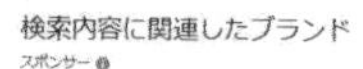

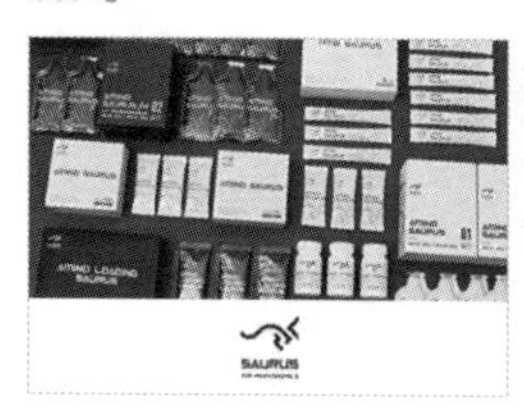

例：枠内の商品ページ内に下記のような広告を出すことができます。

Amazon内のこのカテゴリーのブランド
スポンサー

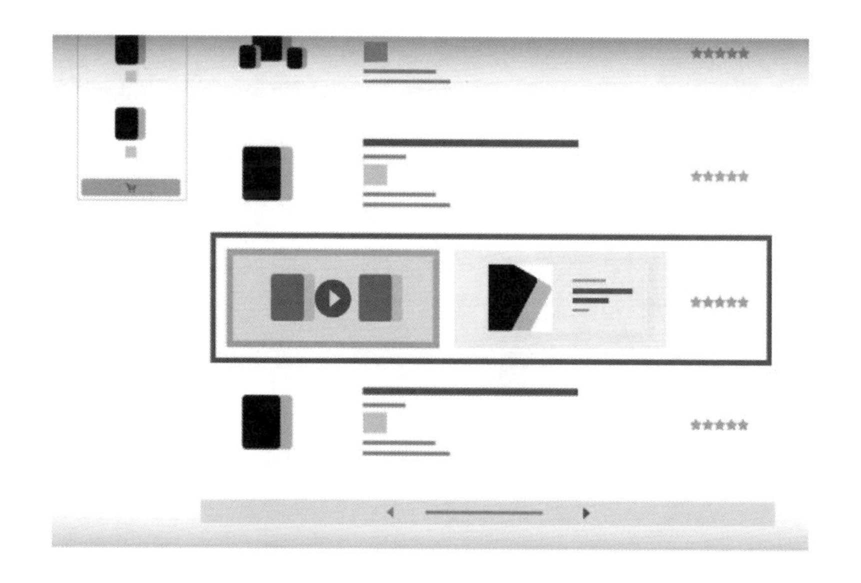

スポンサーブランド動画広告*

例：枠内の検索結果箇所に下記のような動画広告を出すことができます。

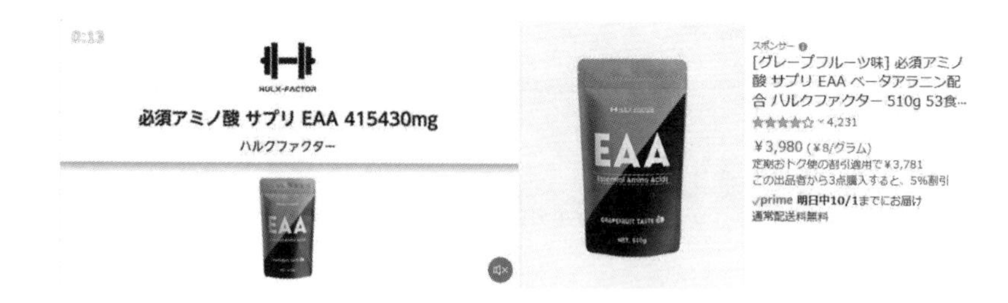

❹スポンサーディスプレイ広告

スポンサーディスプレイ広告とは、特定の興味・関心を持つ消費者などに対して、Amazonの商品詳細ページなどを表示させることができる広告です。

例えば、1回あなたの商品ページを訪れた消費者が別の商品ページを閲覧していたとしても、そのページにあなたの商品の広告が出てきます。

これはリターゲティングと言われる、ネット広告でよく使われる手法の1つです。例えばあなたがどこかの商品・サービスを買おうとしてWebサイトを閲覧しているとき、その広告が別のWebサイトに表示されているという経験はないでしょうか？ スポンサーディスプレイ広告でも、そのようなリターゲティングの手法が用いられます。

また、スポンサーディスプレイ広告は、同カテゴリーの類似他社商品のページに出てくることも多いです。その場合、消費者は他社商品との比較を行うためにクリックする可能性があります。

下図のように、カートボックスの下など、消費者の目に付きやすい位置に広告が設定されるのがメリットです。

スポンサーディスプレイ広告

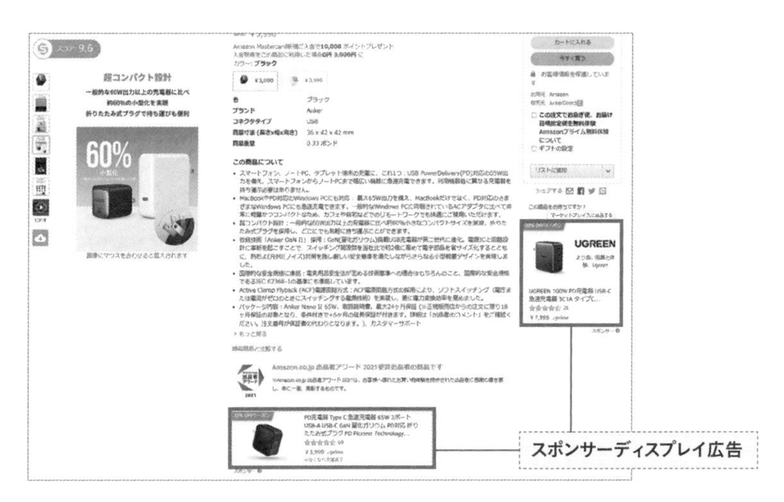

❺DSP広告

DSP広告は、Amazonサイト内だけでなく、Amazon外部のサイトに広告を出すことが可能です。

ターゲティングや配信先を細かく決めることができるのが特徴ですが、やや高度な方法で、広告費も多くかかります。大々的に広告を出し、自社ブランドの認知や広く興味付けを行いたい方にはおすすめですが、やや上級者向きの手法です。

商品ページの相乗り出品者の排除方法

商標登録後、OEM商品の商品ページで相乗りされた場合に、Amazonに通報して相乗り出品者を排除してもらう方法をお伝えします。

相乗りされるケースとしては、相乗り出品者の商品に自社ロゴがない場合(偽物)と、自社ロゴがある場合があります。商品の販路がAmazonだけであれば、前者しかあり得ません。しかし、楽天やYahoo!ショッピング、自社ECサイトなど他販路で販売している場合は、両方あり得ます。どちらのケースにしても、実際に商品を購入して商標権侵害の根拠を確認し、撮影しておくといいでしょう(後で商標権違反を理由に返品できます)。

❶相乗り出品者の商品に自社ロゴがない場合

商品の販路がAmazonだけの場合は、このケースしかあり得ないので、以下の方法でAmazonに通報します。

自社ロゴのない相乗り出品者の排除方法

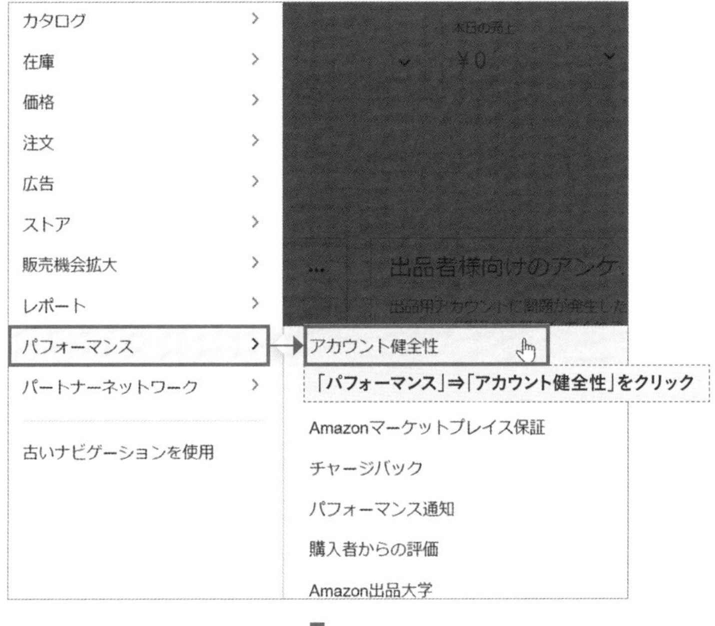

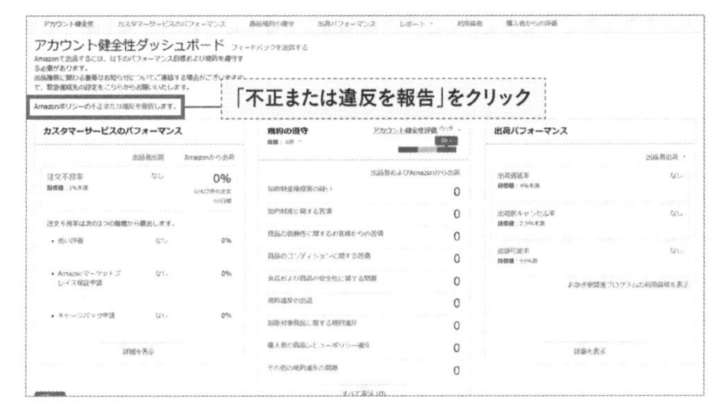

不正または違反を報告
報告する不正または違反の種類を選択してください
知的財産権（著作権、商標、特許）の侵害がある
「知的財産権(著作権、商標、特許)の侵害がある」
⇒「公告フォーム」をクリック

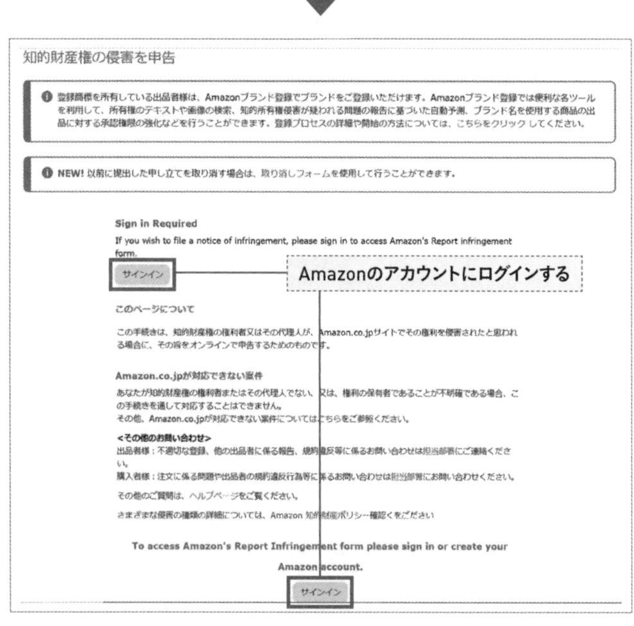

知的財産権の侵害を申告
登録商標を所有している出品者様は、Amazonブランド登録でブランドをご登録いただけます。Amazonブランド登録では便利な各ツールを利用して、所有権のテキストや画像の検索、知的所有権侵害が疑われる問題の報告に基づいた自動予測、ブランド名を使用する商品の出品に対する承認権限の強化などを行うことができます。登録プロセスの詳細や開始の方法については、こちらをクリック してください。
NEW! 以前に提出した申し立てを取り消す場合は、取り消しフォームを使用して行うことができます。
Sign in Required
If you wish to file a notice of infringement, please sign in to access Amazon's Report infringement form.
サインイン
Amazonのアカウントにログインする
このページについて
この手続きは、知的財産権の権利者又はその代理人が、Amazon.co.jpサイトでその権利を侵害されたと思われる場合に、その旨をオンラインで申告するためのものです。
Amazon.co.jpが対応できない案件
あなたが知的財産権の権利者またはその代理人でない、又は、権利の保有者であることが不明確である場合、この手続きを通して対応することはできません。
その他、Amazon.co.jpが対応できない案件についてはこちらをご参照ください。
<その他のお問い合わせ>
出品者様：不適切な登録、他の出品者に係る報告、規約違反等に係るお問い合わせは担当部署にご連絡ください。
購入者様：注文に係る問題や出品者の規約違反行為等に係るお問い合わせは担当部署にお問い合わせください。
その他のご質問は、ヘルプページをご覧ください。
さまざまな侵害の種類の詳細については、Amazon 知的財産ポリシー確認くをごださい
To access Amazon's Report Infringement form please sign in or create your Amazon account.
サインイン

知的財産権の侵害を申告
登録商標を所有している出品者様は、Amazonブランド登録でブランドをご登録いただけます。Amazonブランド登録では便利な各ツールを利用して、所有権のテキストや画像の検索、知的所有権侵害が疑われる問題の報告に基づいた自動予測、ブランド名を使用する商品の出品に対する承認権限の強化などを行うことができます。登録プロセスの詳細や開始の方法については、こちらをクリックしてください。
NEW! 以前に提出した申し立てを取り消す場合は、取り消しフォームを使用して行うことができます。
Sign in Required
このページについて
この手続きは、知的財産権の権利者又はその代理人が、Amazon.co.jpサイトでその権利を侵害されたと思われる場合に、その旨をオンラインで申告するためのものです。
Amazon.co.jpが対応できない案件
<その他のお問い合わせ>
その他のご質問は、ヘルプページをご覧ください。
Amazon 知的財産ポリシー確認くをご覧ください
侵害申し立て
あなたは権利者ですか? それとも代理人ですか?
権利者
代理人
侵害されたとする権利の種類
その他
侵害されたとする権利の種類
著作権に関する問題・著作権のある素材(テキスト、写真、ビデオ、音楽、ソフトウェアなど)を不正に使用している
特許に関する問題
その他
「権利者」を選択

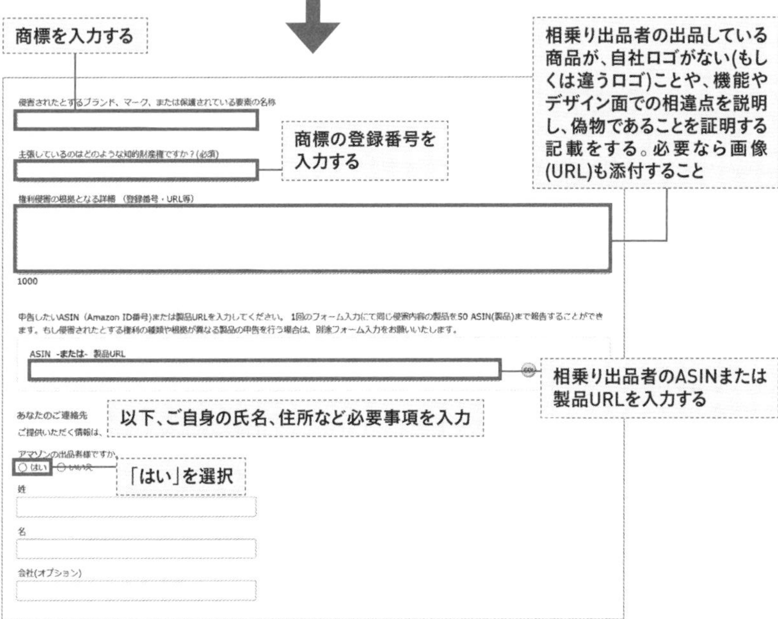
商標を入力する
侵害されたとするブランド、マーク、または保護されている要素の名称
主張しているのはどのような知的財産権ですか？(必須)
商標の登録番号を入力する
権利侵害の根拠となる詳細 (登録番号・URL等)
相乗り出品者の出品している商品が、自社ロゴがない(もしくは違うロゴ)ことや、機能やデザイン面での相違点を説明し、偽物であることを証明する記載をする。必要なら画像(URL)も添付すること
1000
申告したいASIN (Amazon ID番号)または製品URLを入力してください。1回のフォーム入力にて同じ侵害内容の製品を50 ASIN(製品)まで報告することができます。もし侵害されたとする権利の種類や根拠が異なる製品の申告を行う場合は、別途フォーム入力をお願いいたします。
ASIN -または- 製品URL
相乗り出品者のASINまたは製品URLを入力する
あなたのご連絡先
以下、ご自身の氏名、住所など必要事項を入力
アマゾンの出品者様ですか
はい
姓
名
会社(オプション)

「はい」を選択

住所1

住所2(オプション)

市区町村

都道府県(オプション)

郵便番号

国/地域

日本

お電話番号

Eメールアドレス

yutaka141kenkyo@yahoo.co.jp

補助連絡先の詳細

*相手方に、あなたのご連絡先を提供する場合があります。上記のご連絡先を提供して良い場合は、「私は、上記の連絡先を相手方に提供しても構いません。」のボックスをクリックしてください。もし上記の連絡先を提供することにご同意されない場合には、相手方に名前とメールアドレスだけ提供いただくことをご同意いただき、以下の「名前」と「Eメールアドレス」欄に記入をお願いします。

☐ 私は、上記の連絡先を相手方に提供しても構いません。

名前

Eメールアドレス

補助連絡先は特にいなければ入力不要
※補助連絡先を記入する場合は、必要事項を入力して、「私は、上記の連絡先を相手方に提供しても構いません」にチェック

↓

表明

「私は、上記のリストで申し立てた内容が、知的財産権の権利者が有する上記の知的財産権を侵害し、関係法令により認められていない行為を申告するものであることを表明します。」

「私は、申立の内容が偽りであった場合、法的責任を問われる場合があることを認識しており、本申立の情報が真実かつ正確であること、および私が上記の知的財産権の権利者である、または上記の知的財産権の権利者を代理する権限を有する者であることを表明します。」

「私は、この申告が受理された場合、ここに含まれる情報が、注文番号を除き、Amazonから申告の対象であるすべての出品者に対して共有される可能性があることを理解しています。」

☐ 私は上記のとおり、ここに表明します。 — **チェックを入れる**

送信 — **入力内容を確認して送信**

❷相乗り出品者の商品に自社ロゴがある場合

相乗り出品者の商品に自社ロゴがある場合の排除方法は、上記と同じ「知的財産権の侵害を申告」の画面で、以下のように入力します。ご自身や補助連絡先の氏名、住所、連絡先の入力項目は上記と同じです。

自社ロゴのある相乗り出品者の排除方法

侵害申し立て

あなたは権利者ですか? それとも代理人ですか?

◉ 権利者 ○ 代理人 ―「権利者」を選択

侵害されたとする権利の種類

商標権侵害 - 許諾を与えていない登録商標の使用 ―「商標権侵害ー許諾を与えていない登録商標の使用」を選択

権利侵害の詳細

商品または商品のパッケージに私の商標が使われています。 ―「商品または商品のパッケージに私の商標が使われています」を選択

権利侵害の詳細（選択肢）:
- 商品詳細ページで私の商標が不正に使用されています(商品名、商品画像、商品説明など)
- 商品または商品のパッケージに私の商標が使われています。
- 商品は偽物

侵害されたとするブランド、マーク、または保護されている要素の名称

商標を入力する

登録商標番号を入力してください。1回の申請で入力できる登録商標番号は1つのみです。登録商標番号は、数字のみで入力してください。

商標の登録番号を入力する

購入した商品また…を確認しましたか？

◉ はい ○ いいえ ― 確認したら「はい」を選択し、テスト購入の注文番号を入力

テスト購入の注文番号

権利侵害の根拠となる詳細 （登録番号・URL等）

相乗り出品者の出品している商品が、自社ロゴが勝手に使用されていることを証明する記載をする。必要なら画像(URL)も添付すること

1000

申告したいASIN（Amazon ID番号)または製品URLを入力してください。 1回のフォーム入力にて同じ侵害内容の製品を50 ASIN(製品)まで報告することができます。もし侵害されたとする権利の種類や根拠が異なる製品の申告を行う場合は、別途フォーム入力をお願いいたします。

ASIN -または- 製品URL

相乗り出品者のASINまたは製品URLを入力する

GO!

Q サイズや色違いの商品は、1種類を販売して様子を見て徐々に増やすか、最初から複数のバリエーションを作って販売するかどちらがいいですか?

A 最初は売れ筋のサイズや色だけ販売。売れ筋はレビューの数などから推測。

最初は1種類だけにするか、それとも複数のバリエーションを作るか悩む方もいると思います。というのも、P143〜の通り、バリエーションを組むのはメリットとデメリット両方発生してしまうためです。メリットとしては、消費者がページ内で好きな種類を選べるので離脱しないことや、検索上位商品と組むことで他の種類も売れやすくなることがあります。一方で、バリエーションを組むと、売れ筋商品でない商品がAmazonの検索画面に表示されてしまうデメリットも存在します。

全種類で均等に売れるようであればバリエーションを組んだ方がいいのですが、偏りがある場合はバリエーションを組むと売上が下がる可能性があります。そのため、色違いなどで、明らかに売れ筋の種類があるようであれば、売れ筋の色から始めるといいでしょう。

例えば商品によっては、既製品のレビューなどを見て、ある程度売れる色の傾向がわかることがあります。既製品が黒、赤、青の3つのサイズを販売していて、明らかに黒が一番売れているような場合は、まずは黒だけ販売することで問題ないでしょう。

色によって売れ行きが全然違う商品もありますので、既製品の動向を確認するようにしてください。

もし、全バリエーションが均等によく売れていて、偏った特徴が見られない場合は複数のバリエーションを組んでもいいと思います。Tシャツのサイズのように、最初から複数のバリエーションを組んだ方がいいこともあります。

つまり、答えとしては、最初は売れ筋の種類から販売を始めて、様子見しながらバリエーションを増やしていくのがいいと思います。

Chapter 6

思わずポチってしまう売れる商品ページの作り方

Chapter5で、商品ページの作成手順についてお話しました。Chapter6では実際に消費者が思わず「欲しい」と思えるような商品画像やタイトル、商品説明(商品紹介コンテンツ)の作り方についてお伝えします。今までの物販にはなかったノウハウですが、ライバルが寄り付かないほどの強力な差別化になり、長期安定的な大きな利益に繋がります。

01

【基礎編】商品タイトルと商品画像を作ってみよう

商品ページ作成で重要なのは、商品タイトルと商品画像です。まずは【基礎編】で商品タイトルと商品画像の作り方の基礎をお伝えします。そして【実践編】(P227〜)では、ある1つの商品を例にして、実際に商品タイトルと商品画像を一緒に考えながら読み進めていってみてください。

検索キーワード、商品検索画面、商品ページで売上（販売数）が決まる

購入者数は、以下の計算式に示すように、検索表示回数(インプレッション)、クリック率(セッション)、購入率(ユニットセッション)で決まります。

購入者数＝

検索表示回数×	**クリック**	**×**	**購入率**
インプレッション数	**セッション率**		**ユニットセッション率**
検索キーワード	**商品検索画面**		**商品ページ**

例えば10000回商品検索画面が閲覧されて、30％がクリックして商品ページに移り、その中の10％が購入してくれれば、10000回×30％×10％＝300個売れることになります。

OEM商品の売上は、この3つの数値をいかに高くするかが重要になります。

【検索表示回数（インプレッション数）】

検索表示回数を多くするには、検索キーワードがとても大切になります。ただ、単に適当にキーワードをあてはめて検索表示回数を多くすればいい

というわけではありません。

極端に言えば、例えば作業机の商品検索画面でリクライニングチェアが出てきても誰も買わないので、クリック率が激減します。

作業机であれば、「机 PCデスク」など適切な検索キーワードで検索上位表示を目指さないといけません。

詳しいことはChapter7のSEO対策で詳しくお伝えします。

【クリック率（セッション率）】

商品検索画面

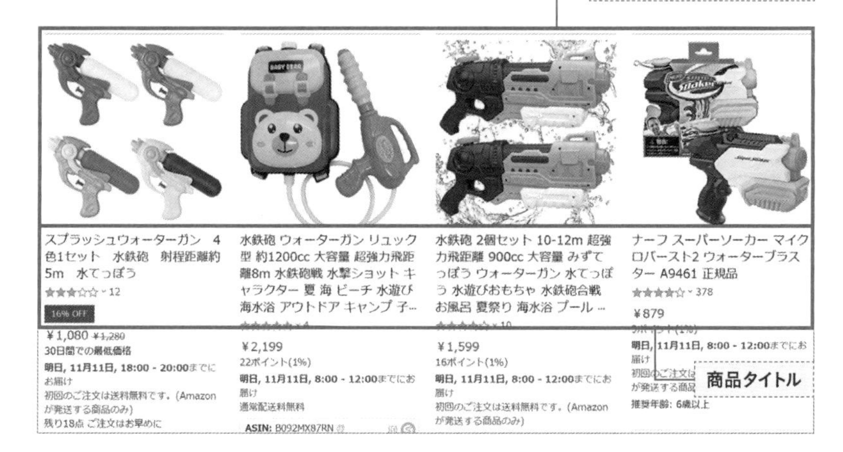

商品検索画面では、クリックして商品ページに移る前に、以下の情報を確認することができます。

- **商品画像(白抜きの1枚目)**
- **商品タイトル**
- **レビュー数**
- **販売価格**
- **お届け日**

消費者はこれらの情報を確認しながら、興味のある商品ページに飛んで詳細情報を確認します。皆さんがAmazonで商品を探すときも、商品ページを上位から一つひとつ確認するようなことはせず、商品検索画面である程度見当を付けないでしょうか？

ここで、商品画像は1枚目の白抜きの画像と決められていますが、規制の厳しい1枚目の画像で消費者に的確に訴求するのは困難です。レビュー数も、出品者がコントロールできるものではありません。

商品検索画面で出品者の力量で、クリック率をコントロールできるのは商品タイトルです。

商品タイトルは検索キーワードを意識しつつ、消費者のニーズを的確に捉えた言葉を散りばめることでクリック率を上げることが可能です。

【購入率（ユニットセッション率）】

商品検索画面

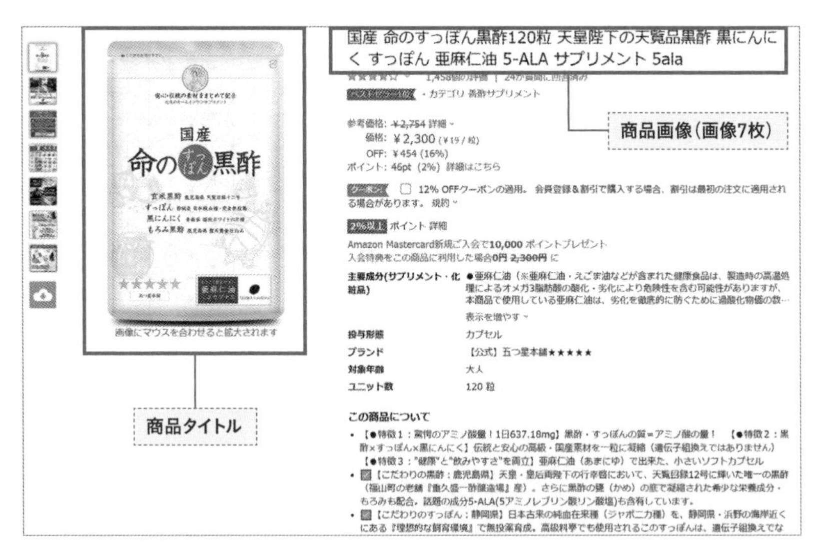

消費者が商品ページに移ると、最初に目に映るのは、言うまでもなく商品画像で、次に商品タイトルです。また、出品者の力量で購入率を大きく左右

するのも、商品画像と商品タイトルです。販売価格やクーポン表示、Amazonプライムなども重要ですが、出品者がコントロールできるところではありません。

最低限必要な画像は、白抜きのトップ画像を含めた7枚の画像です。Chapter5 P129～でお伝えしている通り、文字や背景を挿入できるのは2～7枚目の画像(サブ画像)のみです。そのため、2～7枚目の画像でいかに訴求力を上げるかが重要になります。

また、商品ページでは、商品紹介コンテンツ(A+)を使って、画像を使いながら詳細な商品説明を記載することが可能です。これにより、商品画像やタイトルでは説明しきれなかった部分を補うことができます。商品紹介コンテンツでも、購入率を増加させることが可能なので、詳しいことはP254～でお伝えします。

OEM商品の売れるヒントはレビューにある

では、どうやったら、消費者が「欲しい」と思ってもらえる商品タイトルや商品画像を考えることができるのか？

これはChapter2 P045～でお伝えしていることと一緒で、既製品のレビューにヒントがあります。

商品開発の段階では、レビューから商品のいい点だけでなく、悪い点も抽出し、どのように改良したら良くなるかをリサーチします。

商品ページを作る段階になると、今度は商品の魅力を伝えるという観点で、レビューを参考にすることになります。そのため、悪いレビューをもとに商品を改良した点や、高評価のレビューを参考にします。

つまり、商品開発と商品ページ作成の段階では、レビューを見る観点が少し違ってきます。

OEM商品の開発	商品ページの作成
商品の悪い点をどう改良して良い商品に作り替えていくか？	商品の良い点を、どのように商品タイトルや商品画像に反映するか？
レビュー全般を確認	☆4～5の高評価レビューを中心に確認

なお、レビューについては、「サクラレビュー」がないか気になる方もいるかと思います。こちらについては、経験を積んでいくと徐々にわかるようになるので、さほど大きく気にするところではないだろうと思います。

どうしても気になる場合は、「〇人のお客様がこれが役に立ったと考えています」の人数が多い人や、Vineメンバー(P191～)のレビューを優先的に選ぶといいでしょう。

「ターゲット消費者深堀りシート」を活用する

具体的にどのように商品タイトルや画像を考えていくかは、P046でお伝えした「ターゲット消費者深堀りシート」が役立ちます。

商品検索画面

「誰に」		どんな人が商品を使うのか？
「何を」		
いつ(T)		いつ、どこで、どう使うのか？
どこで(P)		
どうやって(O)		
期待		何を期待して、もしくはどんな不安を解決して商品を選ぶか？
不安		

参考にできるレビューに書いている内容を、ターゲット消費者深掘りシートにあてはめてまとめていくと、次のことが明確になってきます。

❶どんな人が商品を使うのか？
❷いつ、どこで、どのように使うのか？
❸何を期待して、もしくはどんな不安を解決して商品を選ぶか？

次の電動自転車のターゲット消費者深掘りシートを例にして考えてみましょう。

商品検索画面

「誰に」	小さい子どもがいるお母さん
「何を」	パワフルなアシスト力で坂道も楽に進める電動自転車
いつ(T)	子どもの送り迎えや買い物の時間
どこで(P)	本来自転車を漕ぐのがつらい坂道
どうやって(O)	重い荷物や子どもを乗せて
期待	坂道をスイスイと進める電動自転車がほしい
不安	自転車を坂道で漕ぐと疲れる。足がつる

ターゲット消費者深掘りシートを見ると、お母さんが、小さなお子さんや重い荷物を乗せて坂道で自転車を漕いでいる姿を想像しませんか？

既製品のレビューや改良点を参考にしながら、このように消費者が商品を使う姿を想像できるところまでターゲットを明確にしましょう。

商品タイトルの基本的な考え方

商品タイトルは、基本的には以下の3点で考える必要があります。

❶検索キーワードが含まれていること

❷商品名ガイドラインを守っていること

❸「ターゲット消費者深堀りシート」から連想される言葉が入っていること

❶検索キーワードが含まれていること

検索キーワードについては、Chapter7で詳しくお伝えしますが、基本的にはセラースプライトなどである程度キーワードを定めます。月間検索数が10,000件を超えるキーワードは1つ以上入れておくといいでしょう。

ただし、あまり多くのキーワードを詰め込んでも、広告費が余計にかかる可能性があるので、狙いを定めることをおすすめします。

例えば、上の電動自転車であれば、「電動自転車」「電動アシスト自転車」「電動バイク」などのキーワードが良さそうです。

また、検索キーワードについては、商品仕様、キーワードタグでも設定できますので、総合的に考えるようにします。

電動自転車のキーワード

SellerSprite　売上詳細　キーワード逆引きリサーチ　キーワードマイニング　キーワード順位チェッカー　電動アシスト自転車

#	注目キーワード	季節性	月間検索数	[illegible]	月間販売数	転換率	クリック集中度	商品数	市場分析	PPC価格	操作
1	電動アシスト自転車		51,296		30	0.96%	18.4%	1,920	¥24,218 134(3.7)	¥36 ¥27 - ¥72	
2	アシスト自転車		9,218		54	0.59%	21.6%	3,019	¥34,350 100(4.0)	¥36 ¥26 - ¥70	
3	電動バイク		28,787		181	0.63%	51.2%	88,019	¥7,839 844(4.0)	¥33 ¥27 - ¥43	
4	電動自転車		226,792		136	0.06%	14.9%	24,162	¥7,130 845(4.0)	¥32 ¥26 - ¥45	
5	電動自転車 26インチ		14,706		63	0.43%	31.1%	2,802	¥42,331 84(3.7)	¥26 ¥25 - ¥36	
6	電動自転車 パナソニック		30,746		52	0.17%	30.2%	82	¥54,901 77(4.5)	¥27 ¥24 - ¥36	
7	フル電動自転車		8,242		2	0.03%	46.1%	865	¥17,381 432(3.9)	¥32 ¥26 - ¥48	
8	電動自転車 折りたたみ		6,514		26	0.41%	25.8%	3,476	¥21,079	¥34	

❷商品名ガイドラインを守っていること

商品名のガイドラインを遵守したタイトルを付けないと、検索対象外とされる可能性があります。

ガイドラインの範囲内で検索キーワードや訴求力を意識しなければいけません。

具体的には商品名のガイドライン(P118〜)の他、カテゴリーごとのルールをまとめた商品登録規約も確認します。

電動自転車はスポーツ＆アウトドア(ゴルフ用品を除く)の商品登録規約を確認します。

スポーツ&アウトドア（ゴルフ用品を除く）の商品登録規約

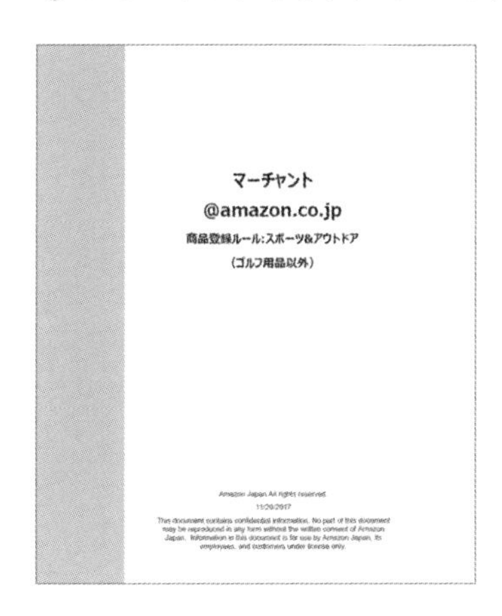
マーチャント
@amazon.co.jp
商品登録ルール：スポーツ&アウトドア
（ゴルフ用品以外）

Amazon Japan All rights reserved.
11/29/2017
This document contains confidential information. No part of this document may be reproduced in any form without the written consent of Amazon Japan. Information in this document is for use by Amazon Japan, its employees, and customers under license only.

すると、次のように商品名に対する基本的なルールが記載されており、基本的にはこのルールを守らないといけません。

なお、多くのカテゴリーには、以下のようなテンプレートに近い形でルールがありますが、すべて記載しなければいけないわけではありません。例えば不要な項目は省略し、ガイドラインに抵触しなければ他の検索キーワードや訴求できそうな言葉を入れても問題ありません。例えば、スポーツ＆アウトドア用品であれば、メーカー(もしくはブランド名)と商品の一般名称以外は任意となります。

スポーツ＆アウトドアの商品名の記載ルール

3 商品名

メーカー名を先頭にして、以下形式で情報を半角スペースでつなぐように入力してください。

[メーカー/ブランド] [サブブランド、シリーズ名] [商品タイプ] [商品名] [対象] [利き手] [海外仕様] [年式] [数量] [型番]
[カラー] [サイズ] [その他の情報]

項目名	内容説明	フォーマット	例	バリエーション	必須
メーカー/ブランド	ダンロップ、ブリヂストンなどのメーカー/ブランド名を指定してください	英語メーカー名(日本語メーカー名) 英語または日本語のみの場合は、片方で可	DUNLOP(ダンロップ)		必須
サブブランド/シリーズ名	ゼクシオなどのサブブランド/シリーズ名を指定してください	英語ブランド名(日本語ブランド名) 英語または日本語のみの場合は、片方で可	XXIO 8(ゼクシオ エイト)、ビビ・DX、スレンダートーン、		
商品タイプ	「ゴルフボール」など商品の一般の名称	なし	ゴルフボール、ヨガマット、クロスバイク、ワンタッチテント、ラケット		必須
商品名	商品タイプ以外の商品の名称	なし	トマホークティーロング、イーグルツーリングドームⅡ、エクササイズウィル		
対象	メンズの場合は省略可。レディース、ジュニアの場合は必須。	レディース、ジュニア、のいずれか。 ジュニアの場合は、身長、対象年齢など補足の説明をスペックに記載	レディース、ジュニア		
利き手	グローブは必須。それ以外は、左利きの場合のみ必須。	右利き用、左利き用、両手用 グローブは利き手と着用が逆で紛らわしいので、スペックに左手着用、右手着用と記載	右利き用、左利き用、両手用		
海外仕様	日本以外の場合 日本モデルの場合は省略	XX 仕様	US 仕様		
年式	商品名、型番で判断できる場合は省略。必要な場合は記載	20XX 年モデル	2014 年モデル		
数量	複数個が含まれる商品について記載	X 個入り、X ダース X 個セット、X 枚セット	6 個入り、1 ダース 5 個セット、5 枚セット		
型番	商品のメーカー型番		AM-130-BK、BL201441、GWP-BW		
その他の情報	付属のアクセサリー、人数、使用温度、など		メッシュバック入り		
カラー	複数ある場合は、バリエーションに設定	色にメーカーの型番がある場合は、色(型番)と記載 2 種類の色の場合は、色 1/色 2 と記載	赤 黄 ホワイト(PZWX) ブラック/レッド	Y	
サイズ	複数ある場合は、バリエーションに設定	xxcm、xx インチ S, M, L など 数字は半角	20cm 34 インチ L(24-26cm)	Y	
その他の情報	付属のアクセサリーなど		メッシュバック入り		

また、カテゴリーによっては、商品名の記載例も載っていますので、こちらも参考にします。

自転車の商品記載例

自転車	Panasonic(パナソニック)ビビ・TX 電動アシスト自転車 26 インチ BE-ENTX632 専用充電器付 CAT EYE(キャットアイ) サイクルコンピュータ ストラーダ スリム CC-RD310W ブラック Panaracer(パナレーサー) クローザープラス W/O 700X23 F723-CLSP-B オールブラック

また、カテゴリーによって独自のNGワードもあるので注意します。

スポーツ&アウトドアのNGワード

NG ワード例:

分類	NG ワード例
記号	!
	!
	?
	<
	>
	■
	▲
	△
	◆
	◇
	©
	®
	☆
	★
	♪
	™
出品者様固有サービスの表記	あすつく
	あすラク
	あす楽
	メール便
	楽ギフ
	楽天
	送料 0 円
	送料0円
	送料込
	送料無料
	即納
	配送無料
	発送無料
	年保証付
	品質保証
	無料配送
	無料発送

分類	NG ワード例
商品価格に関連する表記	%OFF
	%OFF
	%オフ
	%オフ
	BARGEN
	BARGEN
	バーゲン
	お得な
	お買い得
	クリアランス
	割引
	激安
	最安値
	特価
	特売
	特別価格
	年末商戦
	破格
	半額以下

分類	NG ワード例		
商品名以外の商品の補足説明	No.1	最新	定番
	ナンバー1	最適	当社
	ナンバー1	殺鼠	特許出願
	ナンバーワン	殺虫	特許申請
	アレルギー	残りわずか	日に入荷
	オススメ	残り僅か	日本一
	おすすめ	使用後	認め
	おトクな	使用前	売れてます
	お勧め	秋冬物	売れ筋
	お洒落な	春夏物	比類
	ピッタリ	心配	副作用
	ぴったり	新作	豊富な
	ヒット商品	新入荷	本物
	永久	人気の	枚限
	王道	人気商品	枚限り
	完全	人気沸騰中	枚限定
	官庁	推せん	優位性
	緩和	推薦	予防
	希 少	粋夏	流行の
	希少	世界 初	
	急避	世界一	
	業界初	世界初	
	軽減	先着順	
	芸能人愛用	全色	
	決定版	早い者勝ち	
	権威	他の追随を許さない	
	効果	他社	
	効果絶大	体験談	
	厚生労働省	大人気	
	今なら	大定番	
	再入荷	注文殺到	
	最高	超人気	
	最上級	鎮める	

なお、プロモーション的な表現や主観的な表現、他商品よりも優れているような表現(世界一、最上級など)は、カテゴリー共通でNGなので注意してください。

❸「ターゲット消費者深堀りシート」から連想される言葉が入っていること

「誰に」	小さい子どもがいるお母さん
「何を」	パワフルなアシスト力で坂道も楽に進める電動自転車
いつ(T)	子どもの送り迎えや買い物の時間
どこで(P)	本来自転車を漕ぐのがつらい坂道
どうやって(O)	重い荷物や子どもを乗せて
期待	坂道をスイスイと進める電動自転車がほしい
不安	自転車を坂道で漕ぐと疲れる。足がつる

検索キーワードやガイドラインを守ったうえで、ターゲット消費者深堀りシートをもとに、思いつく用語を列挙していきます。例えば、上記の電動自転車であれば、

(1) 子どもを乗せて漕げる→子ども乗せ、チャイルドシート装着可能、前後かご装着
(2) 坂道を楽々と進める→坂道に強い、坂道で座ったまま

また、商品の一時機能のメリットを最優先し、二次機能の優先順位は低いのですが、他に電動自転車に求められる機能があれば、タイトルに含めてもいいでしょう。これはレビューを参考にするのはもちろん、他の競合商品も参考にしてみてください。

例：軽量、持ち運び、折りたたみ、専用充電器付、大容量バッテリー、公道走行可能、完成車納品

以上の検索キーワード、商品名ガイドライン、ターゲット消費者深掘りシートから考えて、次のような商品名にします。ブランド名は仮にTANAKAMURA、型番はXXXXXXとします。

> **TANAKAMURA 子供乗せ 電動アシスト自転車 坂道で座ったまま 20インチ XXXXXX チャイルドシート 前後かご 専用充電器 100％完成車納品**

2〜7枚目の商品画像（サブ画像）の基本的な考え方

Amazonのトップ画像は白抜き、商品の割合85％以上、文字挿入不可と制約が多いので、残りの6枚でどのような訴求をするかが重要です。

商品画像作成の流れとしては、まずは1枚1枚の画像をどのような意図で、どのような画像に仕上げてほしいかを資料にまとめます。この資料をもとに、必要な素材を撮影、収集し、外注するデザイナーさんに画像を作成してもらいます。ここでは、私が実際に使っている画像コンセプトシートをもとに、どのように記載するかを説明します。画像コンセプトシートについては、以下からダウンロードできます（こちらのシートも本書379〜380ページからまとめて入手可能です）。

●画像コンセプトシート
https://bit.ly/3uhKMt2

画像２枚目

画像イメージ

画像サイズ:

画像の意図

キャッチコピー

撮影カット

それでは、以下に商品画像作成の流れを以下にまとめます。

❹画像選びとキャッチコピーの考え方

商品画像で重要な、画像選びとキャッチコピーの考え方についてお伝えします。P054～でお伝えしたように、文字で訴求力を高めるのは重要ですが、訴求力の高い画像を用意できれば、一瞬で消費者に「欲しい」と感じ取ってもらえます。画像では表現しきれない部分を文字で表現すると捉え、なるべく画像で訴求力を担保するようにしてください。

このことを踏まえ、上記のターゲット深堀りシートをもとに、商品画像のイメージと商品画像に挿入する文言(キャッチコピー)を考えましょう。

「誰に」	小さい子どもがいるお母さん
「何を」	パワフルなアシスト力で坂道も楽に進める電動自転車
いつ(T)	子どもの送り迎えや買い物の時間
どこで(P)	本来自転車を漕ぐのがつらい坂道
どうやって(O)	重い荷物や子どもを乗せて
期待	坂道をスイスイと進める電動自転車がほしい
不安	自転車を坂道で漕ぐと疲れる。足がつる

キャッチコピーで重要なことは、消費者に、「この商品が欲しい」「必要だ」と思ってもらえるような言葉を考えることです。つまり、消費者が価値を感じる状況を言葉で作り出すのがキャッチコピーです。

キャッチコピーを考えやすくするために、ターゲット消費者深掘りシートをもとに、次の要素に分解して考えます。

	意味	電動自転車の場合
ターゲット	主な消費者(ペルソナ像)	重い荷物と子どもを乗せて自転車を漕ぐお母さん
ターゲットインサイト	ターゲットが秘めている本音、欲求、不安などの心情	自転車を漕ぐのが疲れる。特に坂道が最悪。足がつる。
商品の強み	競合商品に比べてアピールできるところ	パワフルなアシスト力
キャッチフレーズ	「自分に関係ある」「必要」と一瞬で感じてもらえる文字や画像	不安:ふくらはぎがつった……
タグライン	キャッチフレーズで表現したことを裏付ける文字や画像。	期待:座ったままで、すい〜

いかがでしたか？　なんとなくイメージが湧いてきたのではないでしょうか？

なお、このキャッチコピーの考え方については、『ここらで広告コピーの本当の話をします』（小霜和也著、宣伝会議出版）という本が参考になります。興味のある方は読んでみてください。

❷イメージとなる画像を作成してみる

上記をもとに、イメージとなる画像を作成してみましょう。デザイナーさんに外注する際に意図が伝わるように、簡単に作成することで構いません。

この電動自転車のイメージとなる商品画像を作ると、以下のようになります。

電動自転車のイメージ商品画像作成例

まず、写真で、ターゲットとなるお母さんが小さい子どもと荷物を乗せて坂道をラクラクと進んでいるのがイメージできますね。

つまり、写真だけでターゲット像や商品価値が既に表現できています。仮に文字がなくても、この写真だけでも何となく状況は伝わります。

そして、「座ったままで、すいー♪」の文言で、消費者の期待感を言語化しています。**このキャッチフレーズとなる文言は、一瞬で消費者に感じ取ってもらいたいので、大きめのフォントで書きましょう。**さらに「お子様を乗せても坂道ラクチン」と表現することで、「座ったままで、すいー」の理由を裏付け、商品価値を具体的に表現しています。

❸画像コンセプトシートにまとめる

この画像の良し悪しは別として、商品画像作成のプロセスはおわかりいただけたのではないでしょうか？

最後に、デザイナーさんに外注できるように、画像コンセプトシートにまとめていきます。フォントの色やカラーなど、以下のように具体的なイメージを伝えるようにしてください。

- **主婦層に親しみのあるフォントやカラーを使ってください**
- **商品カラーに合わせてオレンジベースのカラーを使ってください**
- **この文字を一番目立たせてください**

以下のように商品コンセプトシートにまとめて外注すれば、デザイナーさんは作業がしやすいでしょう。

 電動自転車の商品コンセプトシート例

画像１枚目

画像サイズ:

画像イメージ

画像の意図

電動自転車を使うと楽に坂道が上れることが伝わる写真。

ターゲット：重い荷物と子供を乗せて走るお母さん

＊ターゲットの主婦層になじみのある、親しみやすいフォントを使用してください。

＊カラーは商品のイメージカラーとおなじオレンジをベースにまとめてください。

キャッチコピー

キャッチコピー：すわったままで、すいー♪

タグライン：
お子さま載せても坂道ラクチン！
電動アシスト自転車　ラクー
＊商品名の「電動アシスト自転車ラクー」が「お子さま載せても坂道ラクチン！よりも目立つようにしてください。

実際は、コンセプトシートをトップ画像含めて7枚分作成し、素材集めや写真撮影、デザイン外注の参考資料にします。今回作成したのは2枚目の画像です。3〜7枚目はもちろん別の画像を用意するわけですが、基本的には次のように商品画像を作成するのが王道です。具体的には次項の実践編で詳しくお伝えしていますが、何となく次のようなイメージは持っておいてください。

スポーツ&アウトドアの商品名の記載ルール

1枚目	白抜きの商品画像(商品の割合85%以上)
2〜3枚目	消費者の期待に応え、「お!」と思わせるような画像
4〜5枚目	2〜3枚目を裏付ける商品機能を簡潔に説明した画像
6〜7枚目	商品への不安を解消する画像(壊れる、ケガする、取り扱いが難しい等)

ただ、これは必ずしも消費者の期待に応える画像を2枚用意しなければいけないわけではありません。2枚目に消費者の期待に応えるような画像を作り、3〜5枚目で商品機能を説明しても構いません。**だいたいの型として、「期待に応える→商品機能→不安解消」という順番を知っておいてもらえれば十分です。**

なお、伝えたいことが多くて、画像1枚で複数の訴求を入れてしまっている商品ページを多く見ますが、これは良くない例です。画像1枚で写真を2つ作って組み合わせたり、2つの訴求(「痩せたい」と「美肌になりたい」など)を表現してしまったりする場合です。

基本的には1枚につき1訴求です。1枚であまり多くの訴求を伝えてしまうと、消費者にとっては何を言いたいのかが伝わりづらくなります。また、あまり多くの訴求を詰め込み、キャッチコピーや画像を複数入れてしまうと、ごちゃごちゃして、特にスマホでは読みづらくなります。

以上を踏まえて、次項の実践編をご覧ください。

02

【実践編】商品タイトルと商品画像を作ってみよう

【ワーク】この商品のタイトルと商品画像を考えよう

商品タイトルと画像の作成プロセスについては、何となくイメージがついたかと思います。では、実際に以下の水鉄砲の商品タイトルと商品画像を考えてみましょう。

可能であれば、ターゲット消費者深掘りシートと、商品コンセプトシートを用意して、自分でも考えながら読み進めてください。

この水鉄砲の商品タイトル、消費ページを考えよう

この水鉄砲の参考となるレビューは次の通りでした(実際はご自身で参考になりそうな高評価レビューを探します)。

★★★★☆ 4歳児にはちょうどいいサイズ

水鉄砲が大好きな4歳児にあげました。
ポンプ式のものは大きすぎるものが多くて、このサイズはありがたいです。
4歳児でも、十分に強い水流で発射できます。
水を入れるときの量の操作(ねじって、切り欠きが合うところを探る)が幼児には難しいです。
自分でやろうとしてうまくいかず、しぶしぶパパにやってもらうことになります。
水はすぐになくなるので、そこはストレスです。

★★★★☆ 買って良かったです

小学校4年生の子どもにプレゼントしました。
デザインを気に入ってくれました。
勢いよく水が出るのを気に入ったようです。
水を満タンに入れると重いですが、それでも満タンにして使っています。

★★★★★ オススメ

注文後すぐ届いた。
これからの季節重宝しそうです。

★★★★★ 頑丈

遠くまで水が飛ぶため子どもが喜びます。
限界まで水を入れると4歳の子どもには重いようです。

★★★★☆ 小さい子でも使いやすい

大容量で、水を入れるところがある程度大きさがあるので入れやすい。
充填して打つタイプは2歳半の子どもは難しくて使えなかったけど、これは引くだけなので使える。
たっぷり入るので重たいくらい。そして結構飛ぶので9歳と2歳半の兄弟で喜んで使っています。
重たいので体にかける紐があればなお良かったと思います。

★★★★★ 楽しそう

子どもたちが楽しそうに遊んでいます。

★★★★☆ 価格帯に見合った入門編水鉄砲

開封してから水鉄砲使うまでが簡単で、幼稚園の子どもでも簡単に使うことができます。使用して3週間くらいですが、まだ問題なく使えています。価格帯に見合った商品だと思います。

★★★★☆ 思っていたより

思っていたよりも大きめで、どっしりとしています。その分、壊れにくいのかと思いました。5歳の娘にはちょっと早かったかな、と。でも、満水にしなければ使えなくはないです。
飛距離はちゃんと10m以上あるので、なかなか撃ちごたえがあるようです。この夏通して使ってみないとわからないので耐久性は4にしました。

★★★★★ 楽しい

今まで安い水鉄砲しか使ってなかったので、初めて大型水鉄砲を購入しました。水がたくさん入って、簡単に操作できるので、子どもから大人まで楽しめました。コツをつかめば、飛距離伸ばせます♪

ターゲット消費者深掘りシートに書き込んでいく

「誰に」		どんな人が商品を使うのか?
「何を」		
いつ(T)		いつ、どこで、どう使うのか?
どこで(P)		
どうやって(O)		
期待		何を期待して、もしくはどんな不安を解決して商品を選ぶか?
不安		

レビューの内容を参考にしながら、ターゲット消費者深掘りシートに書き込んでいきましょう。

❶誰に

まずは、誰にこの商品を売るのか？ というところ、つまり主なターゲット層(ペルソナ像)を明確にしていきましょう。

この観点でレビューを見ると、この水鉄砲は誰が使っているかというのが見えてくるキーワードが出てきます。

- **4歳児**
- **小学4年生の子ども**
- **9歳と2歳半の兄弟**
- **5歳の女の子**
- **子どもから大人まで**

これを見ると、だいたい幼稚園から小学校4年生くらいの子どもが使っていると考えられそうです。

ただ、6歳未満の子どもを対象にすると、食品衛生法上の申請が必要になってしまうことと、4〜5歳の子どもや女児には「満水にすると重い」というレビューもあります。

そのため、主に水鉄砲で遊ぶのは小学校4年生くらいの男の子で、サブでもうちょっと低学年の子どもを想定するといいでしょう。なので、ターゲットとしては「小学校4年生の男の子とその弟がいる父親」というのが妥当なところでしょう。

誰に：小学校4年生の男の子とその弟がいる父親

❷「何を」

ここでは、ターゲット層が、どんなところに魅力を感じ、どんな商品を買ったかというところを考えます。

つまり、ただ単に水鉄砲とするのではなく、どんな水鉄砲を買おうとしているのかということを深掘りしていきましょう。

- **十分に強い水流で発射**
- **デザインを気に入っている**
- **結構飛ぶ**
- **飛距離は10m以上**
- **飛距離を伸ばせる**
- **撃ちごたえがある**
- **開封してから水鉄砲使うまでが簡単**
- **簡単に操作**

レビューを見ると、このような言葉を拾うことができます。購入前に期待していたことを裏切らない商品だった場合、嬉しくて「いかに期待通りだったか」をレビューに書いている人は多いです。そのようなレビューがあれば見逃さないようにしましょう。

上記をまとめると、「簡単に使えて飛距離が出る水鉄砲」をターゲットが求めていると考えることができます。

何を：簡単に使えて飛距離が出る水鉄砲

❸「いつ」「どこで」「どうやって」

ターゲットとなる人が、どのシチュエーションで水鉄砲を使用しているのか、ということを考えます。

これは、レビューをそのまま抜き出すだけでなく、ある程度想像力を働かせる必要もあります。例えば、レビューに書かれていることや水鉄砲という商品の特性から、少なくとも真冬に外で遊ぶなんてことは考えられませんね。

おそらく、「天気が良くてちょっと暑い休日の昼間」というのが妥当ではないでしょうか？ 家族でキャンプに行ったときなんかも使えそうですね。家の中であれば、お風呂や子ども用のプールの中というところでしょう。

ただ、レビューを見てみると、「キャンプで使用」ということは書かれていません。旅行やキャンプなど、非日常空間で使用した場合は「キャンプで」「旅行中に」といった言葉を書く可能性が高いです。そのため、主に日常の休日に子どもが遊んでいると考えられます。

このように、直接レビューには書かれていなくても、レビューをヒントに商品を使うシチュエーションをいくつか考えてみてください。

その他、「しぶしぶパパにやってもらう」「子どもが喜びます」「喜んで使ってくれています」といったレビューがあるので、両親が見ているところで使っていると考えられます。そうすると、お母さんが平日、もしくはお父さんが休日、近所の公園などに連れて行っていると予想されます。「使用して3週間くらいですが」とあるので、買った直後から頻繁に使用していると思われます。日常的な空間で使っていると考えていいでしょう。

以上のことから、今回の水鉄砲を使うシチュエーションは、次の通りになります。

いつ：天気が良くてちょっと暑い、休日の昼間

どこで：公園などに出かけて

どうやって：兄弟で水鉄砲を撃ち合って遊ぶ

❹「期待」「不安」

次に、ターゲット消費者が抱えている期待や不安について考えてみましょう。感情を伴う表現に注意してみていきましょう。

○期待していること

- **子どもが楽しそうに遊んでいる**
- **子どもが喜ぶ**
- **喜んで使っている**
- **なかなか撃ちごたえがある**

「撃ちごたえがあって、子どもが楽しそうに遊ぶ」という期待感に訴求すると良さそうなことがわかります。少なくとも、それなりの威力が求められていることが想像できます。逆に言えば、買う前は「飛距離がなくて拍子抜け」という不安を抱えていたとも言えます。

○不安に思っていること

- **水を満タンにすると重い**
- **簡単に使えてよかった→子どもが簡単に扱えるか？**

子どもが簡単に使えるかという不安を感じている方が多いように感じられますね。あとは、レビューからは読み取れないので優先度は考えないといけませんが、「目に入ってケガしないか？」「すぐ壊れないか？」という不安も、おそらくあるでしょう。

また、「水を満タンにすると重い」という不満のレビューは、「大容量」というメリットにも言い換えられます。

以上から、ターゲット消費者が抱いている期待・不安は次の通りと考えられます。

期待：兄弟で撃ち合って楽しくはしゃぐのが見たい

(→勢いよく、長距離、大容量)

不安：子どもでも扱えるか(給水、重さ、トリガー堅くないか？)

あまり飛ばなくて拍子抜け

目に入ってケガ

すぐに壊れる

以上のことから、ターゲット消費者深掘りシートにまとめると、以下のようになります。いかがでしたか？ 多少想像を働かせることはありますが、レビューを参考にすることで、消費者の訴求が明確になることがわかるかと思います。

「誰に」	小学校4年生の男の子とその弟がいる父親
「何を」	簡単に使えて飛距離が出る水鉄砲
いつ(T)	天気が良くてちょっと暑い、休日の昼間
どこで(P)	公園などに出かけて
どうやって(O)	兄弟で水鉄砲を打ち合って遊ぶ
期待	兄弟で撃ち合って楽しくはしゃぐのが見たい (→勢いよく、長距離、大容量)
不安	子どもでも扱えるか(給水、重さ、トリガー堅くないか?) あまり飛ばなくて拍子抜け 目に入ってケガ すぐに壊れる

ターゲットをどこまで絞るか？

よくある質問として、「ターゲットをどこまで絞ればいいのか？」「絞りすぎると、他の人が買わないのではないか？」というのがあります。

例えば、上記の水鉄砲であれば「一人っ子の父親は買わないのでは？」「女の子のいる家庭は買わないのでは？」と考える人もいるでしょう。

しかし、おそらく一人っ子の父親でも、女の子がいる家庭でも、この場合は水鉄砲を買うのではないかと思われます。

なぜかというと、男の子の兄弟に着目しているわけでなく、消費者は兄弟が楽しそうに遊んでいる姿を見て、「これだったら楽しそう」と感じ取れればいいからです。

つまり、小学校4年生の男の子と弟のいる家庭でなくても、似たようなシチュエーションや感情を想像できれば、商品を買ってもらえるということです。

たしかに、「男の子限定」「小学3〜4年生限定」と、必要以上に消費者を排除してはいけません。しかし、もっと問題なのは「誰に向けた商品なのか全然わからない」状態です。ターゲットが明確になっていないと、消費者は商品を使うシチュエーションを想像できないので、欲しいと思ってもらえないからです。

そのため、「ここまで絞って大丈夫かな」と思うくらい、ターゲットを明確にするのがちょうどいいでしょう。

商品タイトルを考えよう

ターゲット消費者深掘りシートができたので、次は商品タイトルを考えます。商品タイトルの考え方は、次の3つでしたね。

❶検索キーワードが含まれていること

❷商品名のガイドラインを守っていること

❸「ターゲット消費者深掘りシート」から連想される言葉が入っていること

❶検索キーワードが含まれていること

水鉄砲の検索ボリューム

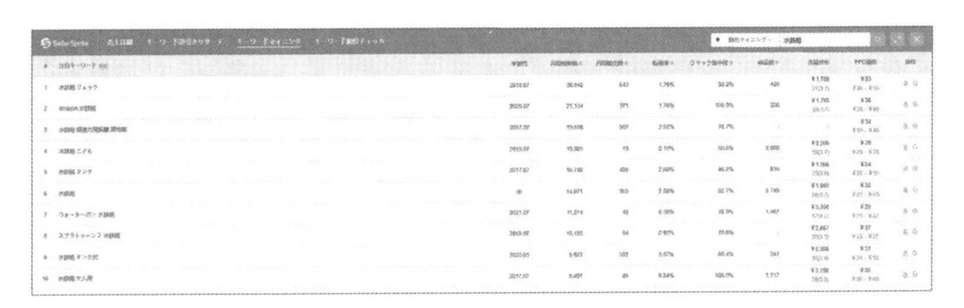

水鉄砲の月間10,000件以上で、商品の内容に合う検索ボリュームを選んでいきましょう。今回は、「小学校4年生の男の子」というターゲットで、「飛距離が出る」という特徴がある水鉄砲です。

これに合うキーワードで月間10,000件以上検索されているキーワードというと、「水鉄砲 超強力飛距離 高性能」「水鉄砲 こども」というキーワードが該当します。

つまり、「水鉄砲」「超強力飛距離」「高性能」「こども」というキーワードのいずれかは入れた方がいいことがわかります。

なお、「こども」に関しては、同じ名称でひらがな・カタカナやアルファベットの大文字・小文字は片方だけ入れればどちらも検索対象になります。そのため、「こども」「子ども」「子供」いずれでもOKです。

❷商品名のガイドラインを守っていること

次にカテゴリー別の商品名のガイドラインを確認しましょう。水鉄砲のカテゴリーである「おもちゃ＆ホビー」の商品登録規約を確認します。

「おもちゃ＆ホビー」カテゴリーの商品タイトルの基本ルール

基本ルール：

[ブランド] [シリーズ/キャラクター] [商品名] [サイズ] [色] [素材] [型番] [BOX] [(食玩)]

※[商品名]を除き、該当する構成要素がない場合は省略可能。

[ブランド]	ブランド名を記載。（商品名と重複の場合は省略可）
[シリーズ/キャラクター]	シリーズ名またはキャラクター名を記載。（商品名と重複の場合は省略可）
[商品名]	商品の正式な名称を記載。
[サイズ]	サイズ違いの商品がある場合や、サイズが商品の特徴を表す場合のみに記載。 ※サイズ違いでバリエーション設定する場合は商品名にサイズは記載不可。
[色]	色違いの商品がある場合のみに記載。
[素材]	素材違いの商品がある場合や、素材が商品の特徴を表す場合のみに記載。
[型番]	メーカー型番を記載。
[BOX]	食玩やトレーディングカードなど、BOX 販売になっている場合に記載。
[(食玩)]	食玩の場合は (食玩)と記載。

これを見ると、商品名を必ず入れておけば、ある程度自由に商品タイトルを考えることができることがわかります。しかし、P118でお伝えしたカテゴリー共通のガイドラインは遵守しましょう。

❸「ターゲット消費者深堀りシート」から連想される言葉が入っていること

「誰に」	小学校4年生の男の子とその弟がいる父親
「何を」	簡単に使えて飛距離が出る水鉄砲
いつ(T)	天気が良くてちょっと暑い、休日の昼間
どこで(P)	公園などに出かけて
どうやって(O)	兄弟で水鉄砲を打ち合って遊ぶ
期待	兄弟で撃ち合って楽しくはしゃぐのが見たい (→勢いよく、長距離、大容量)
不安	子どもでも扱えるか(給水、重さ、トリガー堅くないか?) あまり飛ばなくて拍子抜け 目に入ってケガ すぐに壊れる

上記の検索キーワード、ガイドライン、ターゲット深堀りシートから商品タイトルを考えてみましょう。仮にブランド名は「TANAKAMURA」、商品名は「水鉄砲」とします。さらに検索キーワードから「超強力飛距離」「高性能」「子供」という言葉も入れた方がいいことがわかります。

【解答例❶】

TANAKAMURA 水鉄砲 可視性タンク 超強力飛距離 加圧式 ウォーターガン 男の子 女の子 こども 水遊び 夏祭り 水ピストル 子供用 大人 海水浴 プール 川 遊び お風呂おもちゃ 玩具

この解答例❶は実際によく見られる、キーワードを詰め込みすぎている商品タイトル例です。

いかがでしょうか？ あなたが小学校4年生の男の子と弟を持つお父さんだったら、買ってみたいと思いますか？

ちょっと読みづらく、シチュエーションも「夏祭り」「海水浴」「プール」「お風呂」とバラバラです。「男の子」「女の子」「子供用」「大人」と属性が単に羅列されているだけでターゲットが把握できません。

しかもやたらと漢字が多く、タイトルが目に入ってきません(中国製品によく見られる傾向です)。

キーワードをたくさん詰め込むのも一長一短あり、これでは広告費も多くかかってしまう可能性もあります(いずれ最適化されますが)。

【解答例❷】
TANAKAMURA 水鉄砲 軽い 高性能 簡単操作で子供から大人まで 超強力飛距離 10m以上 説明書つき

これは、前回私がセミナーでワークをした際の、コンサル生の解答例です。

小さい子どもには重いというレビューがあったので、「軽い」は期待を裏切る可能性がありますが(軽量に改良するならOKです)、基本的には売れそうなタイトルかと思います。シンプルですが、少なくともターゲット消費者深堀りシートをもとに伝えたいことは伝わっているのではないでしょうか？

私が良いと思ったのは、言葉を詰め込みすぎず、適度な長さで必要な検索キーワードも入っており、内容が把握できることです。

解答例❶のようなキーワード詰め込みすぎの商品は多いので、商品検索画面で横並びになったときに、上記のコンサル生が作ったタイトルは、比較的クリックされやすいかと思います。

【解答例❸】
TANAKAMURA 水鉄砲 飛距離バツグン 簡単操作 大型タンク ウォーターガン メーカー保証あり

これも言葉を詰め込みすぎず、適度な長さで内容が把握できることがいいですね。ターゲット深堀りシートのターゲット層と、大きな違いもありません。ただ、「超強力飛距離」「高性能」「子供」という検索キーワードが入るように微修正するか、入れられない場合は商品詳細かキーワードに忘れず記載しましょう。

【解答例❹】
TANAKAMURA ハイパワー水鉄砲 子供でも 超強力飛距離 給水も簡単な 大容量タンク

これは、私が考えた商品タイトルです。コンサル生が考えた商品タイトルも素晴らしかったので、あまり大きな違いはないですが……。

同じように、言葉を詰め込みすぎず、適度な長さで内容が把握でき、適度に検索キーワードが含むようにしています。

重要なことは、ターゲット消費者深堀りシートで得られたターゲットの属性や訴求ポイントに沿うようにタイトルを付けることです。

タイトルで書けることは少ないので、ターゲットとする消費者が、いずれかの言葉で「欲しい」と思えるようにタイトルを付けるようにしましょう。

素材を集め、商品画像を作ってみよう

「誰に」	小学校4年生の男の子とその弟がいる父親
「何を」	簡単に使えて飛距離が出る水鉄砲
いつ(T)	天気が良くてちょっと暑い、休日の昼間
どこで(P)	公園などに出かけて
どうやって(O)	兄弟で水鉄砲を打ち合って遊ぶ
期待	兄弟で撃ち合って楽しくはしゃぐのが見たい (→勢いよく、長距離、大容量)
不安	子どもでも扱えるか(給水、重さ、トリガー堅くないか?) あまり飛ばなくて拍子抜け 目に入ってケガ すぐに壊れる

次に商品画像を実際に作ってみましょう。まずは、ターゲット消費者深掘りシートをもとに、次の要素に分解してみましょう。キャッチフレーズとタグラインについては、この水鉄砲の強みも生かせるように、ターゲットの期待感を表現できればOKです。

	意味	水鉄砲の場合
ターゲット	主な消費者(ペルソナ像)	小学校4年生の男の子と弟がいるお父さん。
ターゲットインサイト	ターゲットが秘めている本音、欲求、不安などの心情	勢いよく噴射する水鉄砲で楽しくはしゃぐのが見たい。でも取り扱いは簡単で丈夫、ケガしないこと
商品の強み	競合商品に比べてアピールできるところ	大容量で飛距離が出るパワフルな水鉄砲
キャッチフレーズ	「自分に関係ある」「必要」と一瞬で感じてもらえる文字や画像	不安:取り扱いが面倒→蓋は開けやすい、素早く給水可能 期待❶:兄弟で楽しく遊べる! ハイパワー長距離 水鉄砲 期待❷:ハイパワーショットで気分はスナイパー
タグライン	キャッチフレーズで表現したことを裏付ける文字や画像。	加圧ポンプで飛距離もアップ 遠くからも撃ち合えて楽しさ倍増!

ここまでできたら、次は商品画像を考えます。白抜きの1枚目を含めて2〜7枚目の画像を考えますが、一番重要なのは言うまでもなく2〜3枚目の画像です。

最初に2〜3枚目の画像で、ターゲット消費者の期待に応え、「お！」と思えるような画像を作るようにしましょう。商品機能をPRするような画像もあった方がいいですが、どちらかというと、消費者が理想通りの商品を使っている感じが伝わる画像を優先させてください。わかりやすく言うとエモい画像ですね。

例えば、今回の水鉄砲の素材であれば、次のような公園やプールで兄弟が楽しく遊んでいるような素材です。1画像1訴求なので、次の写真を使う場合は別々に使いましょう。

2〜3枚目の商品画像のイメージ

2〜3枚目の画像で「お！」と思わせることができたら、4〜5枚目の画像では、ターゲット消費者の期待を裏付けるような画像を作成します。つまり、ここで商品機能をPRする画像を作るようにします。

例えば次のように、パワフル、長距離、大容量が伝わるような画像が適切でしょう。

4〜5枚目の商品画像のイメージ

4〜5枚目で商品の魅力を十分伝えたら、6〜7枚目では、消費者が思っている不安をなくすような商品画像を作っていきます。例えばこの水鉄砲であれば、「小さい子どもでも取り扱いが簡単であること」というのがありましたね。そのため、次のような画像を作成していくといいでしょう。

6〜7枚目の商品画像のイメージ

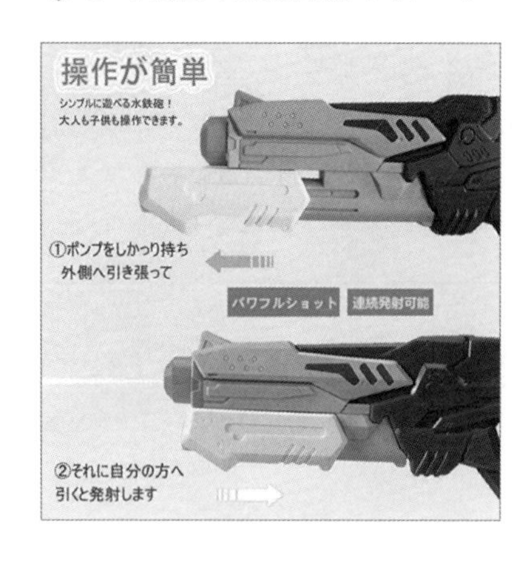

いかがでしたか？ これでどんな商品画像を揃えればいいか理解できたかと思います。商品画像やキャッチコピーに迷ったら、ライバル商品も参考にすると明確にイメージが湧きますし、より差別化しやすくなります。

画像コンセプトシートにまとめる

ここまでできたら、商品コンセプトシートにまとめて、写真撮影やデザインを外注しましょう。画像コンセプトシートにまとめるポイントは次の通りです。

- **1画像1訴求であること**
- **フォントのサイズはスマホでも見やすいようなサイズにすること**
- **文字がなくても画像で消費者の期待に応えたり、不安を解消したりできればベスト**
- **商品1枚目の画像は白抜きで85%以上が商品の写真であること**
- **商品2枚目以降の画像は、消費者の期待に応える画像→期待を裏付ける商品機能の説明→消費者の不安解消という順番**

コンセプトシートをもとにカメラマンやデザイナーに外注するので、作成意図が伝わるようにまとめましょう。実際に画像コンセプトシートにまとめてみた例が次の通りです。

【1枚目の画像】トップ画像は白抜き、商品画像が85%以上

画像1枚目

画像イメージ

画像サイズ:

画像の意図

白抜きで作成する(周囲の水しぶきは規約違反の恐れがあるのでなくしてください)

キャッチコピー

撮影カット

白抜き
携帯でも画像が大きく見えるように
全体の85%以上、商品が映るように

【2枚目の画像】消費者の期待を膨らませる画像❶

画像2枚目

画像イメージ

画像サイズ:

画像の意図

この水鉄砲で、兄弟が楽しく遊べることを伝える

キャッチコピー

兄弟で楽しく遊べる！
ハイパワー長距離 水鉄砲

撮影カット

左記のような、プールや海で兄弟が遊んでいるカット3枚

【3枚目の画像】消費者の期待を膨らませる画像❷

画像3枚目

画像サイズ:

画像イメージ

画像の意図

パワフルで飛距離が出る水鉄砲で、兄弟が楽しく遊べることを伝える

キャッチコピー

①ハイパワーショットで気分はスナイパー
②加圧ポンプで飛距離もアップ
　遠くからも撃ち合えて楽しさ倍増！

①の方が②よりもフォント大きめにしてください。

撮影カット

左記のような、プールや海で兄弟が遊んでいて、スナイパー気分のカット3枚

【4枚目の画像】消費者の期待を裏付ける商品機能❶

画像4枚目

画像サイズ:

画像イメージ

画像の意図

水鉄砲の銃口から勢いよく水が出て迫力感があるような画像。

キャッチコピー

①大迫力パワフルショット
②加圧ポンプ搭載、シングル水流で強力なショットが撃てます！ポンプをすばやく後方に動かしてすぐ水が出る！！
③連射可能
④驚愕の威力
⑤簡単操作！

撮影カット

左記のような、銃口を拡大して水を噴射させている写真3カット

【5枚目の画像】消費者の期待を裏付ける商品機能❷

画像5枚目

画像サイズ:

画像イメージ

画像の意図

大容量で頻繁に水を補給しなくて良く、1回の給水で長く遊べることを訴求

キャッチコピー

①ハイパワーなのに1回の給水で長く遊べる！
②1200ML=600ML×2本(もしくは600MLペットボトル2本分)
③大容量

フォントの大きさは③>②>①

撮影カット

左記のように水鉄砲の給水量とペットボトルの容量を比較できる画像3カット

【6枚目の画像】消費者の不安を解消する画像❶

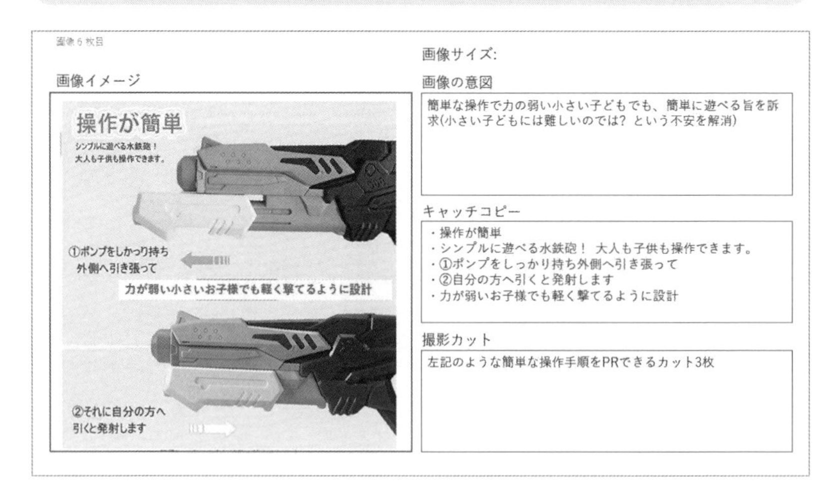

画像6枚目

画像サイズ:

画像イメージ

画像の意図

簡単な操作で力の弱い小さい子どもでも、簡単に遊べる旨を訴求(小さい子どもには難しいのでは？という不安を解消)

キャッチコピー

・操作が簡単
・シンプルに遊べる水鉄砲！ 大人も子供も操作できます。
・①ポンプをしっかり持ち外側へ引き張って
・②自分の方へ引くと発射します
・力が弱いお子様でも軽く撃てるように設計

撮影カット

左記のような簡単な操作手順をPRできるカット3枚

【7枚目の画像】消費者の不安を解消する画像❷

画像7枚目

画像イメージ

画像サイズ:

画像の意図

給水が簡単で、公園の蛇口などで素早く給水できる旨を訴求
(万が一水がなくなった場合の不安を解消)

キャッチコピー

大きな給水口で水入れもラクラク
口を大きく、キャップを開きやすく設計
お子様でも1人で簡単に給水可能

撮影カット

公園などにありそうな蛇口から勢いよく給水しているカット3枚

基礎編で電動自転車、実践編で水鉄砲をお題にして商品画像の作り方をお伝えしましたが、いかがでしたでしょうか？

商品の魅力を消費者に伝えるような作業は、単純転売やメーカー直取引では機会がないので、少々戸惑ったかもしれません。

OEMといえば物販の憧れのようになっていますが、このような一連のクリエイティブな作業を敬遠している方が多いのも事実です。

ただ、これがOEMの面白さです。もちろん、魅力的な商品ページを作成することで、ライバル商品との大きな差別化を図り、安定した高い利益が可能です。それ以上に、自社で商品を改良して、魅力を消費者に伝えて、買って喜んでもらえる楽しさを見出せる方は、OEMは最高のビジネスになります。

実際にここまで読み進め、自分で商品ページを考えてみてワクワクしてきた方は、ぜひOEMに取り組んでみてください。

03

商品画像はスマホユーザーをどこまで意識するか？

スマホユーザーを意識して商品画像は縦長に作るべき？ それとも通常サイズ？

これまでOEMのセミナーなどで、商品画像作成についてお伝えすると、「スマホで大きく見えるように縦長に画像を作る必要はないか？」という質問がよく出てきます。

ここまで読み進めていただいて同じ疑問を持たれた方もいるかもしれません。たしかにAmazonはスマホで買い物をする人の方が多いので、スマホユーザーを意識した方がいいように思います。

ここまでお伝えした商品画像の作り方は、横1,000px×縦1,200pxのサイズです。商品コンセプトシートも、横1,000px×縦1,200pxをデフォルトにしています。正方形より若干縦長くらいで、どちらかというとスマホを意識して縦長にしているとは言えません。

一方で、「スマホで大きく見せるように、商品画像は横1,000px×縦1,500～1,600pxくらいで縦長に作った方がいい」という意見もあります。

明確なデータがあるわけではないですが、**私はスマホユーザーを意識するにしても、だいたい横1,000px×縦1,200pxくらいのサイズで問題ないと考えています。**

スマホでPC仕様のサイズで作られた商品画像と、スマホを意識して縦長に作られた商品画像を見比べてみましょう。

左のワイヤレスイヤホンがPC仕様サイズで商品画像を作っており、右のワイヤレスイヤホンがスマホを意識して縦長に商品画像を作っています。

PC仕様の通常サイズの商品画像 （画像タップ前）	スマホ仕様の縦長サイズの商品画像 （画像タップ前）
ブランド: JOYMOD ★★★★☆ 972 【2021年高級デザイン】Bluetooth イヤホン ワイヤレスイヤホン ブルートゥースイヤホン Hi-Fi 高音質 最新 Bluetooth5.0+EDR搭載 3Dステレオサウンド AACコーデック搭載 ノイズキャンセリング機能 自動ペアリング LED残量表示 装着感が快適 左右分離型 音量調整可能 IPX7防水 PSE/技適認証済 ブルートゥース 会議/テレワーク/通勤通学/ランニング/運転(3500mAh充電ケース付き イヤフォン本体5時間再生/合計200時間再生)	 イヤレスヘッドホン ノイズキャンセ... ￥37,400 ✓prime スポンサー付き ブランド: Sak ★★★★☆ 317 【2021年版 Bluetooth5.2】 Bluetooth イヤホン ワイヤレスイヤホン Hi-Fi 自動ペアリング 瞬時接続 ぶるーとーすイヤホン IPX7防水 快適な装着感 ブルートゥース イヤホン 片耳/両耳 左右分離型 音量調整 ハンズフリー通話 マイク内蔵 Siri対応
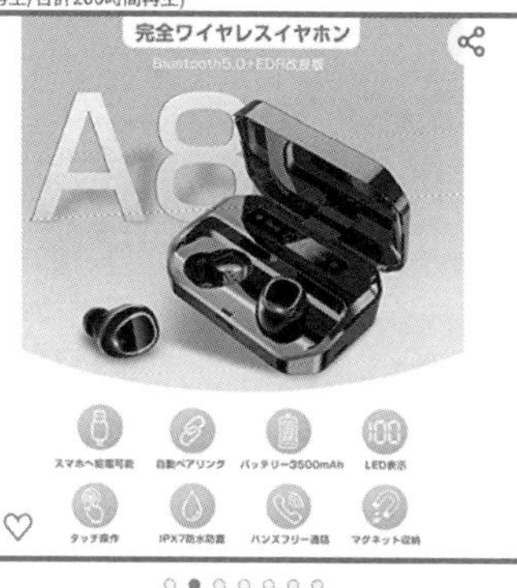	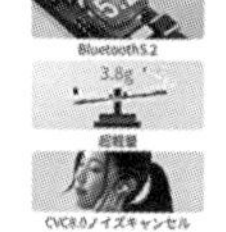 
参考価格: ~~￥6,890~~ 詳細 価格: ￥3,999 ✓prime お届け日時指定便 無料 OFF: ￥2,891 (42%) ポイント: 160pt (4%) 詳細はこちら	参考価格: ~~￥4,380~~ 詳細 セール特価: ￥2,533 ✓prime お届け日時指定便 無料 OFF: ￥1,847 (42%)

あなたはどちらが見やすいと思いましたか？ おそらく多くの方は左のPCサイズ、もしくは同じくらいと答えたのではないでしょうか？

Amazonの商品ページを閲覧する際、PCサイズで正方形に近いサイズで作ろうが、スマホを意識して縦長に作ろうが、縦のサイズは同じなのです。

つまり、スマホを意識して縦長に作ってしまうと、縦長にしただけ縮小されてしまい、小さく表示されてしまうのです。

商品にもよりますが、これが私が大幅に縦長にしない理由です。

しかし、なぜ「スマホを意識して画像は縦長に作った方がいい」という意見があるのでしょうか？ それは、画像が映し出されている部分をタップしたときに、画像が拡大されて表示されるのですが、その場合縦長にした方が大きく表示されるためです。

つまり、画像をタップしなければ通常サイズで作成したほうが大きく表示され、タップすれば縦長に作成した方が大きく表示されるのです。

そのため、一長一短あることになるので「通常サイズで作成するべき」「縦長に作成するべき」とは一概には言えないと考えています。

ただ、Amazonの商品ページを閲覧するときに、消費者が画像をわざわざタップするかどうかは疑わしいところです(私はタップしません)。

そのため、私はタップ前で小さく表示されないように、横1,000px×縦1,200pxくらいをデフォルトにしています。ただ、例えば縦長の商品など、場合によってはもう少し縦長のサイズにすることはあるので、臨機応変に対応してください。

スマホで見やすいフォントサイズで商品画像を作る

正方形に近いサイズで商品画像を作成する場合も、縦長に作成する場合であっても、スマホでの見やすさは意識しないといけません。

商品画像にキャッチコピーを入れる場合は、1画像1訴求にするのはもちろんのこと、スマホで見たときに読みやすいか確認するようにしましょう。

デザインを外注する際も、スマホで読みやすい文字のサイズにするよう指示してください。

04

思わず買いたくなる商品紹介コンテンツ(A+)の作り方

商品紹介コンテンツ(A+)とは?

Amazonの商品ページを下にスクロールすると、下の画像のように「商品の説明」もしくは「メーカーより」と書かれた商品説明文があります。

商品説明画面

対応機種

スマートフォン

- iPhone 13 / 13 mini / 13 Pro / 13 Pro Max / iPhone 12 / 12 mini / 12 Pro / 12 Pro Max / 11 / 11 Pro / 11 Pro Max / SE（第2世代） / XS / XS Max / XR / X / 8 / 8 Plus 他

- Galaxy S21 / S21+ / S21 Ultra / S20 / S20+ / S20 Ultra / S10 / S10+ / S10e / S9 / S9+ / S8 / S8+ / Note20 / Note20 Ultra / Note10+ / Note 10 / Note 9 / Note 8 / Note 7 他

- Pixel 5 / 4 / 4 XL / 3 / 3 XL 他

タブレット端末

- iPad (第9世代) / iPad Air (第4世代) / iPad Pro (12.9インチ)(第5世代) / iPad Pro (11インチ)(第3世代) / iPad mini (第6世代) 他

ノートPC

- MacBook Air (M1、2020) / Air (Retinaディスプレイ、13インチ、2020) / Pro (13インチ、M1、2020) / Pro (14インチ、2021) / Pro (16インチ、2021) 他

- Dell XPS 15 / XPS 13 / Inspiron 15 / Inspiron 14 他

- Lenovo ThinkPad X1 / X390 / E490 / IdeaPad Slim 550 / IdeaPad Flex 550 他

- HP EliteBook x360 / Spectre x2 12インチ / Spectre x360 2019 / Spectre Folio / Pavilion 15-eg / Pavilion 14-dv 他

- NEC LAVIE VEGA / LAVIE Pro Mobile / LAVIE Note Mobile / LAVIE First Mobile 他

- Huawei MateBook 13 / MateBook X / MateBook X Pro 2019 他

- その他USB Power Delivery対応のノートPCに幅広く対応しています

その他対応機種

- Apple Watch 他

ご注意

- ケーブルは別売りです。USB-C対応機器への充電にはUSB-C&USB-C ケーブルを、Lightning対応機器への充電にはUSB-C&ライトニング ケーブルを使用してください。
- 本製品はMacBook Pro 16インチに対応していますが、付属の充電器より充電スピードは低下します。
- 本製品にはモバイルバッテリー機能はございません。
- AndroidはGoogle LLC の商標または登録商標です。
- 製品パッケージは予告なく変更になる場合がございます。ご購入時期によっては異なる製品パッケージでお届けする可能性がございますので、予めご了承ください。なお、製品自体には違いはございません。
- 製品の仕様は予告なく変更されることがありますので、予めご了承ください。
- アルコール濃度の高い液体が長時間付着すると、製品表面にしわが発生する可能性があります。お手入れの際は除菌用ウェットティッシュ等のご利用はお控えいただき、乾いた布をご使用ください。
- 本製品は、高負荷が続く場合に高温になる場合がありますので、充電中は触れないようお願いいたします。最高温度に達した場合でも、国際的な安全規格であるIEC 62368-1が定める上限温度を下回る設計のため、安全上の問題はございません。

この商品説明文の登録方法については、P134～に記載をしていますが、これはテキストのみで、画像を挿入できないのであまり目立ちません。そのため、商品説明文についてはスルーされる可能性が高くなります。

一方で、商品紹介コンテンツを利用すると、下の画像のように商品ページの「商品の説明」欄に画像を追加することが可能になります。

商品紹介コンテンツ（A+）

商品の説明

ANKER

Anker Nano II 65W

スマホにもノートPCにもフルスピード充電。持ち運びに便利な超コンパクト急速充電器

製品の仕様

サイズ：約 44 x 42 x 36 mm

重さ：約 112 g

入力: 100-240V~ 2.1A 50-60Hz

出力: 5.0V=3.0A / 9.0V=3.0A / 15.0V=3.0A / 20.0V=3.25A (最大 65W)

※製品パッケージは予告なく変更になる場合がございます。ご購入時期によっては異なる製品パッケージでお届けする可能性がございますので、予めご了承ください。なお、製品自体には違いはございません。

充電器は、これ1つ

USB Power Delivery(PD)対応の65W出力を備え、スマートフォンからノートPCまで幅広い機器に急速充電ができます。利用機器毎に異なる充電器を持ち運ぶ必要はありません。MacBook Pro (13インチ、M1、2020) であればわずか2時間20分で満充電可能です。(Anker調べ)

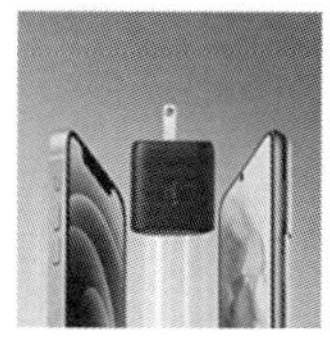

iPhoneやAndroidスマホにも急速充電

一般的な5W出力の充電器に比べ、最大3倍速く充電できます(iPhone 13を0%から50%まで充電した場合での比較)。USB Power Deliveryにも対応しておりGalaxy S21などPD対応のスマートフォンへのフルスピード充電も可能です。

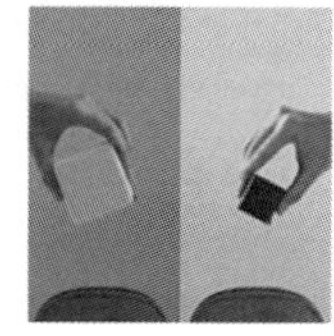

スマートなビジネススタイルへ

手のひらに収まる超コンパクト設計で、カバンやポケットにスムーズに収納できます。リモートワークや出張などの持ち運びに便利です。

Windows PCにも充電可能

最大65W出力を備え、MacBookだけでなく、PD対応のさまざまなWindows PCにも急速充電できます。一般的なWindows PCに同梱されているACアダプタに比べて非常に軽量かつコンパクトなサイズを実現しました。

また、下図のように、説明文のテキストに太字や下線、箇条書きなどを適用することができます(通常の商品説明文や商品仕様では、太字や下線などの装飾はできません)。

商品紹介コンテンツのテキスト入力画面

なお、商品紹介コンテンツは、A+(Aプラス)と呼ばれることもあります。

これまでお伝えした商品画像でも十分消費者に訴求できますが、商品紹介コンテンツを利用することで、商品画像で表現しきれなかった部分をカバーすることができます。

そのため商品画像に加えて、消費者に対して興味付けをすることができるので、成約率が上がりやすくなります。**利用しないよりは利用した方が成約率は上がるので、商品紹介コンテンツを利用して、売上を最大限にしましょう。**

商品紹介コンテンツの登録手順

商品紹介コンテンツもセラーセントラルの画面から作成・登録します。ただ、設定箇所がChapter5でお伝えした商品ページ作成と違い、新規商品登録画面から登録するわけでないので注意してください。

❶セラーセントラルの画面「在庫」→「商品コンテンツ管理」

カタログ
在庫
価格
注文
広告
ストア
販売機会拡大
レポート
パフォーマンス
パートナーネットワーク
古いナビゲーションを使用

在庫管理
FBA 在庫管理
出品商品情報の改善
在庫健全化ツール
商品登録
アップロードによる一括商品登録
出品レポート
グローバルセリング
FBA納品手続き
ビデオのアップロードと管理
商品ドキュメントの管理
商品紹介コンテンツ管理

「在庫」→
「商品紹介コンテンツ管理」

❷「商品紹介（Aプラス）コンテンツの作成を開始する」をクリック

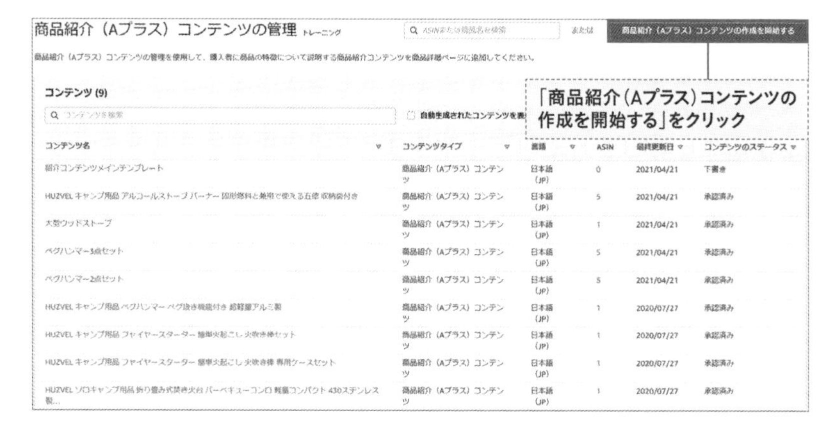

❸「ベーシック」を選択

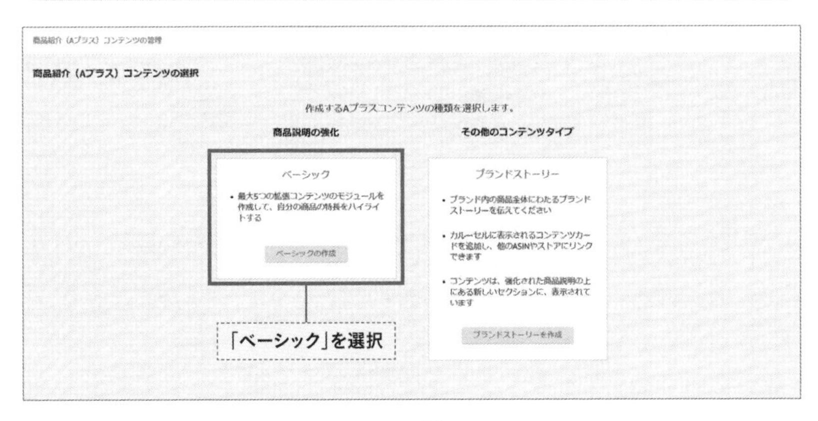

❹商品紹介コンテンツを作成する

モジュールとは、画像とテキストが様々な形式で組み合わさったテンプレートのことです。例えば比較表が作成できるテンプレートや複数画像を並べて表示できるテンプレートなどがあります。何種類もあり、商品紹介コンテンツ作成の肝となるので詳しいことは後述します。

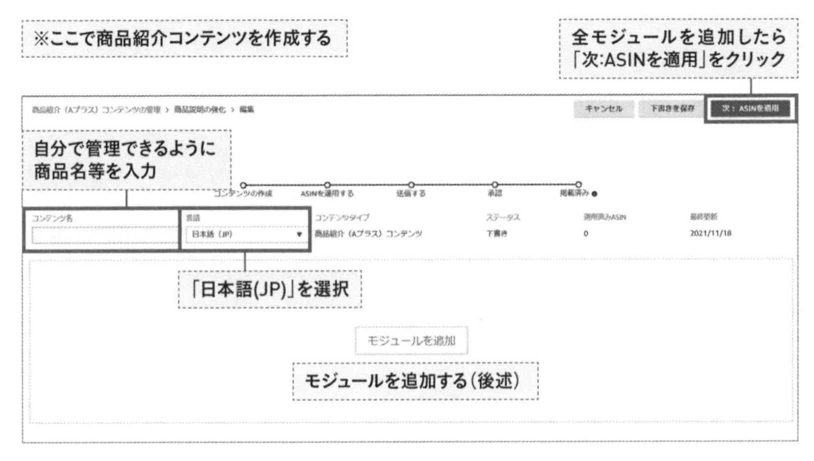

⑤商品紹介コンテンツを掲載する商品の紐づけをする

商品紹介コンテンツを掲載する商品のASINを入力して、商品と商品紹介コンテンツの紐づけをします。

※商品紹介コンテンツを掲載する商品を紐づける

商品紹介コンテンツを掲載する商品のASINを入力

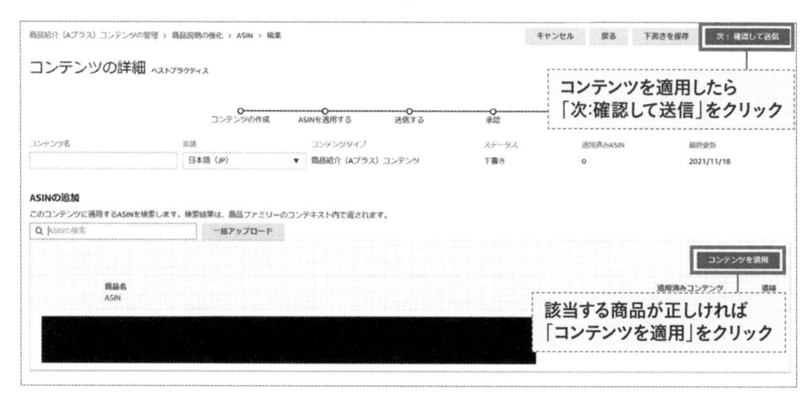

❻商品紹介コンテンツの表示を確認し、問題がなければ承認を申請する

最後に、作成した商品紹介コンテンツがどのように表示されるか確認してから承認を申請します。

商品紹介コンテンツは、PC画面とスマホ画面で表示が違います。各々確認して問題があったら、商品紹介コンテンツの作成画面に戻って修正を加えてください。

ただ、PC画面に合わせて修正したら、スマホではより見づらくなったとか、逆にスマホに合わせて修正したらPCではいまいち、ということもあり得ます。

商品によってPCユーザーが多いか(高齢者向き商品等)、スマホユーザー(若者向き商品等)が多いかは違います。ターゲット層によってどちらを最適化するかを判断してください。

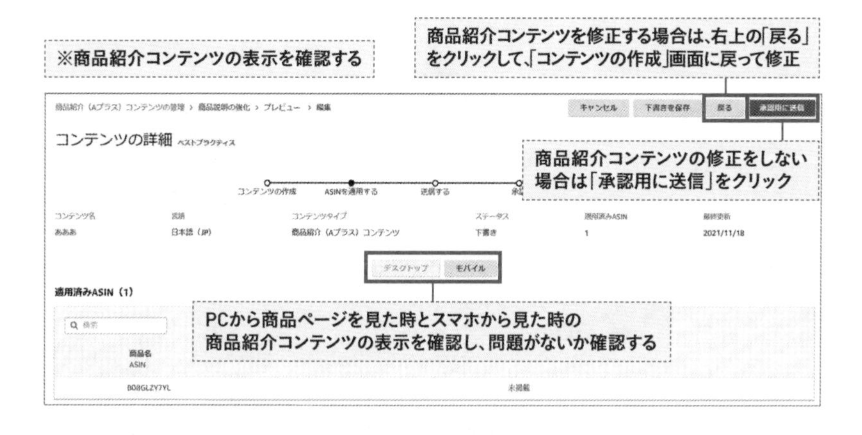

以上で、商品紹介コンテンツの登録・申請は終了です。その後、Amazon側で商品紹介コンテンツの審査を行いますが、最大7営業日かかります。審査に通ったあと、商品ページに商品紹介コンテンツが掲載されるまで、最大24時間かかります。

商品紹介コンテンツのモジュールとは？

商品紹介コンテンツは、画像と文字を組み合わせたテンプレートであるモジュールを組み合わせて作っていきます。

例えば以下の商品も、複数のモジュールを組み合わせて商品紹介コンテンツを作っています。商品紹介コンテンツを利用している販売商品を見ると、ランディングページのように縦に長いものもあるので、どうやって作ればいいか不安な方もいるかと思います。しかし縦に長いものでも、実はいくつかモジュールを組み合わせて作っているだけです。

商品紹介コンテンツに実例

モジュール❷

Anker Nano II 65W

スマホにもノートPCにもフルスピード充電。持ち運びに便利な超コンパクト急速充電器

製品の仕様

サイズ：約 44 x 42 x 36 mm

重さ：約 112 g

入力: 100-240V~ 2.1A 50-60Hz

出力: 5.0V=3.0A / 9.0V=3.0A / 15.0V=3.0A / 20.0V=3.25A (最大 65W)

※製品パッケージは予告なく変更になる場合がございます。ご購入時期によっては異なる製品パッケージでお届けする可能性がございますので、予めご了承ください。なお、製品自体には違いはございません。

モジュール❹

充電器は、これ1つ

USB Power Delivery(PD)対応の65W出力を備え、スマートフォンからノートPCまで幅広い機器に急速充電ができます。利用機器毎に異なる充電器を持ち運ぶ必要はありません。MacBook Pro (13インチ、M1、2020) であればわずか2時間20分で満充電可能です。(Anker調べ)

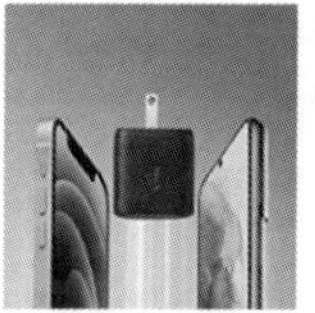

iPhoneやAndroidスマホにも急速充電

一般的な5W出力の充電器に比べ、最大3倍速く充電できます(iPhone 13を0%から50%まで充電した場合での比較)。USB Power Deliveryにも対応しておりGalaxy S21などPD対応のスマートフォンへのフルスピード充電も可能です。

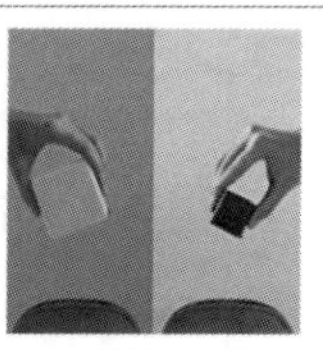

スマートなビジネススタイルへ

手のひらに収まる超コンパクト設計で、カバンやポケットにスムーズに収納できます。リモートワークや出張などの持ち運びに便利です。

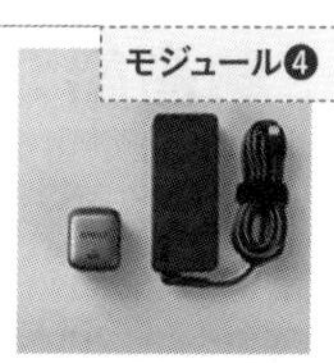

Windows PCにも充電可能

最大65W出力を備え、MacBookだけでなく、PD対応のさまざまなWindows PCにも急速充電できます。一般的なWindows PCに同梱されているACアダプタに比べて非常に軽量かつコンパクトなサイズを実現しました。

独自技術「Anker GaN II」を採用

約2年の研究開発を経てGaN(窒化ガリウム)搭載USB充電器が第二世代に進化。電源ICと回路設計に革新を起こしGaNの持つ素材の力をさらに引き出したAnkerの独自技術です。スイッチング周波数を約2倍に高めて電子部品を省サイズ化するとともに、高周波化の弊害として発生する熱およびEMI(ノイズ)を、内部基板部品の立体配置と回路構造の最適化（PCBA 3D スタッキング）で抑えました。結果として、厳しい安全基準を満たしながらさらなる小型化に成功しました。

国際的な安全規格にも準拠

電気用品安全法が定める技術基準への適合はもちろんのこと、国際的な安全規格であるIEC 62368-1の基準にも準拠しています。

過電圧保護や電子回路のショート防止、温度管理など、Anker独自の多重保護システムにより、長く安全にお使いいただけます。

幅広い対応機種

Anker独自技術の PowerIQ 3.0 (Gen2) を搭載。USB Power Deliveryとの互換性をさらに高めながら、Qualcomm Quick Chargeなどの充電規格にも対応しています。

iPhoneやiPad、MacBook、Apple Watchなどのapple製品を含む、幅広い機器へフルスピード充電できます。

折りたたみ式プラグ搭載

折りたたみ式プラグを採用し、コンパクトなデザインに仕上げました。旅行や出張など、持ち運びにも便利です。

モジュール❺

モジュール❻

対応機種

スマートフォン

- iPhone 13 / 13 mini / 13 Pro / 13 Pro Max / iPhone 12 / 12 mini / 12 Pro / 12 Pro Max / 11 / 11 Pro / 11 Pro Max / SE（第2世代） / XS / XS Max / XR / X / 8 / 8 Plus 他

- Galaxy S21 / S21+ / S21 Ultra / S20 / S20+ / S20 Ultra / S10 / S10+ / S10e / S9 / S9+ / S8 / S8+ / Note20 / Note20 Ultra / Note10+ / Note 10 / Note 9 / Note 8 / Note 7 他

- Pixel 5 / 4 / 4 XL / 3 / 3 XL 他

タブレット端末

- iPad (第9世代) / iPad Air (第4世代) / iPad Pro (12.9インチ)(第5世代) / iPad Pro (11インチ)(第3世代) / iPad mini (第6世代) 他

ノートPC

- MacBook Air (M1、2020) / Air (Retinaディスプレイ、13インチ、2020) / Pro (13インチ、M1、2020) / Pro (14インチ、2021) / Pro (16インチ、2021) 他

- Dell XPS 15 / XPS 13 / Inspiron 15 / Inspiron 14 他

- Lenovo ThinkPad X1 / X390 / E490 / IdeaPad Slim 550 / IdeaPad Flex 550 他

- HP EliteBook x360 / Spectre x2 12インチ / Spectre x360 2019 / Spectre Folio / Pavilion 15-eg / Pavilion 14-dv 他

- NEC LAVIE VEGA / LAVIE Pro Mobile / LAVIE Note Mobile / LAVIE First Mobile 他

- Huawei MateBook 13 / MateBook X / MateBook X Pro 2019 他

- その他USB Power Delivery対応のノートPCに幅広く対応しています

その他対応機種

- Apple Watch 他

ご注意

- ケーブルは別売りです。USB-C対応機器への充電にはUSB-C&USB-C ケーブルを、Lightning対応機器への充電にはUSB-C&ライトニング ケーブルを使用してください。
- 本製品はMacBook Pro 16インチに対応していますが、付属の充電器より充電スピードは低下します。
- 本製品にはモバイルバッテリー機能はございません。
- AndroidはGoogle LLC の商標または登録商標です。
- 製品パッケージは予告なく変更になる場合がございます。ご購入時期によっては異なる製品パッケージでお届けする可能性がございますので、予めご了承ください。なお、製品自体には違いはございません。
- 製品の仕様は予告なく変更されることがありますので、予めご了承ください。
- アルコール濃度の高い液体が長時間付着すると、製品表面にしわが発生する可能性があります。お手入れの際は除菌用ウェットティッシュ等のご利用はお控えいただき、乾いた布をご使用ください。
- 本製品は、高負荷が続く場合に高温になる場合がありますので、充電中は触れないようお願いいたします。最高温度に達した場合でも、国際的な安全規格であるIEC 62368-1が定める上限温度を下回る設計のため、安全上の問題はございません。

モジュール❼

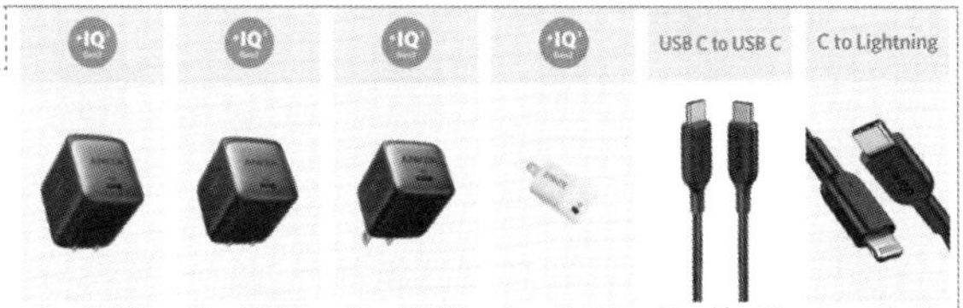

	USB C to USB C	C to Lightning

	Nano II 65W	Nano II 45W	Nano II 30W	PowerPort III Nano 20W	PowerLine III USB-C & USB-C 2.0 ケーブル	PowerLine II USB-C & ライトニング ケーブル
カテゴリー	USB急速充電器	USB急速充電器	USB急速充電器	USB急速充電器	データ転送・充電ケーブル	データ転送・充電ケーブル
カラー	ブラック	ブラック	ブラック	ホワイト	ホワイト / ブラック	ホワイト / ブラック / グリーン
長さ (ケーブル)	-	-	-	-	0.3m / 0.9m / 1.8m / 3.0m	0.9m / 1.8m / 3.0m
サイズ	約 36 x 42 x 44 mm	約 35 x 38 x 41 mm	約 32 × 30 × 38 mm	約45 × 27 × 27mm (プラグ部を含む)	-	-
重さ	約112g	約68g	約47g	約30g	-	-
PowerIQ対応	PowerIQ 3.0 (Gen2) 対応	PowerIQ 3.0 (Gen2) 対応	PowerIQ 3.0 (Gen2) 対応	PowerIQ 3.0 (Gen2) 対応	✓	✓
USB Power Delivery対応	✓	✓	✓	✓	✓	✓
ポート数	1 (USB-Cポート x 1)	1 (USB-Cポート x 1)	1 (USB-Cポート x 1)	1 (USB-Cポート x 1)	-	-
合計最大出力	65W	45W	30W	20W	-	-
特徴	ノートPCにも急速充電可能な最大65W出力のPD対応USB-C急速充電器。従来の一般的な60W以上の充電器に比べて約60%の小型化を実現しました。より速い充電スピードをお求めの方におすすめのモデルです。	スマホからノートPCまで幅広く対応した最大45W出力のPD対応USB-C急速充電器。従来の一般的な45Wの充電器に比べて約35%の小型化を実現しました。MacBook ProやPD対応のWindows PCをご使用の方におすすめのモデル	スマホ、タブレット端末、MacBook Airなどに対応した、最大30W出力のPD対応USB-C急速充電器。従来の一般的な30Wの充電器に比べて約60%の小型化を実現しました。MacBook Airをご使用の方におすすめのモデルです。	最大20W出力でiPhone 12シリーズにも最適な超小型USB-C急速充電器。20W出力以上のUSB Power Delivery対応USB充電器として世界・最小最軽量。(プラグ部を除く/2020年9月時点Anker調べ)	お手入れ簡単！高耐久を実現したUSB-C & USB-C 2.0 ケーブル	iPhone、iPadへのフルスピード充電だけでなく、USB-Cポート搭載のMacBook ProなどとLightning端子機器の直接接続が可能

モジュールの使用は1つからでも可能で、1商品(1ASIN)につき最大7個まで使用することができます。

モジュールについては、先の登録手順「❹商品紹介コンテンツを作成する」で追加をしていきます。以下、モジュールの追加手順についてお伝えします。

モジュール追加手順

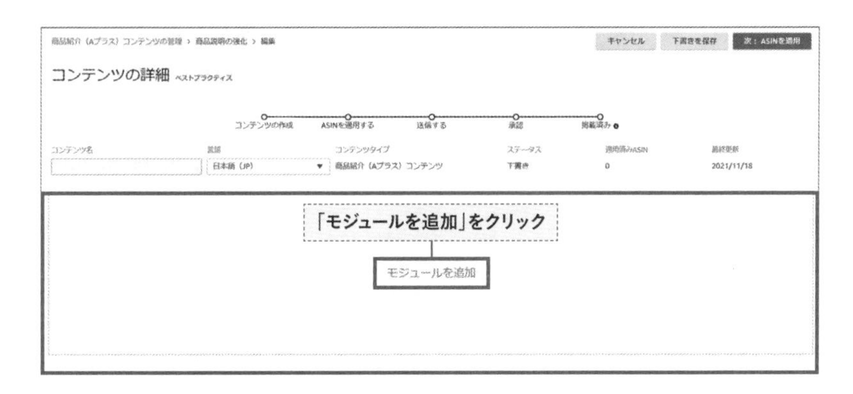

商品紹介（Aプラス）コンテンツの管理 › 商品説明の強化 › 編集
キャンセル
下書きを保存
次：ASINを適用
コンテンツの詳細
ベストプラクティス
コンテンツの作成
ASINを適用する
送信する
承認
掲載済み
コンテンツ名
言語
日本語（JP）
コンテンツタイプ
商品紹介（Aプラス）コンテンツ
ステータス
下書き
適用済みASIN
0
最終更新
2021/11/18
「モジュールを追加」をクリック
モジュールを追加

モジュールを追加
検索
スタンダードプロダクト説明テキスト
スタンダードマルチイメージモジュールA
English Bulldog
使用したいモジュールを選択する
スタンダード企業ロゴ
600 × 180
テキスト付き標準画像ヘッダー
キャンセル

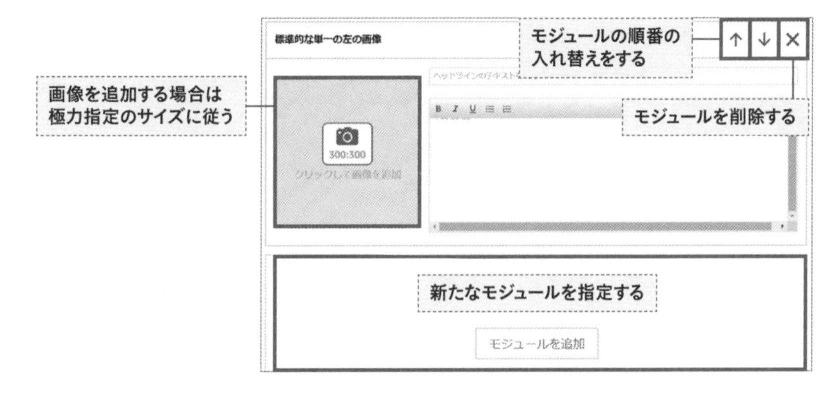

標準的な単一の左の画像
モジュールの順番の
入れ替えをする
画像を追加する場合は
極力指定のサイズに従う
300:300
クリックして画像を追加
モジュールを削除する
新たなモジュールを指定する
モジュールを追加

各モジュールは配置の順番を入れ替えることができるので、優先的に表示したいものを上に表示するようにしてください。

ここで気を付けたいことは商品紹介コンテンツの画像は、なるべく指定のサイズ通りの画像を用意することです。例えば上の画像であれば300px×300pxの大きさのサイズを用意してください。サイズオーバーしても登録はできますが、オーバーした分カットされてしまいます(どの部分表示させるかは選択できます)。

モジュールの種類

商品紹介コンテンツのモジュールの種類は2019年の仕様変更により大幅に増え、2022年12月現在はこんなにあります(今後新たなモジュールが追加されたり、削除されたりする可能性があります)。

モジュールの種類

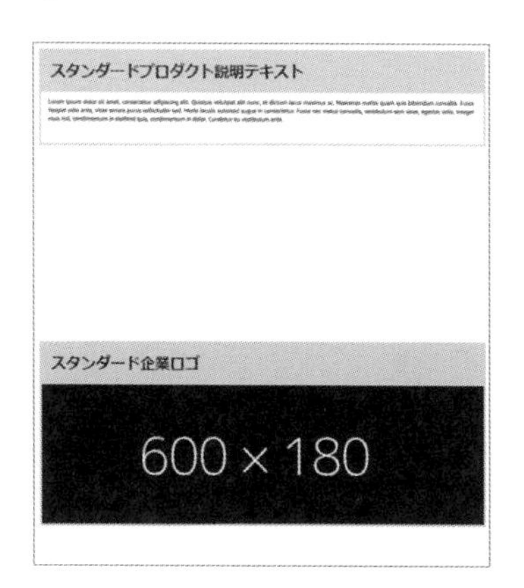

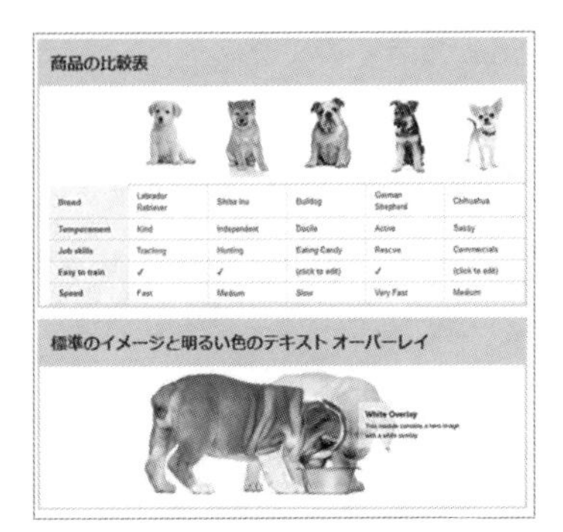
商品の比較表
Breed
Labrador Retriever
Shiba Inu
Bulldog
German Shepherd
Chihuahua
Temperament
Kind
Independent
Docile
Active
Sassy
Job skills
Tracking
Hunting
Eating Candy
Rescue
Commercials
Easy to train
✓
✓
(click to edit)
✓
(click to edit)
Speed
Fast
Medium
Slow
Very Fast
Medium
標準のイメージと明るい色のテキスト オーバーレイ
White Overlay

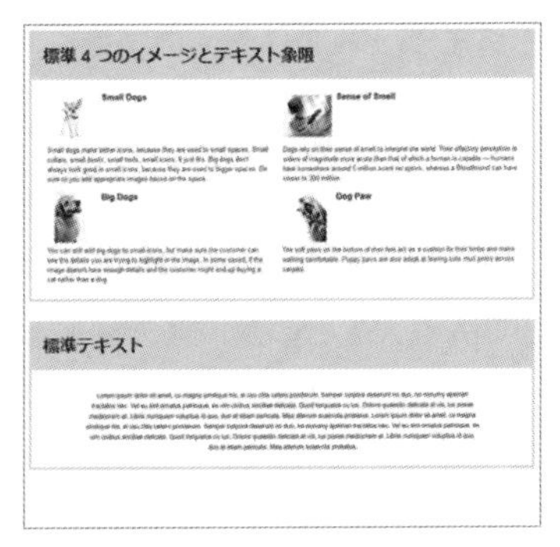
標準 4 つのイメージとテキスト象限
Small Dogs
Sense of Smell
Big Dogs
Dog Paw
標準テキスト

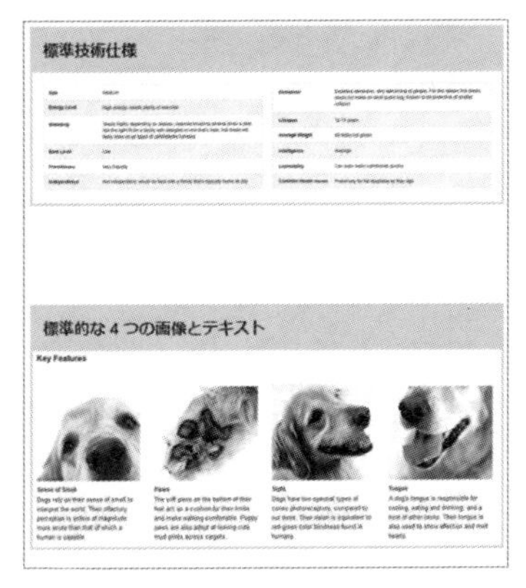
標準技術仕様
標準的な 4 つの画像とテキスト
Key Features

標準的な 3 つの画像とテキスト
Three Types of Dogs
標準的なイメージおよび暗いテキストのオーバーレイ
Black Text

標準的な単一のイメージとハイライト
It Pays to be a Lap Dog
標準的な単一の右の画像
Dogs at Work
At Amazon, employees are encouraged to bring their well-behaved pups to work with them. Approximately 95.7% of company work is performed by dogs. On the Internet, nobody knows you're a dog. Nobody

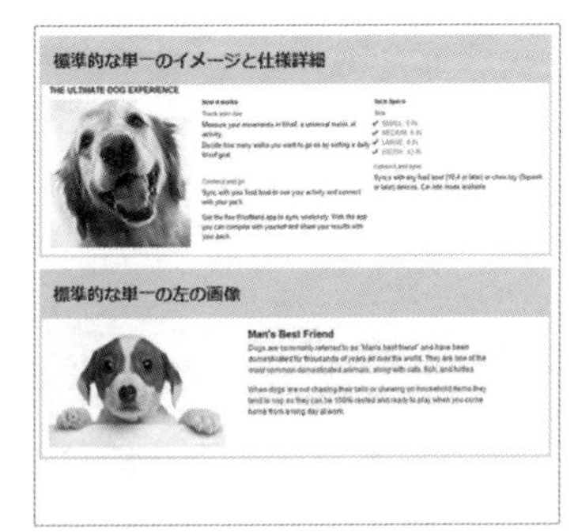
標準的な単一のイメージと仕様詳細
THE ULTIMATE DOG EXPERIENCE
標準的な単一の左の画像
Man's Best Friend

標準的な単一画像・サイドバー
Labrador Retriever

ただ、これだけ数があると、いったい何を選んで、どのように活用すればいいかわからないかと思います。

そこで、私やコンサル生がよく使用しているモジュールに絞ってお伝えします。最低限以下の4つのモジュールを使うようにすれば問題ないかと思います。もちろん、必要ならば他のモジュールを使用するようにしてください。

なお、いずれのモジュールも、テキストを入力しなければヘッダー画像のみ表示することが可能です。また画像を挿入する際に、以下のようにキーワードの入力欄がありますが、特に深く考える必要はなく、商品内容に関係するキーワードを入れておけば問題ありません。

画像の追加画面

❶標準的なイメージおよび暗いテキストのオーバーレイ

画像の中に暗いテキストボックスが表示され、そこに商品説明等を記載するモジュールです。商品画像に溶け込むようにテキストが挿入されるため、画像に文字が入っているような場合は、このモジュールはおすすめしません。

なお、スマホでは画像の下にテキストが表示されます。

◎モジュールの内容

ヘッドライン：1つ

説明：1つ

画像：1枚(970px×300px)

モジュールの登録画面

モジュールの登録画面については、以下の通りです。

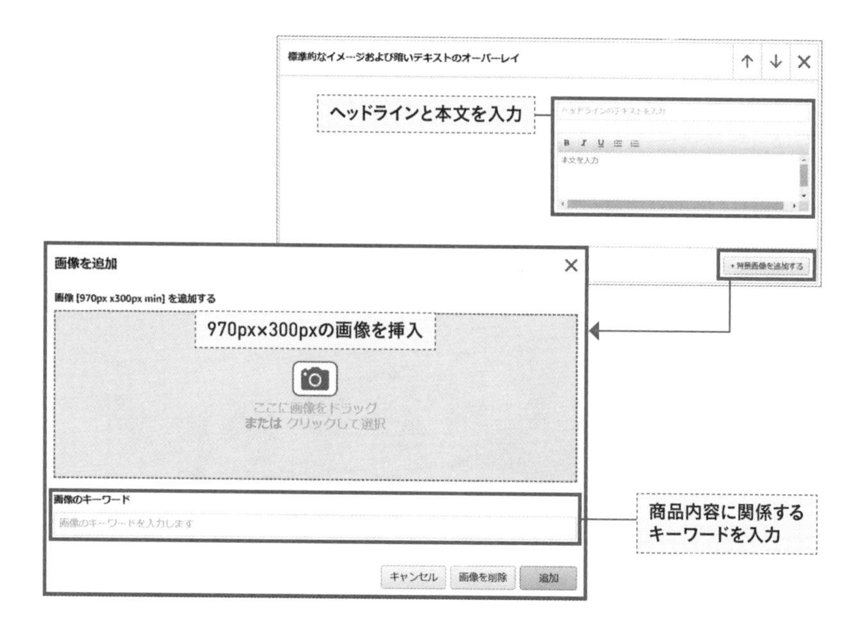

似たモジュールに、「標準のイメージと明るい色のテキストのオーバーレイ」がありますが、これはテキストボックスを明るくしたモジュールです。その他は「標準のイメージと暗い色のテキストのオーバーレイ」と変わりません。画像に合わせて適切な方を選んでください。

標準のイメージと明るい色のテキストのオーバーレイ（PC）

❷テキスト付き標準画像ヘッダー

モバイル表示（スマホ）

本文とヘッダー画像 見出し

本文とヘッダー画像 見出し2

本文とヘッダー画像本文

あいうえお

かきくけこ

- 箇条書き1
- 箇条書き2
- 箇条書き3

「標準的なイメージおよび暗いテキストのオーバーレイ」が画像の中にテキストが挿入されることに対して、「テキスト付き標準画像ヘッダー」は画像とテキストが分離されています。

おそらく、皆さんがもっとも使うであろうオーソドックスなモジュールです。画像サイズも970px×600pxと大きいので、商品紹介コンテンツの一番上のモジュールとして使うことが多いでしょう。

◎モジュールの内容

ヘッドライン：2つ(画像の前、テキストの前に1つずつ)

説明：1つ

画像：1枚(970px×600px)

モジュールの登録画面

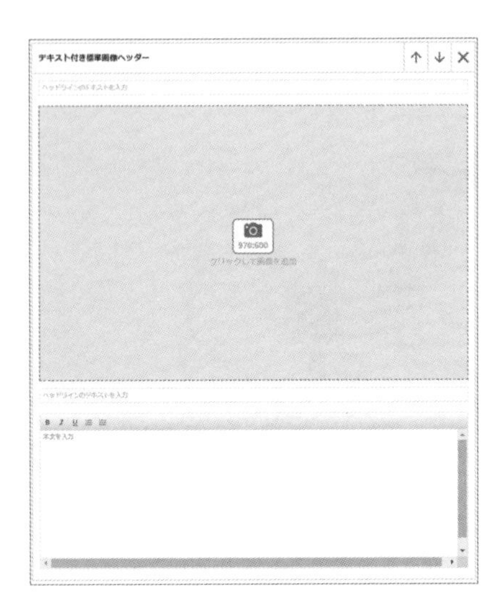

❸標準的な3つの画像とテキスト

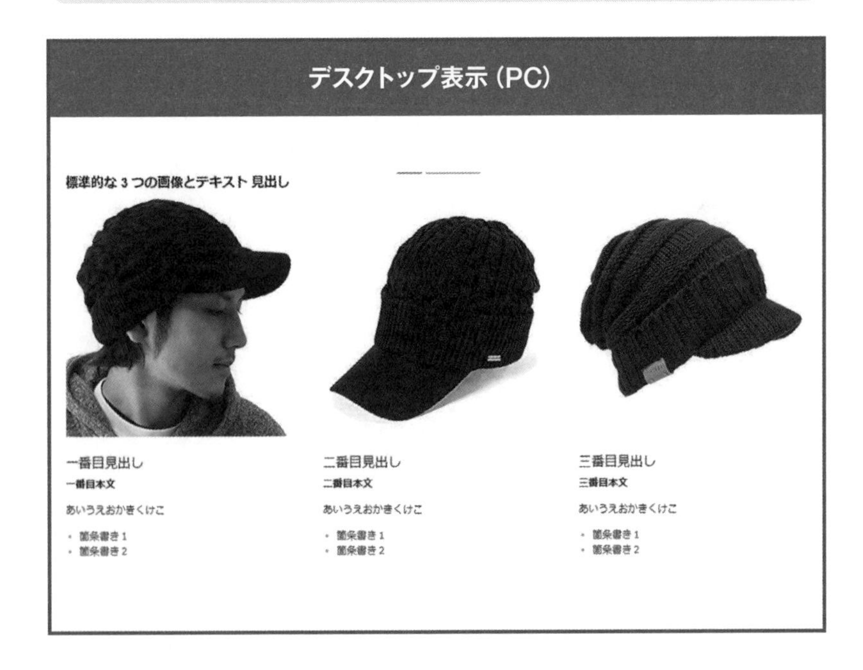

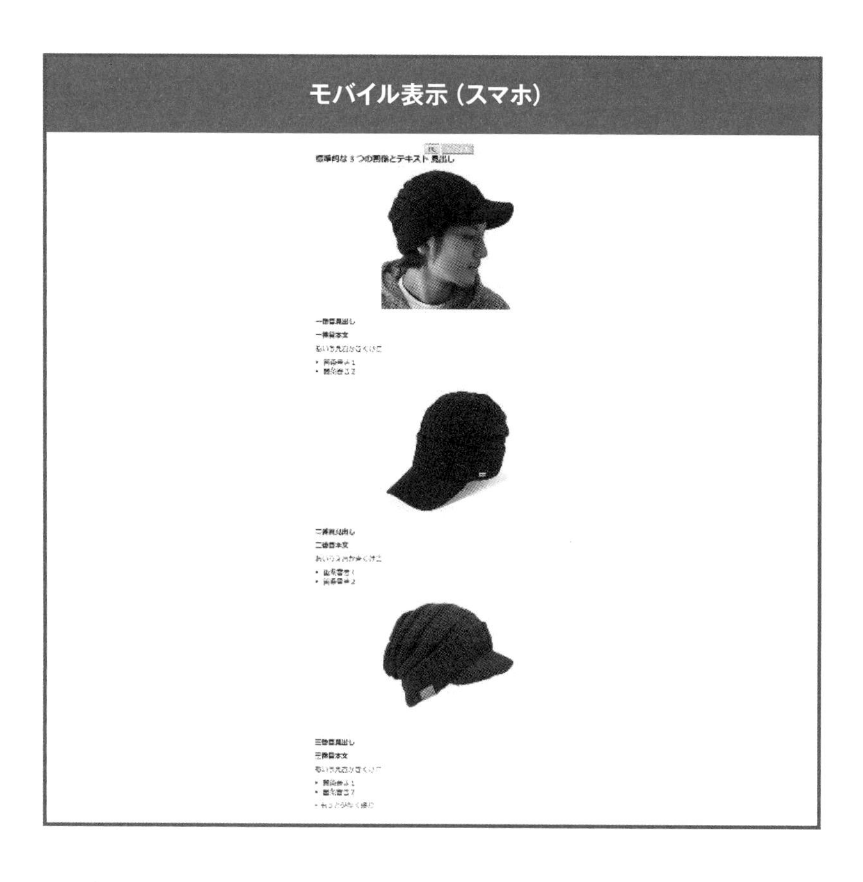

画像とテキストを横並びに3つ配置することができるモジュールです。カット数が多い商材や、使い方の手順、魅力的な商品機能、PRポイントなどを視覚的に伝えやすくなるので、これも重宝するモジュールです。ただし、スマホ表示ではすべて縦表示になってしまい、商品紹介コンテンツ全体が長くなって消費者にスルーされる可能性があるので注意してください。

◎モジュールの内容

ヘッドライン：4つ(画像の前に1つ、画像の後に3つ)

説明：3つ

画像：3枚(300px×300px)

モジュールの登録画面

似たようなモジュールに、「標準的な 4 つの画像とテキスト」というモジュールがあります。これは画像とテキストを4つ横並びにしたモジュールです。商品に合わせてどちらかを選ぶようにしてください。

標準的な 4 つの画像とテキスト

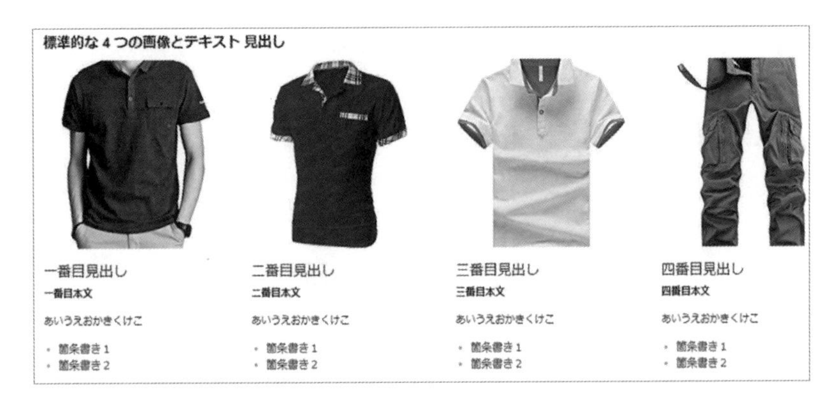

❹商品の比較表

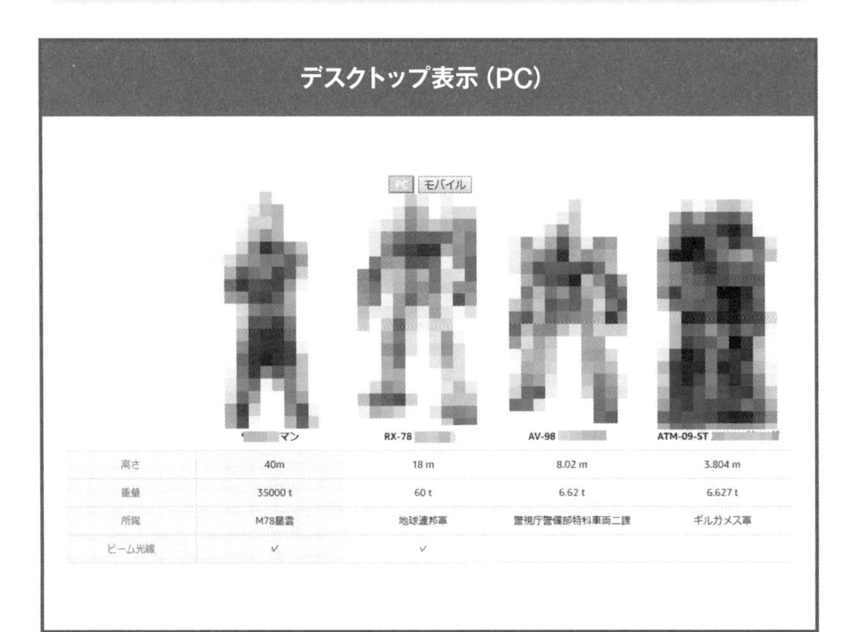

	マン	RX-78	AV-98	ATM-09-ST
高さ	40m	18 m	8.02 m	3.804 m
重量	35000 t	60 t	6.62 t	6.627 t
所属	M78星雲	地球連邦軍	警視庁警備部特科車両二課	ギルガメス軍
ビーム光線	✓	✓		

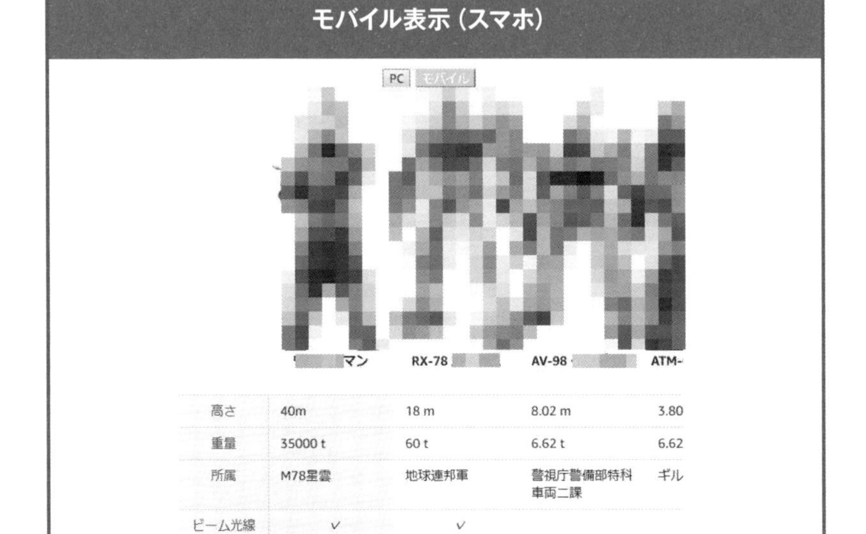

	マン	RX-78	AV-98	ATM-
高さ	40m	18 m	8.02 m	3.80
重量	35000 t	60 t	6.62 t	6.62
所属	M78星雲	地球連邦軍	警視庁警備部特科車両二課	ギル
ビーム光線	✓	✓		

比較表が作成できるモジュールです。商品紹介コンテンツのガイドラインでは、競合他社の商品に言及することはできないことになっています。

しかし、自社ブランドが所有する他の関連商品と比較するのであれば問題ありません。そのため、比較表については、バリエーションを組んでいる場合など複数の関連商品を出品している方におすすめします。ただし、スマホ表示の場合は全体が表示されず、横にスクロールする必要があり見づらくなる場合があります。

比較表の商品は最大6商品まで、比較項目は最大10個まで設定することができます。

モジュールの登録画面

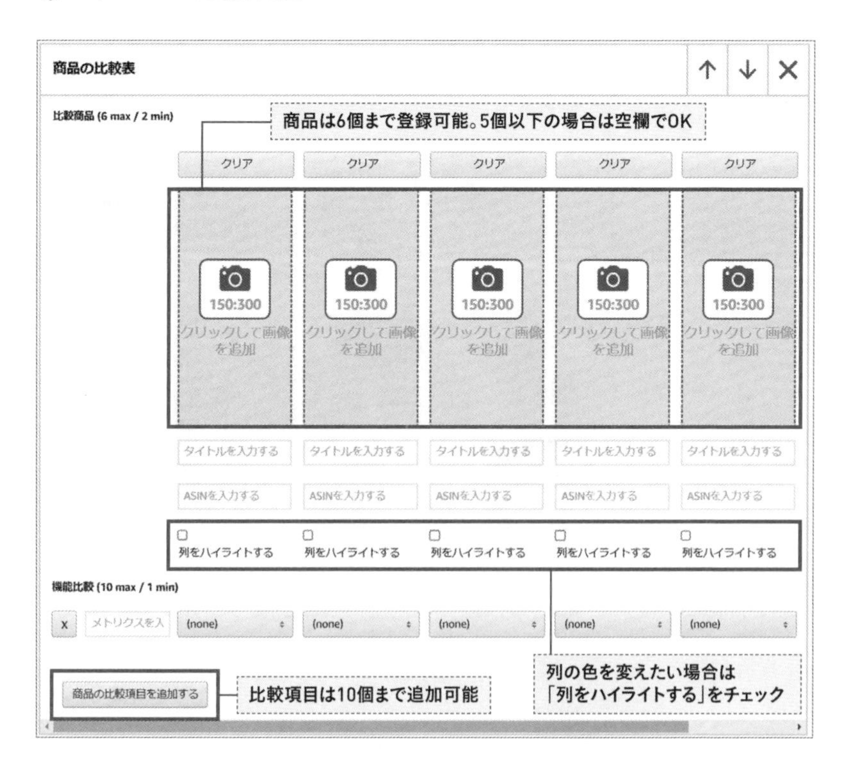

商品紹介コンテンツのガイドライン

商品ページ作成の際にも様々なガイドライン(商品タイトル、画像など)があるように、商品紹介コンテンツについてもガイドラインがあります。以下の基本ルールは守るようにしましょう。以下に主なガイドラインの内容についてお伝えします。

- 対応している画像ファイルの種類は、jpg、bmp、pngで、各ファイルの容量は２MB未満、解像度は72dpi以上であること
- ぼやけた画像や品質の低い画像、および透かしやスマホでは読み取れない小さなテキストを含む画像にはしないこと
- 使用するブランドロゴは1つのみ
- 受賞や推薦文を引用する場合は、受賞日や推薦文を獲得した日付、および受賞を承認した組織が記載された注記を含めること。2年より前に獲得した賞については掲載不可。
- 表示（推奨、認定済み、試験済み、承認済み、実証済み、検証済みなど）および受賞歴については、それを実証するために、認証機関または授与機関、研究、出版物、その他の証拠、および認証年を注記すること
- 「エコフレンドリー」、「生分解可能」、「堆肥可能」などの表現を含む環境に関する表示文は、テキストまたは画像のいずれにも使用しないこと
- 商品が「リサイクル可能」/「エコロジカル」であると表示する場合は、それを実証するために、使用されている素材、認証機関や認証年を注記すること。
- 満足度に関する表示文（「100%の満足度を保証」など）や、「評価1位」、「最高評価」、「ベストセラー」などの記載をしないこと
- 医薬品、化粧品、医療機器、飲料、食品、健康商品（自然健康商

品、ビタミン剤、サプリメントを含む）に関するヒトまたは動物の病気を治癒、緩和、治療、予防するという表示はしないこと
- 制限対象商品ポリシー、カテゴリー要件、プログラムポリシーへの違反がないこと
- 出品者または販売業者としての自社に関する記述（「正規品は弊社からご購入ください」など）や、出品者が公認であることの記述（「正規販売店のみが販売できる商品」など）を記載しないこと
- 配送料の詳細（「配送料無料」など）、QRバーコード、または電話番号、住所、Eメールなどの個人情報を商品紹介コンテンツページに記載しないこと
- お客様の声を商品紹介コンテンツに記載しないこと
- 引用や推薦文は最大4つ使用できる。出典は有名な出版物や著名人に限り、著者、日付を添え、出版物を引用する場合は題名も添えること
- 競合他社との比較をしないこと
- 「お手頃」、「低価格」、「無料特典」、「無料」などの割引、プロモーション関連情報を含めないこと
- 「今すぐ購入」、「カートに入れる」、「今すぐ入手」、「弊社をご利用ください」などの購入を促す文言を含めないこと
- 今現在/新着/最新/かつてない/販売中/最新の商品/過去最高など、時期が限定されている情報やホリデーシーズンに関する情報を記載しないこと
- 他のページ（自分が出品している他の商品ページも含め）にアクセスさせるウェブリンクや文言は記載しないこと
- Amazon以外のカスタマーサービスや連絡先情報に関する記述（「お困りのことがありましたらお問い合わせください」、電話番号、連絡先のEメールアドレス）は記載しないこと

商品紹介コンテンツで成約率を上げるポイント

商品紹介コンテンツで成約率を上げるポイントは、基本的には商品画像と一緒です。

❶画像内の文字はスマホでも十分読み取れること

商品画像同様、画像内の文字を詰め込みすぎることなく、訴求力の高い文言を入れるようにしてください。**スマホでも十分読み取れるようなサイズにしなければ、消費者は読み取れません。**また、ガイドラインでもスマホで読み取れないほどの文字の使用を禁じられているため、審査に通らない可能性があります。

商品紹介コンテンツはテキストと併用できるので、画像に無理に文字を挿入する必要はありません。画像とテキストをうまく活用するようにしてください。

❷消費者にとって魅力的なことを簡潔に記載すること

商品画像と同様、消費者にとってメリットとなるような魅力を簡潔に記載するようにしてください。**消費者が求めていないような機能は無理に記載する必要はありませんし、テキストの文章が長くなりすぎないようにしてください。**特にスマホで見た場合、テキストの量が多すぎると面長に表示されてしまうので、スルーされやすくなります。

05

商品画像の素材はどうやって用意する？

商品画像や商品紹介コンテンツ用の画像については、デザイン外注の前に、白抜き用の商品写真は必須として、商品の魅力が伝わる写真を用意する必要があります。

また、場合によっては商品写真が映っていない背景やイメージ画像が必要な場合もあります。そのため、写真撮影については、次の4パターンが考えられます。

生産委託先メーカーに写真をもらう

いちばん簡単なのが、生産委託先のメーカーから写真をもらう方法です。しかし、OEM商品の場合はメーカーが写真を用意していなかったり、欲しい写真ではなかったりしています。メーカーが販売するわけではないので、当然このようなことは起こり得ます。

そのため、メーカーが撮影してくれなかった場合は、以下のパターンで用意しなければいけません。

自分で撮影する

今はスマホでもきれいな写真が撮影できるので、自分で撮影することも可能です。実際に私も、小物やちょっとした撮影であれば自分で撮ることもあります。

Amazonや楽天などで「撮影ボックス」で検索すると出てくる簡易型の撮

影ブースを買うと、よりきれいに撮影できます。

撮影ボックスの一例

しかし、モデルさんの撮影は難しいですし、ライトやカメラの機能について一定の知識がないと、いかにも素人が撮ったようなものになります。その場合は、次のようにプロに依頼しましょう。

プロに依頼する

画像の撮影を専門にやってくれる業者さんや、プロのカメラマンに依頼する方法があります。商品画像やモデルさんの撮影であれば「バーチャルイン」さんが値段も安くておすすめです。商品画像のデザイン制作まで請け負ってくれるコースもあります。私は写真撮影だけにしていますが、商品画像、モデル撮影、デザイン制作すべてバーチャルインを活用して依頼してもいいでしょう。

バーチャルイン　https://photo-o.com/

またネット業者ではなく、プロのカメラマンに依頼する方法もあります。値段は高くなりますが、撮影現場に立ち会えば要望を伝えながら撮ってもらえるので、こちらの意図したものに仕上がりやすくなります。

ネットで検索して探してもいいですし、「ミツモア」などの見積依頼サイトで探してもいいでしょう。

ミツモア　https://meetsmore.com/

無料・有料の画像素材サイトを利用する

集合写真や背景など、スタジオ撮影では対応できない素材を使いたい場合は、無料・有料の画像素材サイトで探します。

ここで注意したい点は、無料サイトの場合は、商用利用が可能かどうかを必ず確認するようにしてください。

また、画像素材サイトではなく、ネットで検索して出てくる画像を無断で使う行為は、のちのちどんなトラブルになるかわからないので、絶対にやめましょう。

無料サイトと有料サイトでは、写真の数やクオリティに大きな差があります。また、サイトによって画像の傾向に偏りが見られます。まずは無料サイトでいくつか調べて、見つからない場合は有料サイトでも探してみてください。

無料サイトも有料サイトも、有名な画像素材サイトがいくつかありますが、私が使っているのは次の通りです。

足成(無料)　http://www.ashinari.com/

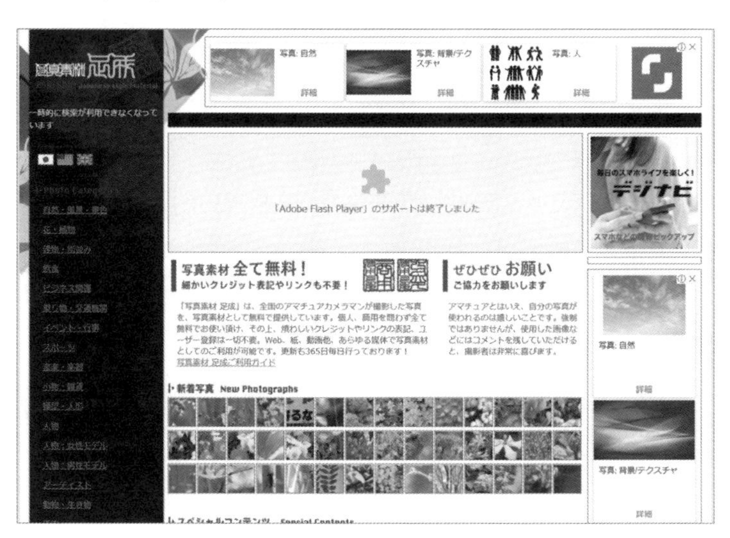

pixabay(無料)　https://pixabay.com/ja/

Pixta(有料)https://pixta.jp/

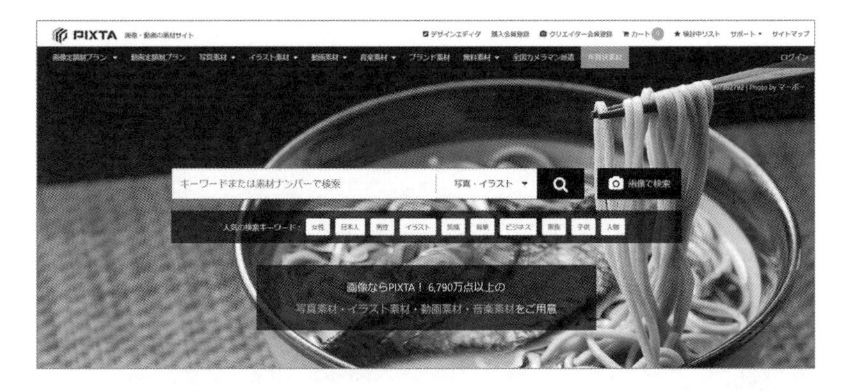

iStock(有料)　https://www.istockphoto.com/jp

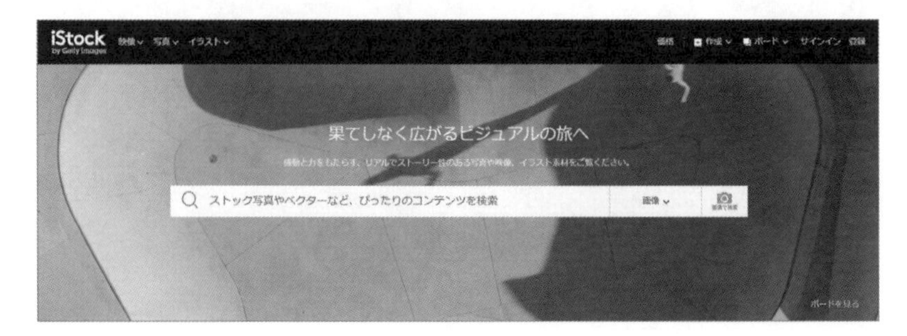

06

【募集例文付】デザイナーさんへの外注のポイント

画像素材が揃ったら、今度は素材を加工して商品画像に仕上げていきます。Photoshopなどを使って自分でデザインするか、デザイナーさんに外注する必要があります。

私も当初は自分でやっていましたが、どうしても素人感が抜けないし時間もかかるので、今はプロに依頼しています。

デザイナーさんの外注方法

デザイナーさんの募集は、ランサーズやクラウドワークスなどで行うのが簡単でしょう。また、先に紹介したバーチャルインには、「Amazon商品画像撮影プラン」というコースがあります。その他、「画像作成 amazon」「画像作成 ECサイト」などで検索して探してみてもいいかと思います。

ランサーズ　https://www.lancers.jp/

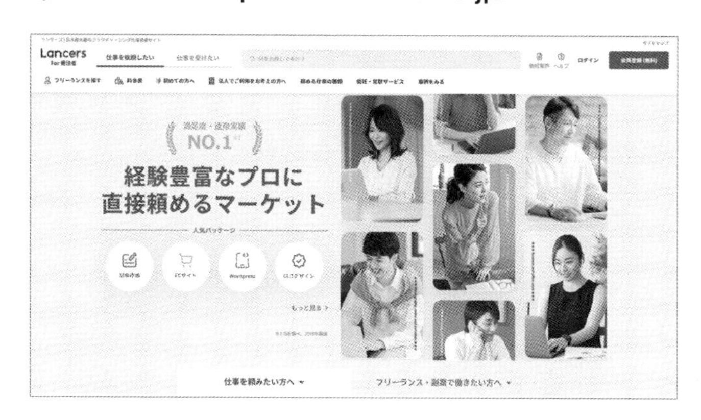

クラウドワークス　https://crowdworks.jp/

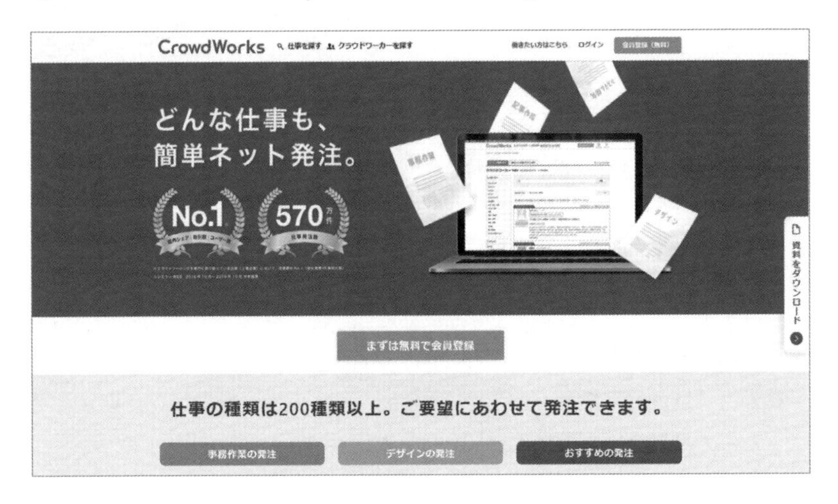

注意したい点は、あまり安価な価格で外注しないことです。金額と技術は比例しますので、余りに安価で外注すると、自分でもできるくらいのクオリティになることもあるので気を付けましょう。目安としては、1枚1,000円前後が良いかと思います。

デザイナーさんの募集例文

参考までに、ランサーズやクラウドワークスなどでデザイナーさんを外注するときの募集例文を2パターン紹介します。

【募集例文1】は、どちらかというと単発で複数名募集して、成果物を確認しながら長期的に付き合えそうなデザイナーさんを探す例文です。

【募集例文2】は、最初から長期的に付き合ってもらえる外注さんを1名募集する例文になります。

どちらがいいというわけではありませんが、ご自身の条件に合わせて書き直して活用してください。また、クラウドソーシングによって募集が集まりやすい文章の傾向が少し違うので、他の募集文と比べて必要なら書き直すようにしてください。

なお、ランサーズやクラウドワークスを活用する場合は、直接取引は規約違反ですし、トラブルが発生しやすくなるので絶対にやめましょう。

【募集例文1】単発作業の外注を募集する場合

件名：【急募】ECサイトに掲載する商品ページの画像加工・デザイン（パソコン関連）

当案件をご覧いただき、誠にありがとうございます。
ECサイトで販売する商品ページの画像を制作して頂ける方を募集しております。

◆仕事の内容◇◆◇◆◇◆◇◆◇◆◇◆◇◆◇◆◇◆◇◆◇◆◇◆

『ECサイトで販売する商品ページの画像制作』

【商品】
アウトドア用品
スポーツ用品

今回の依頼は複数の商品がございまして、色々と見比べてみたいので、10名～15名ぐらいの方を募集致します。

ですので、実績に合わせて1人1商品～2商品ぐらいをご担当して頂きたいと考えております。

【内容】

1商品あたり画像制作7枚［素材写真はこちらでご用意いたしますが、モデルを起用したり屋外で撮影したりはしていませんので、背景や人物を合成等して頂く必要がございます］

（メイン画像1枚＋サブ画像6枚）

- メイン画像：簡易レタッチ、白抜き
- サブ画像1：簡易加工、文字入れ、背景変更、白抜き、合成
- サブ画像2：簡易加工、文字入れ、背景変更、白抜き、合成
- サブ画像3：簡易加工、文字入れ、背景変更、白抜き、合成
- サブ画像4：簡易加工、文字入れ、背景変更、白抜き、合成
- サブ画像5：簡易加工、文字入れ、背景変更、白抜き、合成
- サブ画像6：簡易加工、文字入れ、背景変更、白抜き、合成
- サブ画像7：簡易加工、文字入れ、背景変更、白抜き、合成

上記7枚を一枚あたり1000円で希望しております。

ランサーズ手数料を含み税込み7700円の計算です。

こういったページにしたいといった大まかなイメージ画像と入れてほしい文章などはこちらでパワーポイント資料をお渡しします。

大まかなイメージは画像制作指示書に記載させて頂きますが、
基本的には自由にデザインをしてもらえればと思っています。

これまでの実績がございましたら画像をお送り頂けると幸いです。

もしよければ、継続して画像制作の作業を依頼させて頂きたいので、

長くお付き合いできる方であればと思いますm(_ _)m

◆作業の流れ◇◆◇◆◇◆◇◆◇◆◇◆◇◆◇◆◇◆◇◆◇◆◇◆

【Step1】こちらから画像制作に必要な情報を送付

・画像制作指示書・パワーポイント（原稿、イメージ、構成など）
・画像元データ（ファイル形式：JPG or PNG）
・参考画像もしくは参考商品のURL
・etc.

【Step2】画像制作を開始してください

【Step3】画像データの確認

制作して頂いた画像データをこちらで確認します。
初稿のデータから訂正をお願いする場合がありますが、
大きな変更がない限り追加報酬は発生しません。

【Step4】画像データの納品

画像データの確認がとれましたら納品作業をして頂きます。
jpg または png での納品をお願いします。

◆作業の条件◇◆◇◆◇◆◇◆◇◆◇◆◇◆◇◆◇◆◇◆◇◆◇◆

● 責任を持って作業をやり通せる方
● 機密保持できる方

◆最後に一言◇◆◇◆◇◆◇◆◇◆◇◆◇◆◇◆◇◆◇◆◇◆◇◆◇◆

疑問点などがあったらどんどんコミュニケーションをとって頂き、
効率よく作業を進められる方を歓迎しております。

平日土日祝日問わず、いつでも問い合わせ歓迎です！
作業が止まらない様、なるべく早めの返信を心がけていきます。

ご応募お待ちしております。以上、宜しくお願い致します。

【募集例文2】長期的に外注できる人を募集する場合

件名: ウェブ販売サイト商品ページの画像作成

ご覧いただきありがとうございます。ECサイト（アマゾンなど）の販売ページで使用する画像を作成頂ける方を募集致します。
ターゲットユーザーの方々へ商品の魅力を訴求できるような画像を作成して頂きたいと思っています。

■仕事内容
- 1商品6枚~ の画像作成をお願いしたいと思っております。
- 発注は不定期ですが、1ヶ月で5~10商品程度をみています。長期で可能な方大歓迎です！

主な作業内容は

◎画像加工/ レイアウト/ 文字入力/ イラスト作成
などとなります。

■画像加工について
◎こちらで用意した素材に加えて、
必要であればネットからのキャプチャ、フリー画像等をご使用頂き、商品の魅力を訴求できるような画像に仕上げていただければと思います。

■納品形式と納期
◎PSDファイルにて納品をお願いします。
◎納期は5営業日を目安としていますが、特に急な案件でない限りご要望にはお応え致します。
■報酬
◎単価1枚1,000円~ (税込)
上記を基本とし、制作内容によってご相談させていただきたいと思います。

■必要な環境・スキル
◎パソコン+インターネット環境があること
◎フォトショップ、イラストレーター等を使える方
◎スカイプなど音声でのやり取りが可能な方（イメージの打ち合わせで使用します）

■応募条件
◎Photoshopなどを使った基礎的な画像加工ができる方。
◎平日の昼間でも連絡が取れる方。在宅やすきま時間、子育ての合間などでお仕事をしたい方歓迎です！

● 不明な点について確認をちゃんと取っていただける方（納得いくまで聞いていただいて大丈夫です）。
● 納期に間に合わないなどの場合にちゃんと報告をいただける方。
● 責任をもって、お仕事に取り組んでいただける方。

■ 応募について
以下の内容を記載の上、ご応募お願いいたします。
1. お名前(ニックネーム可)
2. 性別
3. ご職業（フリーランス、専業主婦など）
4. 1日に可能な作業時間（おおよその目安で大丈夫です）
5. 画像または商品ページ等過去の制作物（もしあれば）

■注意点・禁止事項
● 他で登録されている画像や文章、商標の転用等、他社の知的財産権、著作権を侵すこと。
● 他のクライアントへ既に提案した内容の転用等。
ご不明な点があればお気軽にご質問ください。
ご検討の程どうぞよろしくお願いいたします。

複数応募があった場合のデザイナーさんの選び方

募集人数を超えるデザイナーさんの応募があった場合、人選する必要があります。依頼してみないとわからないところはありますが、私が依頼する際に気にしているポイントを参考までにお伝えします。

● 募集条件や募集要項に当てはまっていること。

- 上記募集例文2の「応募について」のように記載内容を指定する場合は、内容に沿って応募していること。指定した記載内容と違っている場合は、外注してもコミュニケーションエラーが発生する確率が高くなります。
- 過去の実績を確認し、成果物を公開している場合は、自分の求めているテイストに合っていること。
- ランサーズやクラウドワークスなどで極端な低評価がついていないこと

デザイナーさんと付き合ううえでの心構え

デザイナーさんと付き合ううえでの心構えは、「イメージ通りの成果物は出てこない」と心得ることです。どんな外注さんでもそうですが、他人が作業する以上、自分のイメージと成果物が一致することは、まずありません。

何度も同じ人に依頼すれば、あうんの呼吸で通じることもあるかもしれません。しかし、画像コンセプトシートなどを活用し、必要なことを伝えなければ齟齬が生じます。

どうすれば最初から同じイメージを共有できるか、改善を繰り返すようにしてください。

細かい微修正はお願いするべきか？

商品画像を作っていると、だんだんフォントの形やサイズ、配置にこだわり出す方がいます。しかし細かい修正のために、頻繁に修正依頼を出してしまうとデザイナーさんが嫌がり、次回以降の仕事を引き受けてくれなくなる可能性があります。

細かいところが気になった場合は、「果たしてその修正で売上は大きく変わ

るのか？」という観点でもう一度考えましょう。

そうはいっても、キャッチフレーズを少し変えたり、フォントの配置や大きさを調整したりしたくなることもあるでしょう。その都度デザイナーさんにお願いしてもいいですが、微修正程度は自分でやりたい方は、Photoshopを契約することを考えましょう。

以下の方法で比較的安く入手できます。

❶他のAdobeソフトも使いたい方：学生割引プランを使う（年間40,000円程度）

例：デジタルハリウッド https://online.dhw.co.jp/course/adobe/

❷Photoshopだけでいい方：Adobeのフォトプランを使う（年間13,000円ほど）

https://www.adobe.com/jp/creativecloud/photography.html

写真撮影と画像加工を別々に外注するか？一緒に外注するか？

写真撮影と画像加工を別々に外注するか、一緒に外注するかは一長一短あります。

例えば別々に外注する例では、バーチャルインで写真撮影をしてもらったあと、ランサーズでデザイナーさんに外注するというのがあります。

この場合、各々の担当範囲が狭いので安価で外注でき、トータルコストも安く済みます。しかし、商品画像ができあがるまでの時間はある程度かかってしまうのと、両者に自分の意図を伝えないといけないので齟齬が生じやすくなります。

一方で写真撮影から画像加工までワンストップで外注すると、こちらの意図を伝えやすく、短時間で仕上がります。また、この場合は、プロが画像加工まで考えて写真撮影できるので、短時間でクオリティの高い商品画像ができあがります。しかし、価格は高くなります。また、写真撮影もできるデザイナーさんと言っても、モデル撮影までできる方は限られ、理想のデザイナーさんに出会うまでは時間がかかるでしょう。

写真撮影から画像加工まで一緒に依頼できる人がいれば理想ですが、見つかるまでは別々で依頼するというのが現実的でしょう。

商品画像と商品紹介コンテンツの画像は同じ人に外注すること

外注するのは、商品画像だけでなく商品紹介コンテンツ用の画像も含みます。写真撮影もデザインもなるべく同じ人に依頼するようにしましょう。

同じ人に依頼しておけば商品ページ全体に統一感を出せるようになりますし、意図を伝えやすいので楽です。

また、商品画像を元に商品紹介コンテンツ用の画像も制作してもらうことで、カメラマンやデザイナーの負担も軽減します。結果的に1枚あたりの単価を下げることができます。

07

景品表示法、薬機法、健康増進法の広告規制

基本はAmazonの規約を守っていれば大丈夫

商品ページのガイドラインと広告に関わる法律の関係

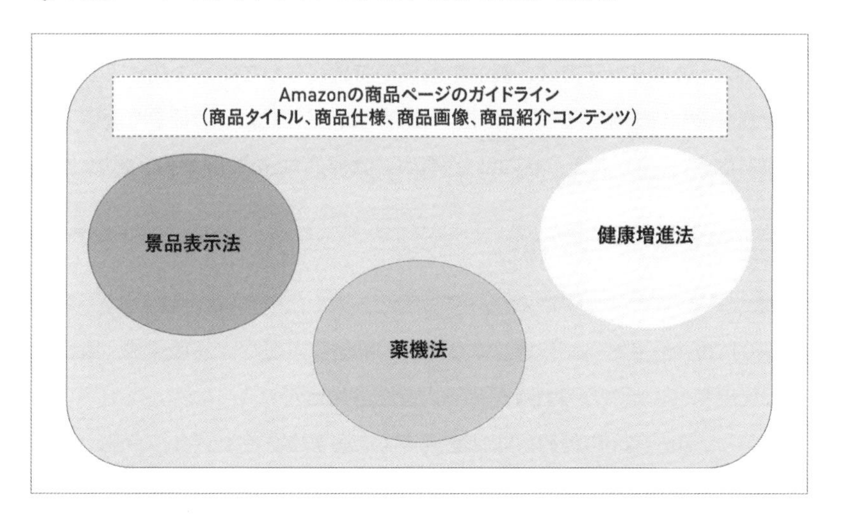

Amazonの商品ページについては、法律上はテレビCMやYouTube広告、ランディングページ、チラシなどの販促物と一緒なので、広告の一種になります。そのためAmazonでは、商品の出品の制限事項のなかに以下のような「禁止されている商品広告・宣伝文言」を含めています。

> **私たちはお客様がAmazonで商品を見つけ、発見し、購入することを容易にしたいと考えています。一方で、製品の品質や特性について誤解を招くことなく、正確で信頼できる情報をお客様に提供することも**

重要です。
消費者庁は、不当な表示による顧客の誘因を防止するため、景品表示法により、不当な表示を禁止しています。また、食品に関しては、消費者が正確な情報に基づき食品を選択できるよう、健康増進法により、虚偽・誇大広告等を禁止しています。
厚生労働省は、医薬品等の適正使用を確保するため、医薬品・医療機器等法により、虚偽・誇大広告等を禁止しています。(※)
そこで、販売者は、自ら販売する商品に関し、これらの法令ならびに関連する規制およびガイドラインを遵守のうえ、広告しなければなりません。
Amazonのポリシーでは、製品の品質や特性について誤解を招くような製品の販売を禁止しています。虚偽表示や部分的にしか正しくない表示は、消費者が知るべき内容を開示していないため誤解を招きます。

※Amazonセラーセントラル「禁止されている商品広告・宣伝に関する一般的なルール」より抜粋
※医薬品・医療機器等法:薬機法のこと

このため、商品ページを作成する際は、景品表示法や健康増進法、薬機法の広告規制は注意しなければ商品を出品できません。

しかし、Amazonの規約は法律を遵守できるように定められており、基本的には商品ページに関するガイドラインを守っていれば大丈夫なので安心してください。

とはいえ、景品表示法や薬機法、健康増進法についての概要は知っておいた方がいいので、以下に簡単に解説します。

景品表示法

Amazonで販売している全商品に関わる法律で、景品表示法では以下の広告・宣伝について禁止しています(景品表示法第5条)。

	法律上の定義	例
優良誤認	(1)実際のものよりも著しく優良であると示すもの (2)事実に相違して競争関係にある事業者に係るものよりも著しく優良であると示すもの	・虚偽・誇大広告 ・事実でないのに「評価1位」「最高評価」「ベストセラー」「満足度100%」などの表示をすること ・客観的なデータがないのに、主観的に「大人気」「日本一」などの表示をすること ・事実でないのに、他社との比較表で自社商品が優れていると表示する
有利誤認	(1)実際のものよりも取引の相手方に著しく有利であると一般消費者に誤認されるもの (2)競争事業者に係るものよりも取引の相手方に著しく有利であると一般消費者に誤認されるもの	・19,800円→9,800円という二重価格表示にしながら、19,800円の販売実績もなければ販売予定もない ・期間限定割引と謳いながら、期間を過ぎた後も同様の割引をしている

Amazonの商品名のガイドラインや商品紹介コンテンツで「100%品質保証」「人気商品」「ベストセラー」「お手頃」「低価格」「無料特典」「無料」「最新」「過去最高」などプロモーション的な用語や主観的な用語を禁じているのはこのためです。

また、商品紹介コンテンツではお客様の声、他社商品との比較表を禁じているのも、上記の優良誤認表示を防ぐための対策と考えられます。

お客様の声、他社商品との比較が法律で禁じられているわけではなく、「最新」「過去最高」などの表現も事実であれば景品表示法に抵触しません。

ただ、これらは景品表示法に抵触しやすい部分ではあるので、Amazonとしては保守的に規約で禁じていると考えられます。

薬機法

薬機法第66条では、医薬品、医薬部外品、化粧品、医療機器などの虚偽・誇大な広告を禁じています。また、薬機法はサプリメントや雑貨品にも関わる法律で、厳しく広告表現を規制しています。

薬機法が関わるカテゴリー	広告規制
医薬品、医薬部外品、化粧品、医療機器	表現できることが薬機法で定められ、厳しく制限されている
サプリメント・プロテイン等の健康食品、空気清浄機、除菌スプレー、芳香剤、アロマオイル、布ナプキン、香水などの雑貨類	医薬品、医薬部外品のような効果効能を表現すると薬機法違反

OEM販売では、上記のような健康食品や雑貨品を扱う方も多いと思いますが、以下のことを商品ページでは表現できないので注意してください。

❶効果効能(〇〇治癒、〇〇緩和、〇〇治療、〇〇改善、〇〇予防等)
❷身体の特定部位(眼、足、肝臓、肌等)
❸病名・症状(ガン、不眠、コロナ、関節痛、肥満等)

そのため、病名・症状はもちろんのこと、健康食品や雑貨品では以下の文言も薬機法違反であると同時にAmazonの規約でも禁じられているので注意してください。

メタボ、バストアップ、アンチエイジング、若返り、記憶力向上、抗菌、殺菌、鎮静、鎮痛、妊娠、不妊、アレルギー、免疫力、血液サラサラ、血行、血流、抗酸化、細胞再生、視力、聴力、新陳代謝、育毛、発毛、疲労回復

健康増進法

健康増進法第65条では、食品については著しく事実と相違する表示や、人を誤認させるような表示をしてはならないと規定されています。

食品やサプリメントなどの健康食品に関わる法律で、健康保持増進効果を表現してしまうと健康増進法違反となります。

薬機法や景品表示法と重なる箇所も多いですが、例えば以下の表現が禁じられており、Amazonの規約でも禁じられているので注意しましょう。

〇〇治癒、〇〇緩和、〇〇治療、〇〇改善、〇〇予防、疲労回復、強精、強壮、体力増強、食欲増進、美肌、免疫力、自然治癒力、老化、最高級、日本一、絶対、厚生労働省承認

レビューは広告規制の対象外

広告規制について簡単にお話しましたが、Amazonのレビューについては広告規制の対象外です。なぜかというと、Amazonのレビューは出品者が掲載して管理するのではなく、第三者である消費者の投稿に該当するためです。

そのため、Amazonのレビューで「間違いなく日本一です！」「絶対に壊れない」「病気が治ったので皆さん試してください」などと書かれていてもAmazonの規約に触れることはないので安心してください。

Q 嫌がらせで低評価レビューを付けられた場合はどのように対応しますか？

A よほど大きな売上がない限り、嫌がらせで低評価レビューが付く可能性は非常に低いです。

ライバルセラーからの代表的な嫌がらせの1つが、商品に対する低評価レビューです。見た目や機能が似ている商品が2つある場合、レビューが高い方が選ばれやすくなるためです。

ただ、嫌がらせに対しては、よほど売上が大きい注目されている商品でない限り、頻繁にあるわけではありません。嫌がらせがあったとしても、全体の評価に影響があるほど星1つのレビューが何個も付くことはあまり考えられません。

そのため、結論としては、嫌がらせについてはあまり気にしなくても大丈夫かと思います。気になるようであれば、Amazon Brand Registryの登録で利用できる「Amazon Vine 先取りプログラム」(P191〜)で対策することもできます。そもそも、良いOEM商品であれば自然と高評価のレビューが増えていきます。嫌がらせのレビューが1〜2個あったくらいで、他に星4〜5つのレビューがたくさんあれば影響はほとんどないので、あまり過度に気にしないようにしましょう。

また、他のライバルセラーの嫌がらせでは、不正注文という、同業セラーが複数のアカウントを使って大量注文・キャンセルする方法があります。ただ、これは、中国輸入OEMなどで類似の商品を販売したときに、稀に起こり得ることで、国内OEMでは発生する可能性が低いと考えております。

万が一不正注文があった場合は、購入数量の上限を設けたり、代金引換、コンビニ払いを無効にするような方法がありますが、まず気にしなくていいでしょう。

Chapter 7

検索画面で上位表示され売上を加速するSEO対策

SEO対策というと、Googleで検索したときにWebサイトが上位表示させるための方法を思い浮かべる方が多いと思います。Amazonでも、検索をして商品を探す消費者がほとんどで、消費者に検索で商品を見つけてもらうためのAmazon SEO対策があります。とはいっても、GoogleのSEO対策とはまったく手法が異なる、Amazonの検索で上位表示させるためのシンプルなコツがあります。

01

必ず押さえておきたいAmazonの検索順位の決まり方

いくら商品が良くても消費者が探せなければ売上がゼロ

Chapter6でお伝えしたように、OEM商品の購入者数は検索表示回数(インプレッション数)、クリック率(セッション率)、購入率(ユニットセッション率)で決まります。

AmazonSEO対策

購入者数＝

検索表示回数 ×	クリック ×	購入率
インプレッション数	セッション率	ユニットセッション率
検索キーワード	商品検索画面	商品ページ

そのなかでも、Amazon SEO対策は検索表示回数を上げる方法です。いくら商品が良くても、魅力的な商品ページを作り込んでも、消費者が探すことができなければ売上はゼロです。

Amazonの消費者は、商品名が頭の中に入っていない限りは、ほとんどが検索で商品を探します。消費者が検索したときに、あなたのOEM商品を見つけられるようにしなければいけません。

具体的には、Amazon SEO対策は下記のスポンサーブランド広告(P195〜)やスポンサープロダクト広告(P334〜)を除いた、自然検索での上位表示を目指します。

GoogleのSEO対策と同様に、上位表示されるほど消費者にクリックされやすくなります。

Amazonの検索画面の構成

SEO対策と聞いて、GoogleのSEO対策を思い浮かべた方は、とても難しそうな印象を受けるかもしれません。実際、GoogleのSEO対策は専門外の人が手探りで行うには難しいところがあります。**一方、Amazon SEOは至ってシンプルです。**消費者が欲しいと思えるような商品を作ることが大前提ですが、Amazon販売のSEO対策は、P311でお伝えする2つを基本とすれば、検索上位に表示されるようになります。

35%が検索順位トップの商品をクリックする

あくまでも目安なのですが、Amazonの検索画面では、様々な調査結果から次のようなことがよく言われます。

Amazonの検索順位とクリック率

❶35%のユーザーが検索上位1位の商品をクリックする

❷65%のユーザーが検索上位3位以内の商品をクリックする

❸70%のユーザーが検索画面の1ページ目だけチェックする(2ページ以降は見られない)

もちろん、これはChapter6でお伝えしたように商品タイトルの付け方でも大きく変わり、検索下位の商品の方がクリックされることはあります。

ただし、訴求力がだいたいどの商品も同じだった場合は、検索上位の商品ほどクリックされやすいことは事実です。

特に検索上位1位に表示されれば、かなりインパクトが大きいです。クリック率が10％から35％になれば、それだけで売上が3.5倍です。

もちろん、検索表示回数の少ないキーワードで検索上位トップでも意味はありません。いくらトップ表示されても、検索するユーザーがゼロなら売上はゼロです。逆に、検索表示回数が多いビッグキーワードでは、検索上位に入るのは難しくなります。

そのため、適度に検索表示回数が多いキーワードで上位表示を目指すことが大切です。

Amazonの検索順位の決まり方

単純転売やメーカー直取引では、メーカーが作成済みの商品ページに相乗りするだけだったので、最初から検索上位表示されている商品を販売できました。しかし、OEM商品の場合は、新規の商品ページを検索上位に表示されるように育てていく必要があります。

Amazonの検索順位は、大きく分けて以下に挙げる2つの要素の組合せによって決定されます。どのような評価付けをされているかはAmazonでは公開していませんし、他の複合的な要素も関わっているかもしれません。

しかし、Amazonは消費者の多くがその商品ページをクリックし、その上で購入率が良く、たくさん売れるものを検索上位に表示させる傾向があります。Amazon SEOの基準は非公開ですが、消費者に信頼されていて、在庫も安定供給され、長く売れている商品の検索順位が高くなるのは間違いありません。

❶消費者の検索キーワードと商品ページのテキストが一致していること

消費者が、ある検索キーワードで検索すると、その検索キーワードに関連する商品が上位表示されます。

極端に言うと、消費者が「電動自転車」で検索して「水鉄砲」が出てくるわけがありません。表示されるのは「電動自転車」ばかりで、通常の自転車すら出てきませんよね。

水鉄砲の商品ページには電動自転車に関する情報がありません。通常の自転車も同様です。ですが、電動自転車の商品ページには、当然ながら電動自転車に関する情報が載っています。

このように、消費者が何かしらの検索キーワードで検索した場合、商品ページ内の情報が検索キーワードと一致、もしくは関連している商品が上位表示されやすくなります。

ただ、単純に「○○○」という商品を検索して「○○○」という商品が検索上位表示されるだけではありません。Amazonのアルゴリズムでは、商品ページ内の情報によって「この情報なら、だいたいこういう商品」とAmazon側で判断して検索画面に表示します。もちろん、この判断基準は非公開ではありますが、Amazonは1つのキーワードだけでなく総合的に判断して検索順位を決めています。

機械的にキーワードを詰め込むと、商品名や商品仕様が不自然になるなど逆効果ですが、必要なキーワードは盛り込み、情報を網羅しましょう。

❷商品が売れていること

Amazon SEOでもう1つ重要なことは、商品が売れるほど検索順位が上がりやすくなり、さらに売上が上がるという好循環に繋がるということです。

逆に商品が売れなければ検索順位で上位表示されず、ますます売れなくなります。

そうなると、新発売の商品は当然売上ゼロからスタートするので、SEOが弱く検索順位が上がってきません。これでは、よっぽど話題の新商品でなければ売れないままですよね。

そのため、新発売のOEM商品は、まずはスポンサープロダクト広告などを利用して意図的に検索画面上位に表示させます。そして、売上が上がってきて自然検索で上位表示できるようになったら広告費を下げていきます。

ただ、これは商品が売れるということが前提になります。そもそも売れない商品で、購入率が低い商品の場合は、いくら広告費をかけても自然検索の順位がなかなか上がりません。

つまり一見遠回りに見えますが、商品が安定して売れるように取り組むことが、結果的に検索順位を上げて、ますます売れるようになるという良いスパイラルを生み出します。

(1) 商品ページの訴求力が高いこと

いくら広告を活用して検索上位に表示させても、購入されなければ自然検索の順位は上がっていきません。**購入に至らない要因としては狙うキーワードがターゲットから外れているか、商品ページの訴求力が低いかの、いずれかが考えられます。**検索キーワードがターゲットから外れていなければ、商品ページの改善が必要になります。

(2) FBA出荷であること

FBA出荷と出品者出荷では、特別な理由がない限り、FBA出荷を選びましょう。送料無料で、遅くても翌日に商品が届くFBA出荷を選んだ方が売上は上がりやすいです。

(3) 商品価格が適正で乱高下しないこと

一時期、商品価格を大きく下げて販売し、検索順位が上がってきたら値上げするような方法が取られていたことがあります。しかし、この方法では大きく値上げすると売れなくなることが多く、結果として自然検索順位が圏外まで落ちることがありました。

そもそも、価格だけで売上をコントロールすることには限界があります。**高すぎず、安すぎず、適切な価格設定をするようにしましょう。**

しかし、商品の売れ行きが悪く、SEO対策や商品ページを改善しても改善が見られない場合は価格を下げて売り切ることもあります。

(4) 在庫切れを起こさず安定供給できていること

在庫切れを起こしてしまうと、当然販売することができなくなるので、結果的に検索順位も落ちていきます。

在庫を多く抱えることも不安ではありますが、**在庫切れにも十分注意して、余裕を持って在庫を補充するようにしましょう。**安定的に商品を供給できれば、自然検索順位も安定するので、長期的に商品が売れ続けます。

(5) 高評価のレビューが多いこと

高評価のレビューが多ければ多いほど、購入率が高くなりますので商品が売れやすくなり、結果として検索順位は上がりやすくなります。商品紹介コンテンツ(A+)などでお客様の声を掲載することはできないので、高評価のレビューは訴求力を高めてくれます。なので、商品を販売したら、なるべく早く高評価のレビューが欲しいところです。

とはいっても、サクラレビューはAmazonの規約で禁止されており、アカウント閉鎖リスクを伴います。**レビューを意図的に増やしたいのであれば、現状取れる方法は「Amazon Vine 先取りプログラム」でVineメンバーにレビューを依頼することです**(Amazon Brand Registryに登録している人に限る。詳細はP191〜)。ただし、低評価が付くことで逆効果になる可能性もあります。商品力が優れていて、商品ページの訴求と矛盾がなければ購入率アップにつながる高評価が増えることが考えられるので、試してみてもいいでしょう。

02

OEM販売で重要な2つのAmazon SEO対策

OEM商品のAmazon SEO対策では、在庫を切らさない、FBA出荷、商品力が高いなどの前提条件はありますが、出品者が最も考えないといけない重要な戦略は次の2点です。

【戦略❶】商品ページに必要なキーワードを入れ込む

まずは、商品ページにターゲット消費者が検索するキーワードを入れることが必要です。Chapter5でお伝えした通り、Amazon SEOに関わるのは「商品タイトル」「商品仕様」「キーワードタグ」です。商品が売れればSEO効果は高くなるので、商品画像や商品紹介コンテンツも間接的には影響しますが、そこはキーワードを入れ込むのではなく訴求力を高めてください(Chapter6参照)。

AmazonSEOに影響する商品タイトルと商品仕様

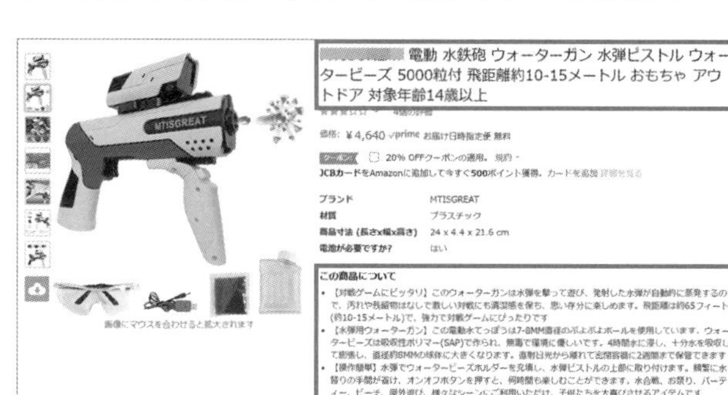

商品タイトルは必須のキーワードに留め、Chapter6のとおり訴求力も意識する

商品仕様で、商品タイトルで表現しきれなかったキーワードを散りばめる

商品ページにキーワードを入れたら終わりというわけではなく、スポンサープロダクト広告を運用し、必要に応じてキーワードを変更していくことも必要です。

「商品タイトル」「商品仕様」「キーワードタグ」で共通して言えることは、ある程度検索ボリュームの見込めるキーワードを入れ込むことです。例えば、セラースプライトであれば検索ボリュームが10,000以上のキーワードです。

逆に、ほとんど誰も検索しないキーワードで検索上位表示されても意味がありません。つまり、なるべく消費者のニーズに合ったキーワードを選ぶようにしてください。ただし、あまり検索ボリュームが大きすぎると、今度は競合が非常に強い商品(大企業の有名商品など)を相手にすることになるので、検索上位に表示されにくくなります。適度に検索ボリュームがあるキーワードを選ぶようにしてください。

また、ターゲットとする消費者の頭のなかにある検索キーワードを選ぶようにしましょう。いくら検索ボリュームが適正な数でも、ターゲット消費者の検索しないキーワードではクリック率や購入率の低下を招きます。欲しくない商品が検索上位に表示されてもスルーしますよね。

これについては、Chapter2,6で詳しくお伝えしている「ターゲット消費者深掘りシート」で想定したターゲット層から外れないキーワードを入れ込むようにしてください。常に「消費者がどんなキーワードで検索するかな」ということを考えながらキーワード設定するようにしましょう。

○商品タイトル

商品仕様やキーワードタグと違い、商品タイトルはSEO対策だけでなく訴求力を高める役割も持ちます。そのため、商品名のガイドラインを守るのはもちろんのこと、無駄にキーワードを詰め込みすぎたタイトルにすることのないように注意してください。**推奨文字数は50～80文字です。**

もちろん、ターゲット消費者が頭の中にあるキーワードは必ず入れる必要はあります。充電器なのに、タイトルに「充電器」の名称や、充電器とわかるようなキーワードがないのはNGです。しかし、必要以上のキーワードを詰め込むと消費者が迷いやすくなり、クリック率の低下につながります。

検索キーワードは商品仕様やキーワードタグでも入れられるので、商品タイトルでは、キーワードだけでなく訴求力も意識してタイトルを付けるようにしましょう。ガイドラインなど基本的なルールはP118〜、訴求力についてはP216〜を参照してください。

○商品仕様

最大5項目、全角100文字以内まで記入できる商品の仕様で記載された情報も、商品タイトル同様にAmazon SEOに影響を与えます。商品タイトルで表現できる検索キーワードは、上記理由で限られてきますので、商品の仕様で検索キーワードを散りばめるようにしながら、必要な情報を記載していきましょう。ただし、こちらもあまりキーワードを必要以上に詰め込むよりは、適度に消費者が求めている情報を伝える意識で記載してください。

1点注意したい点は、PCで商品ページを見ると、タイトルの下に5つ表示されるのですが、スマホでは最初の上3つのみ表示されます。**下2つの商品の仕様は、クリックしないと表示されません。優先的に伝えたい情報は上3つで盛り込みましょう。**

AmazonSEOに影響する商品タイトルと商品仕様

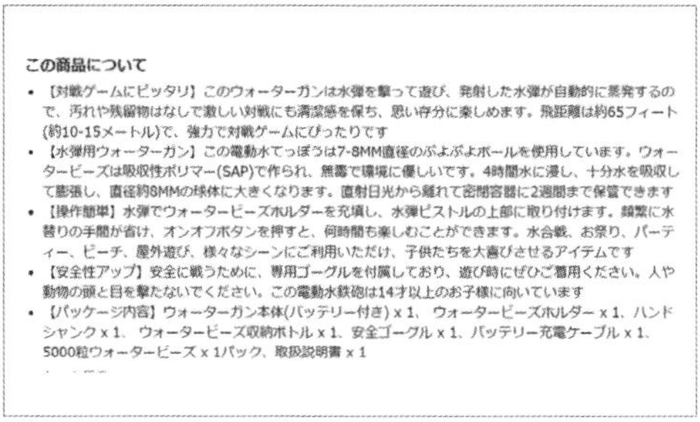

この商品について

- 【対戦ゲームにピッタリ】このウォーターガンは水弾を撃って遊び、発射した水弾が自動的に蒸発するので、汚れや残留物はなしで激しい対戦にも清潔感を保ち、思い存分に楽しめます。飛距離は約65フィート(約10-15メートル)で、強力で対戦ゲームにぴったりです
- 【水弾用ウォーターガン】この電動水てっぽうは7-8MM直径のぷよぷよボールを使用しています。ウォータービーズは吸収性ポリマー(SAP)で作られ、無毒で環境に優しいです。4時間水に浸し、十分水を吸収して膨張し、直径約8MMの球体に大きくなります。直射日光から離れて密閉容器に2週間まで保管できます
- 【操作簡単】水弾でウォータービーズホルダーを充填し、水弾ピストルの上部に取り付けます。頻繁に水替りの手間が省け、オンオフボタンを押すと、何時間も楽しむことができます。水合戦、お祭り、パーティー、ビーチ、屋外遊び、様々なシーンにご利用いただけ、子供たちを大喜びさせるアイテムです
- 【安全性アップ】安全に戦うために、専用ゴーグルを付属しており、遊び時にぜひご着用ください。人や動物の顔と目を撃たないでください。この電動水鉄砲は14才以上のお子様に向いています
- 【パッケージ内容】ウォーターガン本体(バッテリー付き) x 1、ウォータービーズホルダー x 1、ハンドシャンク x 1、ウォータービーズ収納ボトル x 1、安全ゴーグル x 1、バッテリー充電ケーブル x 1、5000粒ウォータービーズ x 1パック、取扱説明書 x 1

PCの商品ページの
商品仕様

詳細

- 【対戦ゲームにピッタリ】このウォーターガンは水弾を撃って遊び、発射した水弾が自動的に蒸発するので、汚れや残留物はなしで激しい対戦にも清潔感を保ち、思い存分に楽しめます。飛距離は約65フィート(約10-15メートル)で、強力で対戦ゲームにぴったりです
- 【水弾用ウォーターガン】この電動水てっぽうは7-8MM直径のぷよぷよボールを使用しています。ウォータービーズは吸収性ポリマー(SAP)で作られ、無毒で環境に優しいです。4時間水に浸し、十分水を吸収して膨張し、直径約8MMの球体に大きくなります。直射日光から離れて密閉容器に2週間まで保管できます
- 【操作簡単】水弾でウォータービーズホルダーを充填し、水弾ピストルの上部に取り付けます。頻繁に水替りの手間が省け、オンオフボタンを押すと、何時間も楽しむことができます。水合戦、お祭り、パーティー、ビーチ、屋外遊び、様々なシーンにご利用いただけ、子供たちを大喜びさせるアイテムです

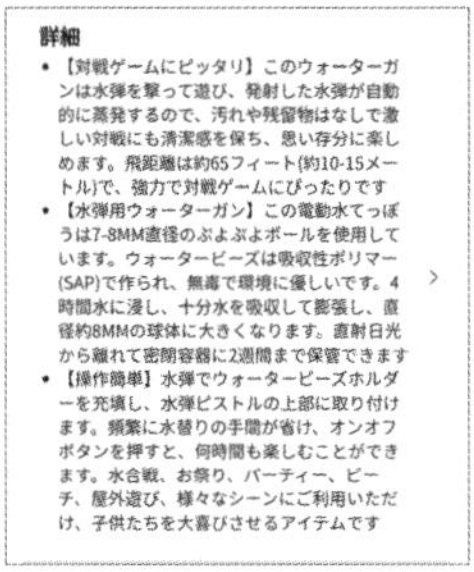

スマホの商品ページの
商品仕様

○キーワードタグ

キーワードタグはAmazonの商品ページには見えないですが、入力しておくとAmazon SEOの対象になります。GoogleのSEO対策で以前あった「メタタグ」に近いイメージです。

キーワードタグには、商品タイトルや商品の仕様などでは伝えきれなかったキーワードを含めるようにするといいでしょう。

【検索キーワードを調べる方法】

では、どうやって検索キーワードを調べるかというと、いくつか方法があります。基本的には以下のセラースプライトを利用するのが一番ですが、他にも検索キーワードを調べる方法があるので参考にしてください。

❶セラースプライト

セラースプライト　https://www.sellersprite.com/jp

本書で既に何回か登場していますが、**Amazonの検索キーワードを検討する際におすすめで、最も使われるのがセラースプライトです。**

セラースプライトは、特にOEM販売に取り組む方であれば必須といっていいツールです。中国製のツールですが、日本語の翻訳に不自然なところはほとんどありません。

OEM販売をするうえではとても便利なツールなのですが、様々な機能があるゆえに、「どう活用すればいいかわからない」といった声も多いです。

ただ、販売するOEM商品の検索キーワードを選定するには、以下のキーワードマイニングとキーワードリサーチ、キーワード逆引きリサーチを活用すればいいでしょう。

セラースプライトは月額98ドル(1ドル＝135円換算で13,230円)、年会費が980ドル(1ドル＝135円換算で132,300円)〜と、安価とは言えない金額です。

最初は無料で使用してみて、頻繁に使うようであれば有料会員登録することで良いかと思います。とはいえ、OEM販売に本格的に取り組むのであれば、無料では機能が制限され、検索キーワードの選定や商品リサーチに利用するには不便なので有料会員登録をおすすめします。ただ、セラースプライトのデータも正確ではないので、あくまで参考値として捉えてください。

セラースプライト無料会員と有料会員の機能の違い

	無料会員	有料会員（スタンダード会員）
キーワードマイニング	上位5つ （Google拡張機能10個）	無制限
キーワードリサーチ	上位5つ	無制限
キーワード逆引きリサーチ	上位5つ	無制限
キーワード順位チェッカー	上位5つ	無制限
ライバル商品リサーチ	一部表示	無制限
商品リサーチ	一部表示	無制限
市場リサーチ	一部表示	無制限
マーケットプラグイン	一部表示	無制限
商品モニタリング	0件	100件
キーワードモニタリング	0件	500件
店舗新商品	0件	50件
データダウンロード	1日0回	1日50回

○キーワードマイニング

検索キーワードを選定するうえで、比較的使っている人が多い機能が「キーワードマイニング」です。

キーワードマイニングでは、特定のキーワードを入力することで、キーワードの関連キーワード、月間検索数、月間販売数などの情報が取得できます。

Chapter2でもお伝えしていますが、**そのなかで一番重要な情報が関連キーワードと月間検索数です。**

以下、キーワードマイニングの使い方について、通常のセラースプライトの画面と、Google拡張機能に分けてお伝えします。

セラースプライトの画面でのキーワードマイニングの使い方

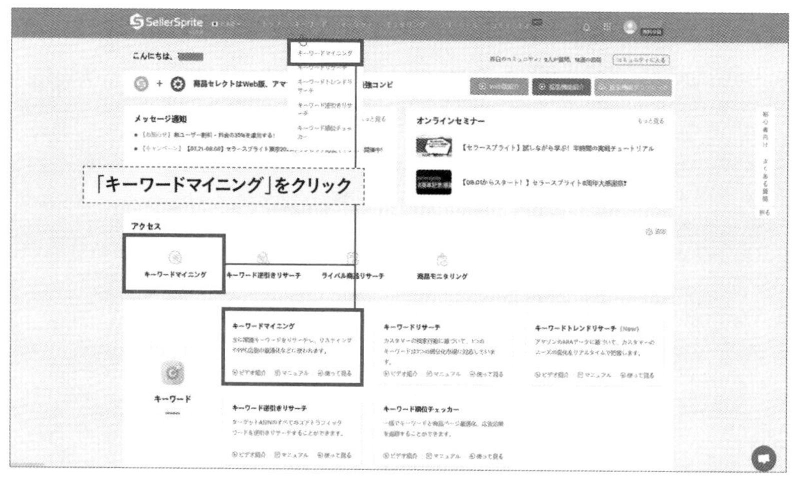
「キーワードマイニング」をクリック
キーワードマイニング

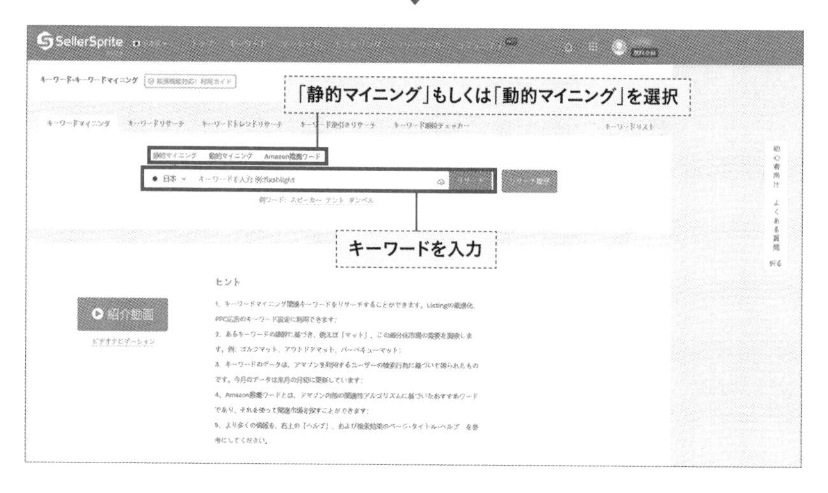
「静的マイニング」もしくは「動的マイニング」を選択
キーワードを入力
紹介動画

Google拡張機能でのキーワードマイニングの使い方

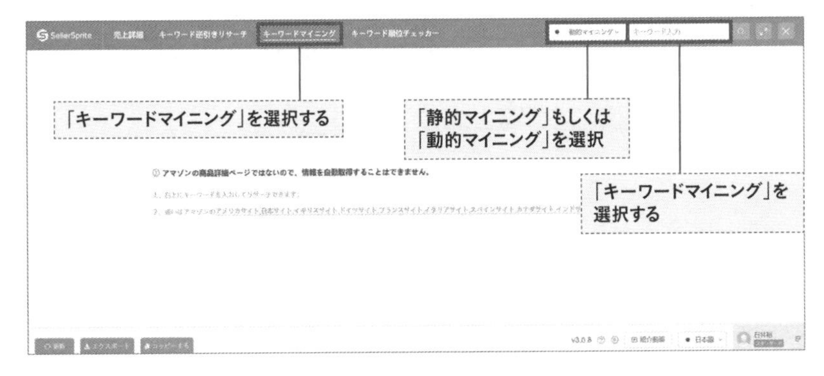

ここで、「静的マイニング」と「動的マイニング」というのが出てきていますが、この違いを、「水鉄砲」で検索した場合で見てみます。

静的マイニング	「水鉄砲 OO」という関連キーワードが出てくる
動的マイニング	「水鉄砲 OO」というキーワードの他、「みずでっぽう」「ウォーターガン」というキーワードも抽出できる

静的マイニングの検索結果

SellerSprite　売上詳細　キーワード逆引きリサーチ　キーワードマイニング　キーワード順位チェッカー　静的マイニング　水鉄砲

#	注目キーワード	季節性	月間検索数	月間販売数	転換率	クリック集中度	商品数	市場分析	PPC価格	操作
1	水鉄砲 リュック	2018.07	36,542	643	1.76%	32.2%	428	¥1,785 27(3.7)	¥29 ¥25 - ¥49	
2	amazon 水鉄砲	2020.07	21,134	371	1.76%	100.0%	200	¥1,795 29(3.7)	¥38 ¥26 - ¥65	
3	水鉄砲 超強力飛距離 高性能	2017.07	18,918	607	2.65%	78.7%	-	-	¥30 ¥25 - ¥46	
4	水鉄砲 こども	2018.07	19,389	19	0.10%	60.0%	2,000	¥2,206 53(3.7)	¥28 ¥23 - ¥35	
5	水鉄砲 タンク	2017.07	18,748	435	2.60%	48.2%	816	¥1,966 23(3.9)	¥28 ¥25 - ¥46	
6	水鉄砲	※	14,071	363	2.58%	32.7%	3,073	¥1,893 28(3.7)	¥29 ¥25 - ¥56	
7	ウォーターガン 水鉄砲	2021.07	11,514	43	0.38%	46.0%	1,467	¥3,358 17(4.3)	¥29 ¥26 - ¥57	
8	スプラトゥーン2 水鉄砲	2019.07	10,195	94	0.93%	70.8%	-	¥2,887 29(3.5)	¥37 ¥23 - ¥37	
9	水鉄砲 タンク式	2020.05	9,862	352	3.57%	60.4%	241	¥2,386 35(3.9)	¥27 ¥24 - ¥54	
10	水鉄砲 大人用	2017.07	8,487	46	0.54%	100.0%	1,717	¥2,166 28(3.8)	¥26 ¥23 - ¥80	

243 件の結果がある(前 10 件だけ表示する)　v3.0.8　紹介動画　日本語

静的マイニングでは「水鉄砲○○」という複合キーワードのみ抽出される

静的マイニングの検索結果

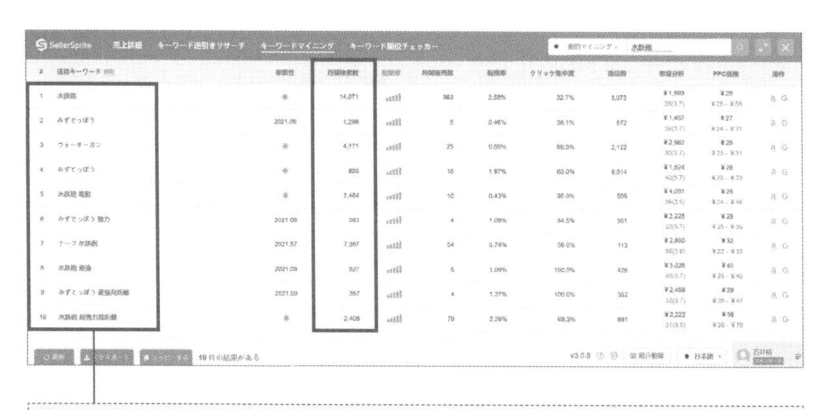

SellerSprite　売上詳細　キーワード逆引きリサーチ　キーワードマイニング　キーワード順位チェッカー　動的マイニング　水鉄砲

#	注目キーワード	季節性	月間検索数	[illegible]	月間販売数	転換率	クリック集中度	商品数	市場分析	PPC価格	操作
1	水鉄砲	※	14,071		363	2.58%	32.7%	3,073	¥1,893 28(3.7)	¥29 ¥25 - ¥56	
2	みずでっぽう	2021.09	1,298		5	0.46%	38.1%	572	¥1,487 38(3.7)	¥27 ¥24 - ¥31	
3	ウォーターガン	※	4,171		25	0.60%	86.5%	2,122	¥2,982 30(3.7)	¥26 ¥23 - ¥31	
4	みずてっぽう	※	850		16	1.97%	60.0%	6,014	¥1,824 40(3.7)	¥28 ¥20 - ¥33	
5	水鉄砲 電動	※	2,464		10	0.43%	86.0%	559	¥4,051 36(3.5)	¥26 ¥24 - ¥46	
6	みずでっぽう 強力	2021.09	363		4	1.09%	54.5%	351	¥2,228 32(3.7)	¥28 ¥25 - ¥36	
7	ナーフ 水鉄砲	2021.07	7,367		54	0.74%	58.0%	113	¥2,800 36(3.8)	¥32 ¥22 - ¥33	
8	水鉄砲 最強	2021.09	527		5	1.09%	100.0%	426	¥3,026 40(3.7)	¥40 ¥25 - ¥40	
9	みずてっぽう 最強飛距離	2021.09	357		4	1.37%	100.0%	362	¥2,459 32(3.7)	¥29 ¥26 - ¥47	
10	水鉄砲 超強力飛距離	※	2,408		79	3.29%	68.3%	891	¥2,222 31(3.6)	¥38 ¥26 - ¥70	

10 件の結果がある　v3.0.8　紹介動画　日本語

動的マイニングでは、ユーザーが検索経路も考慮して、ユーザーが検索する様々な検索キーワードを抽出する。そのため「みずでっぽう」「ウォーターガン」という言葉も出てくる

上記の通り、静的マイニングでは、ただ「水鉄砲」を含む検索キーワードと検索数を表示します。対して動的マイニングでは、ユーザーが検索する様々な検索キーワードを含んで検索キーワードと検索数を表示します。

例えば、動的マイニングでは「みずでっぽう」「ウォーターガン」という、水鉄砲を探しているユーザーが検索しそうなワードも出てきます。そのため、動的マイニングを使うと、思わぬキーワードに気づくことがあります。

静的マイニングと動的マイニング両方を確認し、取りこぼしなく適切なキーワード選定を行うようにしましょう。

○キーワードリサーチ

キーワードリサーチは、「このカテゴリーで検索されているキーワードは何か？」を調べる機能です。**売れ筋商品を把握できるので、OEM商品を開発する段階でも活用できる機能です。**キーワードリサーチは、Google拡張機能では使えないので、セラースプライトの画面で以下のように調べます。

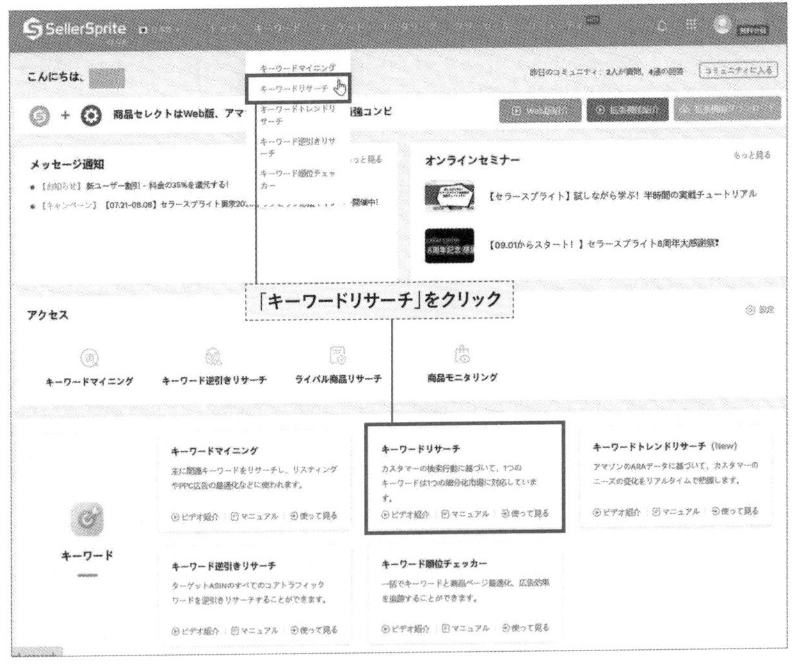

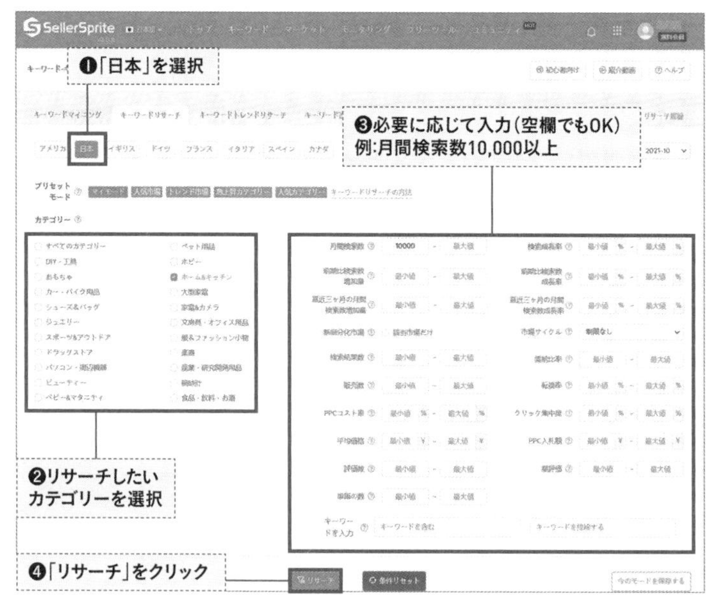
❶「日本」を選択
❷リサーチしたい
カテゴリーを選択
❸必要に応じて入力(空欄でもOK)
例:月間検索数10,000以上
❹「リサーチ」をクリック

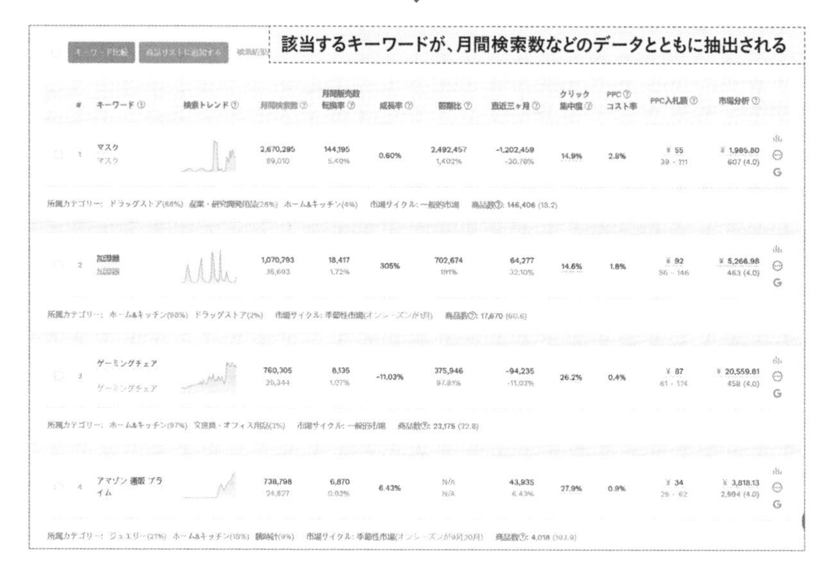
該当するキーワードが、月間検索数などのデータとともに抽出される

○キーワード逆引きリサーチ

キーワード逆引きリサーチは、特定の商品がどんなキーワードで検索されているかを調べるために使用します。

商品改良前の既製品やライバル商品の検索キーワードを調べることができるので、重宝している方が多い機能です。Googleの拡張機能を使うと、商品ページを表示すれば自動でキーワードを抽出し、月間検索数を表示するので便利です。

セラースプライトの画面でのキーワード逆引きリサーチの使い方

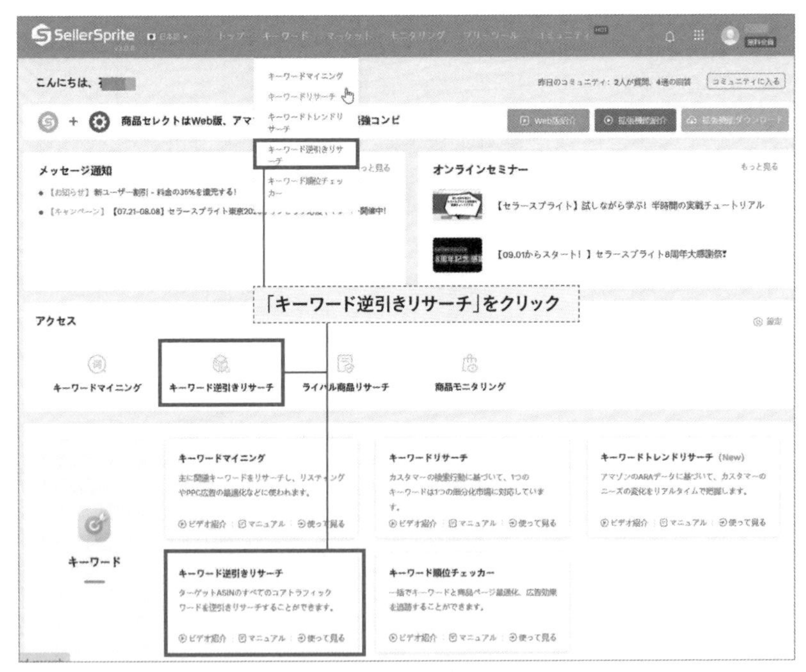

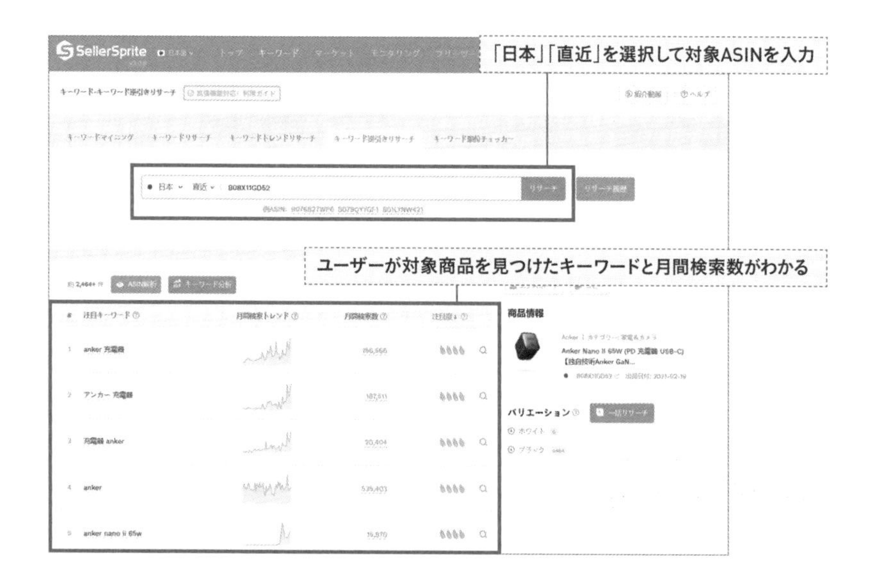

Google拡張機能でのキーワードマイニングの使い方

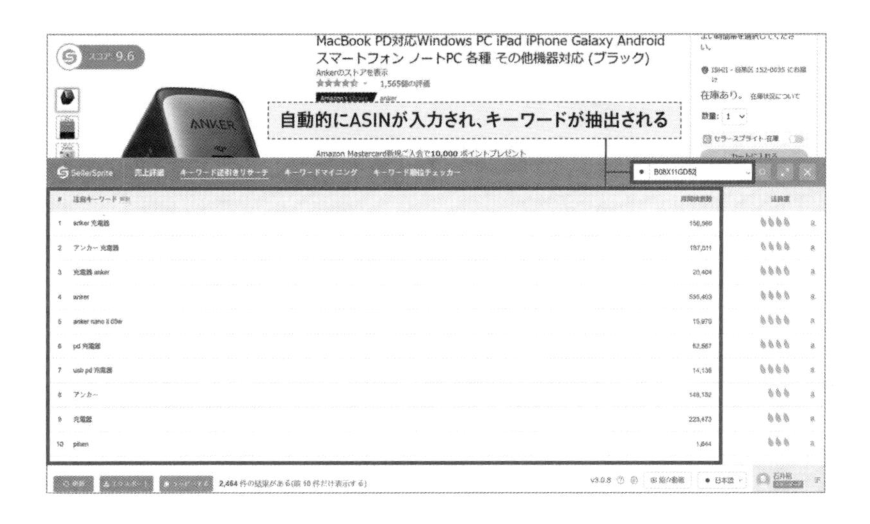

❷キーワードプランナー

キーワードプランナーは、Google広告を利用していると、利用できる検索ボリュームを調べるツールです。

もし、「セラースプライトは高いから使いたくない」「Google広告を使っている」ということであれば、キーワードプランナーをキーワード選定の参考にしてもいいでしょう。

ただし、キーワードプランナーで算出される検索ボリュームは、Amazonではなく Googleの検索の話なので、参考程度にしてください。

もっとも、AmazonはSEOに強いECサイトで、Amazonの商品ページがGoogleで上位表示されることも珍しくありません。少数派ではありますが、Google検索で商品を見つけるユーザーもいます。

キーワードプランナー

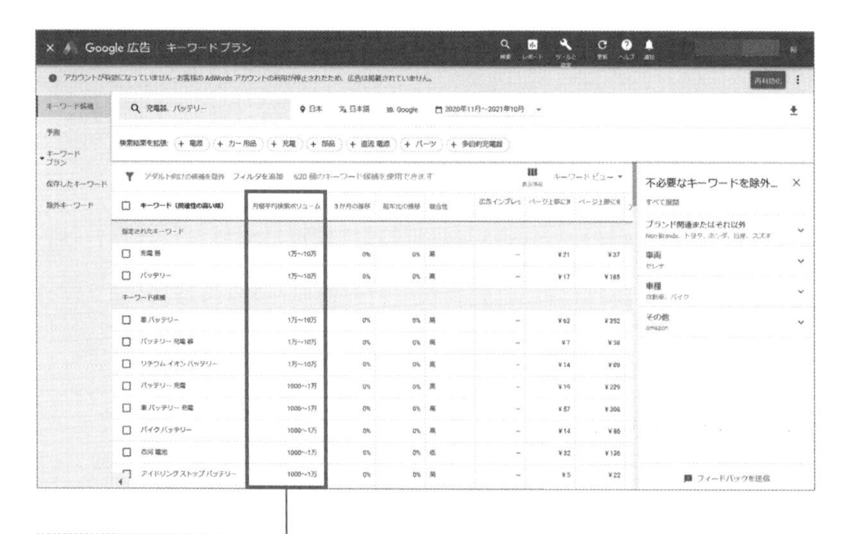

Google広告を使っていれば検索ボリュームが正確に出てくる。無料の場合は1万～10万など曖昧な数字しか出てこない

なお、キーワードプランナーは広告を利用せず無料で使用していると、検索ボリュームが「1万～10万」「1000～1万」と曖昧な数字しか出ません。

そのため、Google広告を利用していない方は下記のウーバーサジェストを利用するといいかと思います。

❸ウーバーサジェスト

ウーバーサジェスト

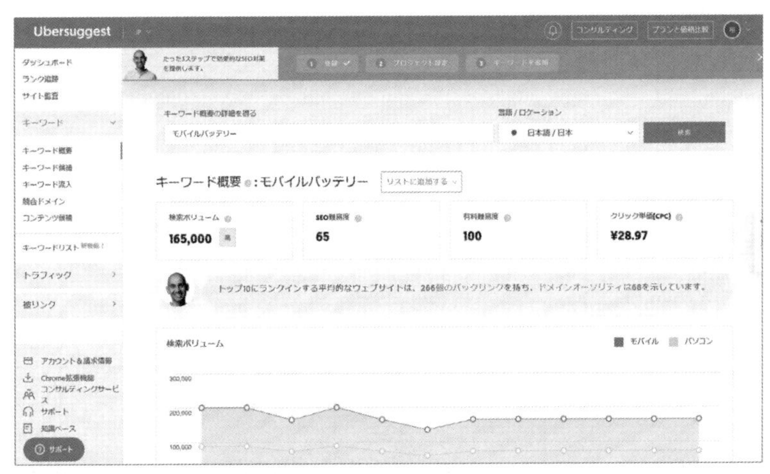

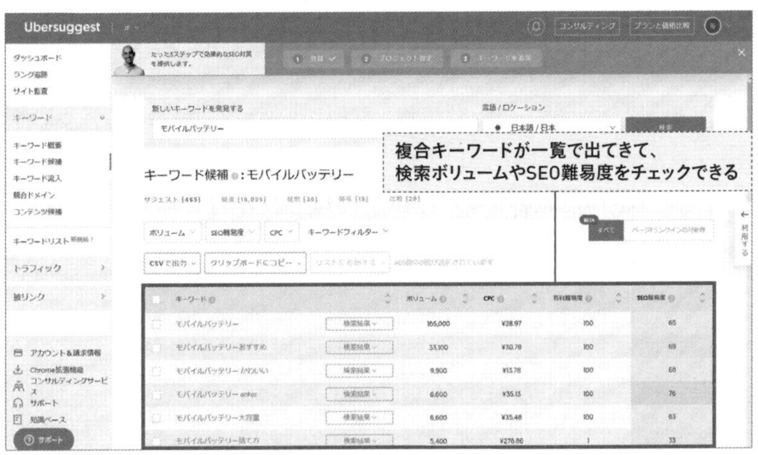

ウーバーサジェストは検索ボリュームなどを調べられる、NEIL PATEL(ニール・パテル)という人が開発したSEOツールです。

無料版と有料版ともにGoogle検索の検索ボリュームを正確に算出することができるので、参考に使用してみてもいいでしょう。

なお、無料版と有料版では機能面で大きな違いはありませんが、1日の使用制限が変わります。使用頻度に応じて使い分けてください。

ただ、これもAmazonの検索ボリュームではなく、Googleの検索ボリュームなので参考程度にしてください。

	利用検索回数
無料版	1日3回
パーソナル（月2,999円）	1日100回
ビジネス（月4,999円）	1日300回
エンタープライズ（月9,999円）	1日900回

❹Amazonサジェストをチェックする

Amazonのサジェスト機能

Amazonの検索窓にキーワードを入力すると、その下にキーワードと関連性が高い複合キーワードが表示されます。

これをサジェスト機能と呼び、Amazonの検索画面ではなく、Google検索でも用いられている機能です。実際に検索頻度の高いキーワードが表示されますので、検索キーワードを選定するうえで参考になります。

ただし、ログインした状態で検索すると、自分の検索履歴が反映されて、正しい検索結果が表示されないことがあります。そのため、キーワードリサーチを目的としてAmazon検索する際は、ログアウトするか、ブラウザのシークレットモードで検索するようにしましょう。

❺Amazonサジェスト キーワード一括DLツール

Amazonサジェストキーワード一括DLツール

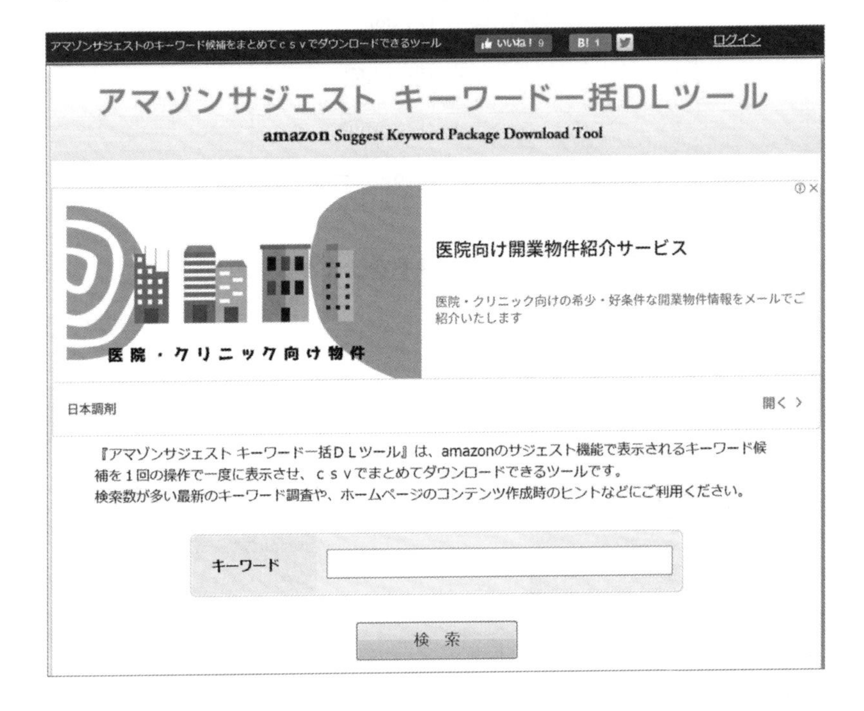

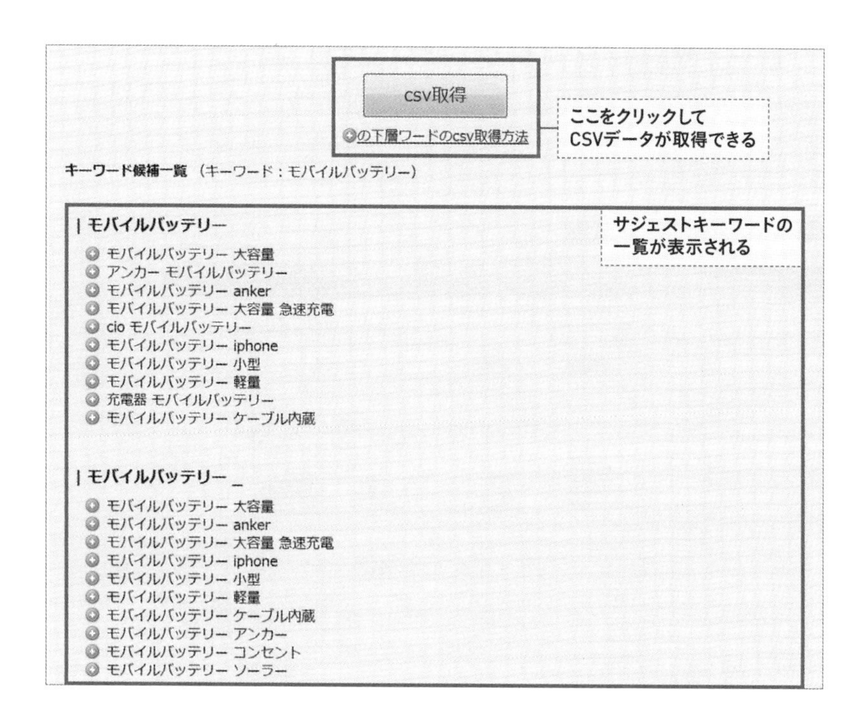

「Amazonサジェストキーワード一括DLツール」は、Amazonのサジェストキーワードを CSVファイルでダウンロードできるツールです。

会員登録していない(無料)と1日1回しか利用できず、頻繁に利用するなら有料会員登録(500円〜)が必要です。ただ、これはAmazonサジェストキーワードを抽出するだけで検索ボリュームが算出されないので参考程度にしてください。

【戦略❷】スポンサープロダクト広告を掲載する

先ほどお伝えしたように、OEM商品の出品直後は販売数が当然ゼロなので、検索順位で上位表示されることはありません。ですので、商品が売れることを前提として、広告を使って検索上位に表示させて、販売数を伸ばすことで自然検索でも上位に表示されます。

Amazonの広告にはいくつか種類がありますが、最初はスポンサープロダクト広告を使うことで問題ありません。その他の広告については、Chapter5でもお伝えしていますが、ここでも簡単に概要をまとめます。

Amazonの主な広告

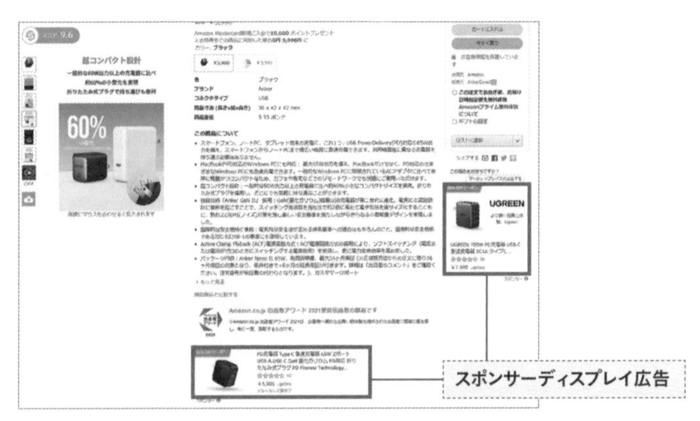

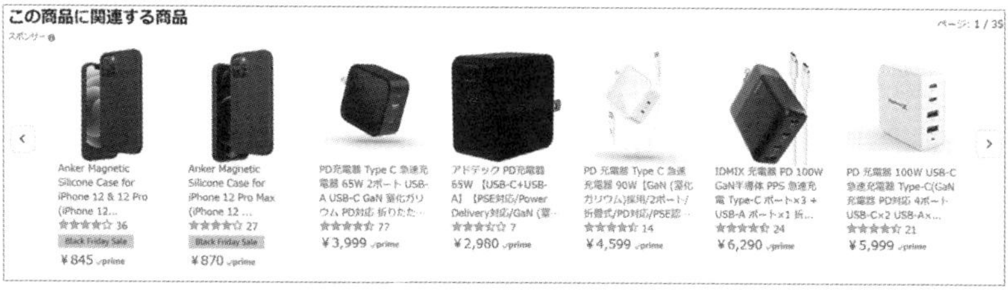

スポンサープロダクト広告は、類似商品の商品ページ内でも、「この商品に関連する商品」などで広告が表示されることがある

スポンサープロダクト広告 （OEM初心者向き）	・Amazon Brand Registryの登録がなくても利用できる ・商品検索画面で自然検索より上位に表示できる ・スポンサーブランド広告よりは下位表示 ・類似商品の商品ページ内でも広告が表示される ・商品単位で利用するのであれば一番使い勝手がいい
スポンサーブランド広告 （OEM中上級者向きP195～）	・Amazon Brand Registryの登録が必要 ・商品検索画面で最上位に表示される ・商品の複数掲載、Amazonストアの掲載が可能 ・商品1点を紹介する動画広告も利用可能 ・Amazonストア内の商品点数が充実している人向き
スポンサーディスプレイ広告 （OEM中上級者向きP201～）	・Amazon Brand Registryの登録が必要 ・1回あなたの商品を訪れた消費者に、Amazon内で商品ページの広告を掲載することができる ・他社類似商品のページのカートボックス直下など目に付きやすい箇所に広告を掲載できる
DSP広告 （OEM上級者向きP202～）	・Amazon Brand Registryの登録が必要 ・Amazon内だけでなく、Amazon外部のサイトに広告を出すことが可能 ・ターゲティングや配信先を細かく決めることができる ・自社ブランドの認知、ブランディングに合った広告

スポンサープロダクト広告以外は、Amazon Brand Registryの登録が必要なため、商標登録が必須となります。

また、スポンサープロダクト広告で、キーワードの反応を確認してから、スポンサーブランド広告を利用すると成果が出やすいところがあります。

そのため、扱う商品点数が少なく、OEMに取り組み始めたばかりの人は、スポンサープロダクト広告から使用することをおすすめします。

OEM商品のAmazon SEO戦略

以上、OEM商品のAmazon販売におけるSEO戦略をまとめると、以下のような流れになります。

◎OEM商品販売の流れ

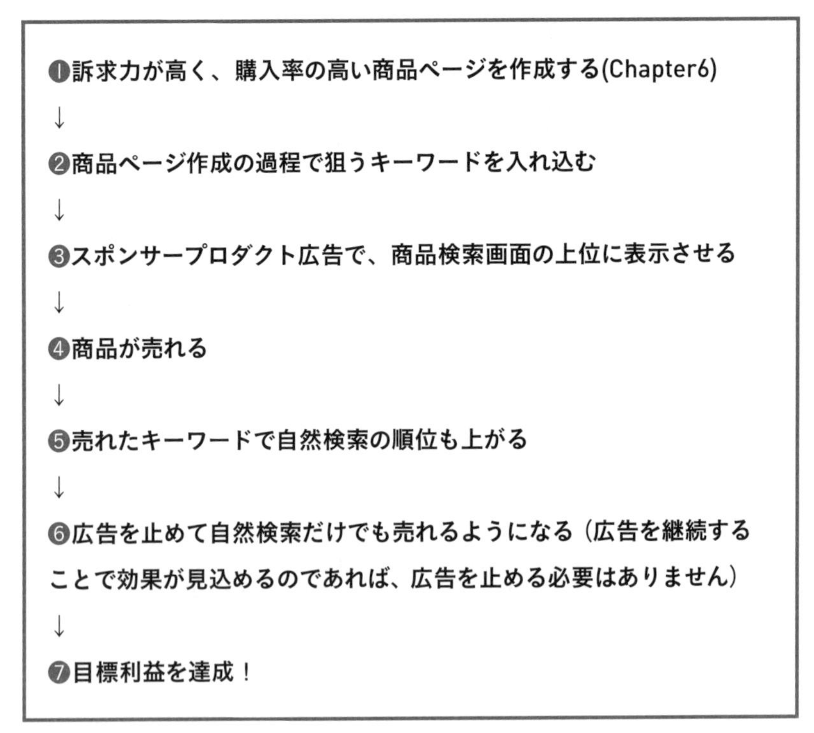

このような戦略を取ることで、1つでも狙ったキーワードで自然検索だけでも売れるようになると、他の関連キーワードでも自然検索順位が上がってきます。

そうすると、どのキーワードでも自然検索だけで売れるようになり、広告費を使わなくても商品が売れるようになります。

最初は広告費で赤字になることもありますが、広告費を下げて売れるようになれば、トータルの利益率が高くなるので、目標利益を達成しやすくなります。

次項では、このOEM販売の流れに沿ってスポンサープロダクト広告を利用し、効果検証する方法を中心にお伝えしていきます。

03

スポンサープロダクト広告の作り方

スポンサープロダクト広告の種類

スポンサープロダクト広告は、広告が表示される検索キーワードや関連商品を指定して表示させる広告です。課金はクリックされた場合に発生します。

スポンサープロダクト広告

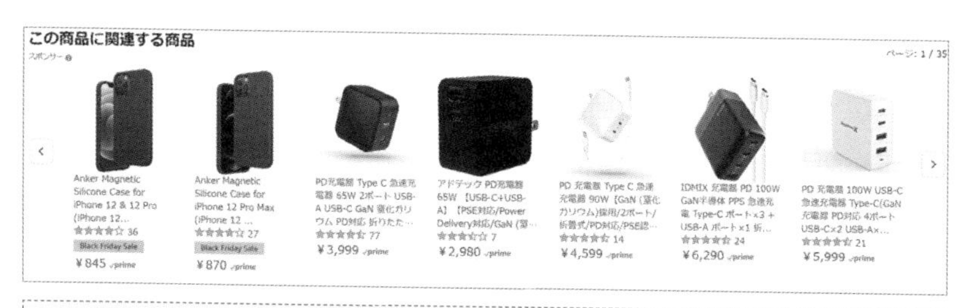

スポンサープロダクト広告は、類似商品の商品ページ内でも、「この商品に関連する商品」などで広告が表示されることがある

スポンサープロダクト広告の種類

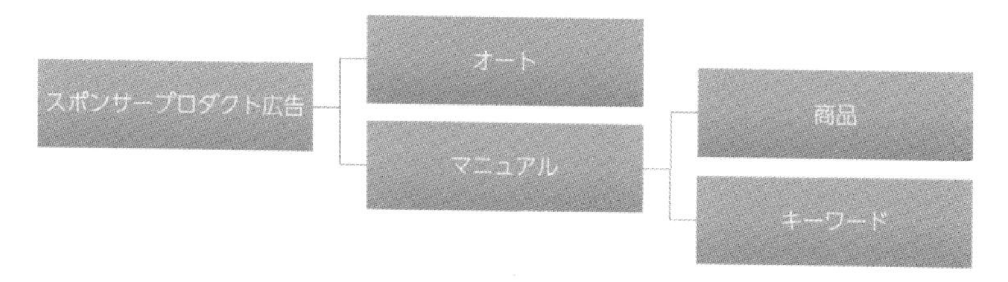

スポンサープロダクト広告の種類には、Amazonが自動でキーワードを判断するオートターゲティングと、自分で設定するマニュアルターゲティングがあります。

上図のように、マニュアルターゲティングには、さらに分類があり、キーワードターゲティングと商品ターゲティングがあります。

キーワードターゲティングは、手動で広告を出稿するキーワードを決める方法です。一方、商品ターゲティングは、わかりやすく言うと類似商品(自社商品やライバル商品)と同じ場所に広告出稿する方法です。具体的には、関連性の高い商品、カテゴリー、ブランド、その他の商品の機能を選択してターゲティングします。

つまり、スポンサープロダクト広告には全部で3種類あり、1つの商品で3種類の広告を出稿することも可能です。ただし、3種類の広告を出すなら、1

商品につき3つ広告を作成しなければいけません。

詳しいことは以下、スポンサープロダクト広告を作成する手順のなかで説明します。

【作り方❶】スポンサープロダクト広告の作成画面まで進む

スポンサープロダクト広告は、セラーセントラルの画面上で作成するので、まずは以下の手順で作成画面まで進みます。

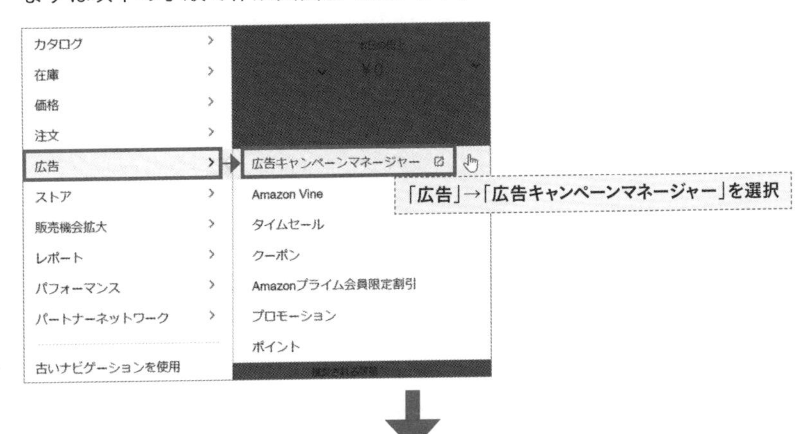

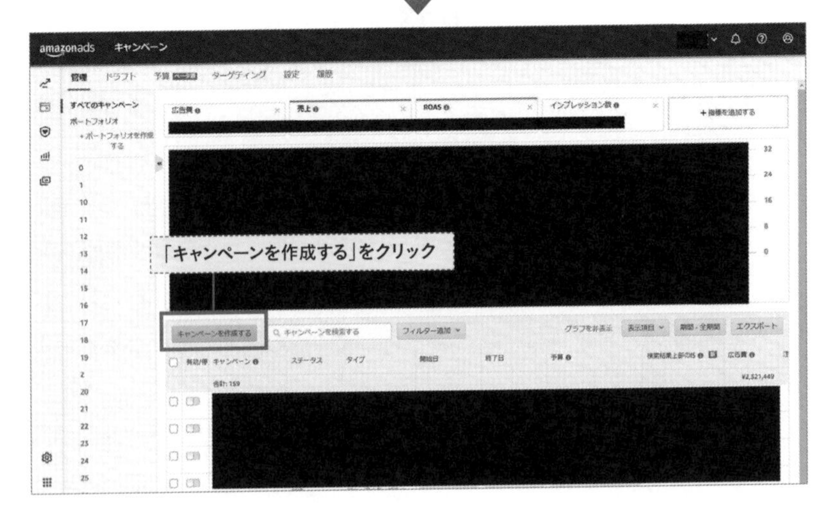

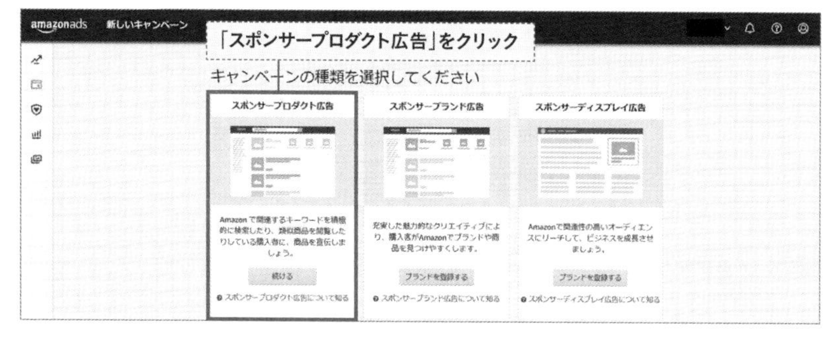

❷【作り方】キャンペーンを作成する

キャンペーンを作成する（設定）

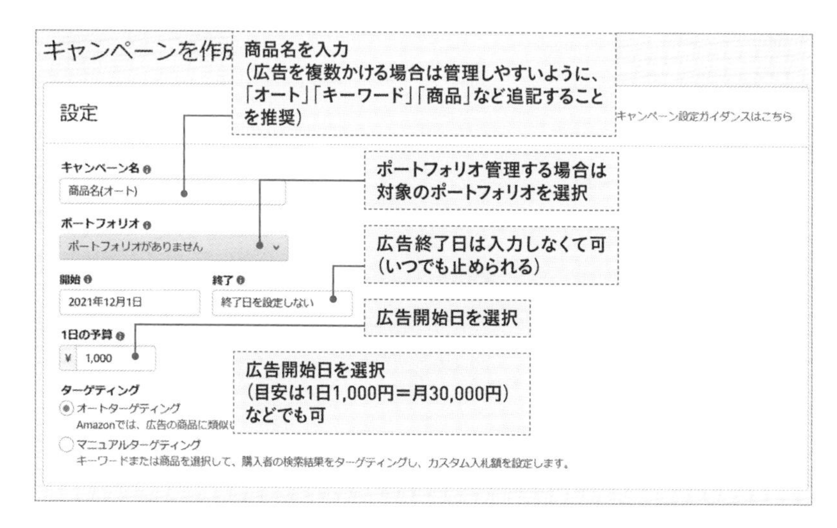

○キャンペーン名とポートフォリオ

ここで、キャンペーン、ポートフォリオなど、聞き慣れない言葉が出てきます。キャンペーンとは、下図のように、複数の広告グループを束ねる、大きなグループと思ってください。

さらに、ご自身が管理しやすいように、キャンペーンをグルーピングするポートフォリオも作ることができます。

ポートフォリオ・キャンペーン・広告グループ

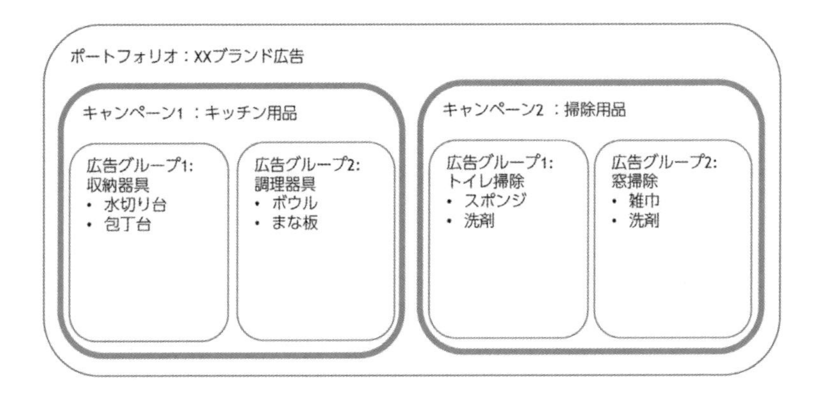

難しく考えることはなく、キャンペーン名についてはご自身で管理しやすいように各商品名を入れれば大丈夫です。OEM販売の場合は、1つの商品または親商品に対して1個のキャンペーンを作ることをおすすめします。ただ、広告はオートかマニュアルどちらかしか選べません。オートもマニュアルも試す場合は、同じ商品に対して2〜3個のスポンサープロダクト広告キャンペーンを作成することになります。

そのため、キャンペーン名については、商品名に広告の種類がわかるように入力すると管理しやすくなります。

キャンペーン名例1：水鉄砲(オート)
キャンペーン名例2：水鉄砲(キーワード)
キャンペーン名例3：水鉄砲(商品)

ポートフォリオは、複数の広告キャンペーンをグループ化し、グループごとに月や特定期間の広告予算を設定・管理できる機能です。例えば水鉄砲(オート)、水鉄砲（キーワード）、水鉄砲（商品）のスポンサープロダクト広告を「水鉄砲」ポートフォリオでまとめて、水鉄砲全体の広告予算を設定、管理することができます。

大手がブランドごとや季節キャンペーンごとの予算管理をしたい場合は便利ですが、OEM販売を始めたばかりで商品数も少ない場合は、ポートフォリオをつくらなくても大丈夫です。

ポートフォリオとキャンペーンの管理例

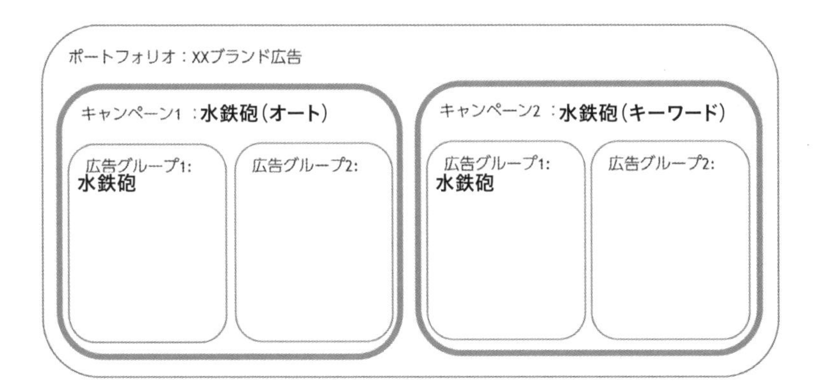

○広告開始日と終了日

ここで入力するのは、広告開始日だけで構いません。広告終了日は入力しなくて大丈夫です。後でいつでも広告を止めることが可能です。なお、広告開始日も入力しない場合は、すぐにスポンサープロダクト広告が開始されます。

○1日の予算

ここでは、1日あたりの広告費の予算(上限額)を設定します。予算は、ご自身の広告宣伝費を決めて設定しますが、もしわからなければ1日1,000円くらいからスタートしてみましょう。1,000円であれば1ヶ月30,000円ほどの広告費を使います。もし、入札額が高いなどで、1日の予算を使い切ると広告がストップします。予算が低すぎると、1日の早い段階、例えば午前中に広告が止まってしまうようなことがあるので、状況に応じて変更してください。

○ターゲティング

オートターゲティングかマニュアルターゲティングどちらかを選択します。一度設定すると変更できませんので、複数の種類で試す場合はもう1つ広告を作成しましょう。

○キャンペーンの入札戦略

キャンペーンを作成する(キャンペーンの入札価格)

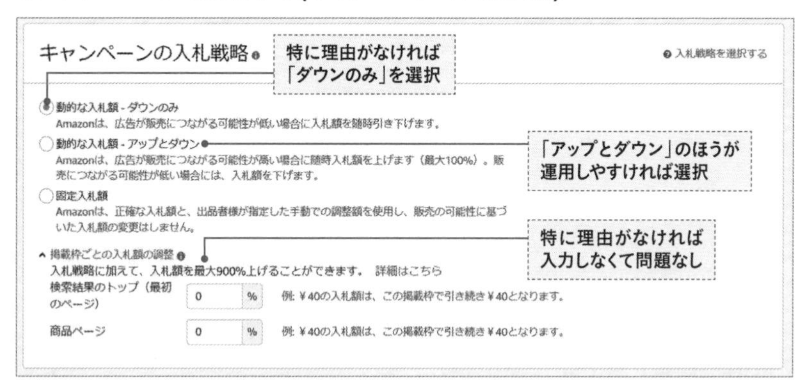

キャンペーンの入札戦略では、次の3つのうち、いずれかを選択します。ここでは、後ほど設定する入札額(1クリックあたりの課金額)に対して、変動させるか否かを選択します。

動的な入札額ーダウンのみ	商品が売れていない場合に入札額を随時引き下げる設定
動的な入札額ーアップとダウン	商品が売れていない場合に入札額を引き下げ、売れる場合は最大2倍まで引き上げる設定
固定入札額	設定した入札額から変動させない

例えば1クリック50円に入札額を設定していて、「ダウンのみ」であれば、売れなさそうなら、入札額を自動的に50円以下へ引き下げるという設定です。「アップとダウン」の場合は、最大100円まで、売れそうなら50円以上でも入札するが、逆に売れなさそうなら50円以下に入札額を引き下げるという設定です。

どれを選んだとしても、上記「1日の予算」で設定した広告費以上使うことはありません。しかし、「アップとダウン」を選ぶと、広告出稿中の時間帯は売上が上がりやすくなる分、広告が早く止まりやすくなります。

そのため、ご自身の方法を確立するまでは「ダウンのみ」を選択することで問題ありません。ただ、広告費に余裕があり、「アップとダウン」の方が運用しやすいのであれば「アップとダウン」でも大丈夫です。「アップとダウン」を選んでも入札額を下げればリスクは抑えられます。あとから変更することも可能ですので、状況に応じて選んでください。

なお、「掲載枠ごとの入札額の調整」については、特に入力せず、0%(変動なし)のままで構いません。一応どんなことかを説明すると、以下のように、広告が表示される場所によって、入札額を最大10倍まで引き上げることができる設定です。

検索結果のトップ（最初のページ）	商品検索画面のトップに表示されたら入札額を引き上げる設定
商品ページ	商品ページ内のスポンサープロダクト広告（この商品に関連する商品など）について入札額を引き上げる設定

【作り方❸】広告グループを作成する

広告グループを作成する

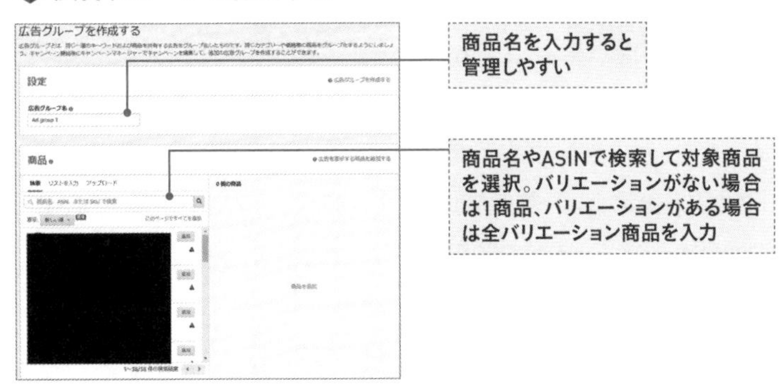

広告グループとは、下図のようなキャンペーンの中にあるグループの一員のようなイメージです。とはいえ、1キャンペーン＝1商品(1親商品)で管理している以上は、**広告グループの名前も、下図のように商品名と同じにすることをおすすめします。**

次に対象商品を選択します。対象商品はいくつも選択することができますが、同じ理屈で1商品にすることをおすすめします。ただし、バリエーション(P142〜)を組んでいる場合は、全バリエーション商品を選択してください。

キャンペーンと広告グループの関係

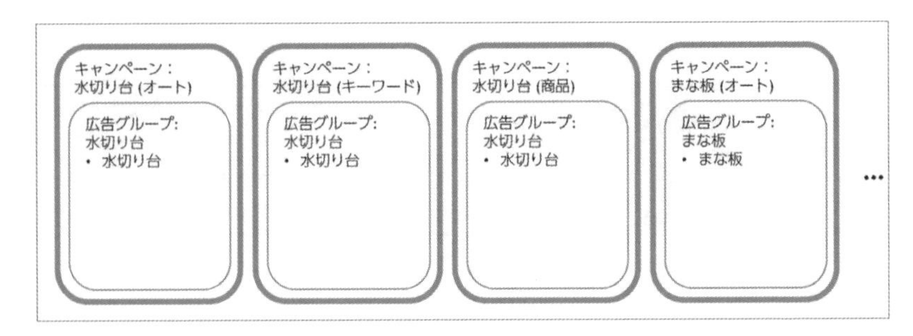

【作り方❹】ターゲティング（オートターゲティングの場合）

次は、ターゲティングの設定ですが、オートターゲティングかマニュアルターゲティング(キーワードターゲティング、商品ターゲティング)にするかで画面が変わります。ここでは、オートターゲティングの設定についてお伝えします。

オートターゲティングの場合は入札額を設定しますが、ターゲティンググループ別に設定するかどうかで選択肢が変わります。入札額とは、1クリックあたりの広告単価です。

どちらを選択するにしても、商品を売り始めたばかりの頃はSEOの評価はゼロです。そのため、広告が出ていないと何も始まらないので、**推奨入札額の上限値以上を設定するようにしましょう。**

なお、入札額は後から変更可能です。狙っている検索キーワードなどで商品検索画面や商品ページに広告が出ているかどうか確認しながら、入札額を変えてみてください。広告が出ていないのであれば、入札額を上げる必要があります。

○ターゲティンググループ別に設定しない場合

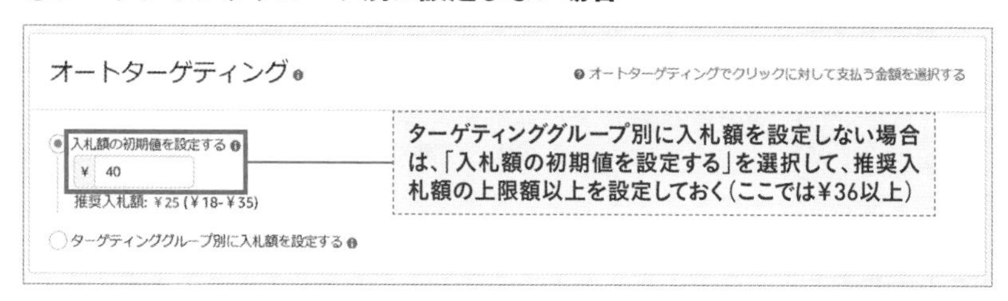

ターゲティンググループ別に設定しない場合は、「入札額の初期値を設定する」を選択して、推奨入札額の上限値以上の入札額を設定します。

一番簡単な方法で、Amazonは自動でターゲティングを調整してくれるので、最初はこちらで入札額を設定することで問題ありません。

○ターゲティンググループ別に設定する場合

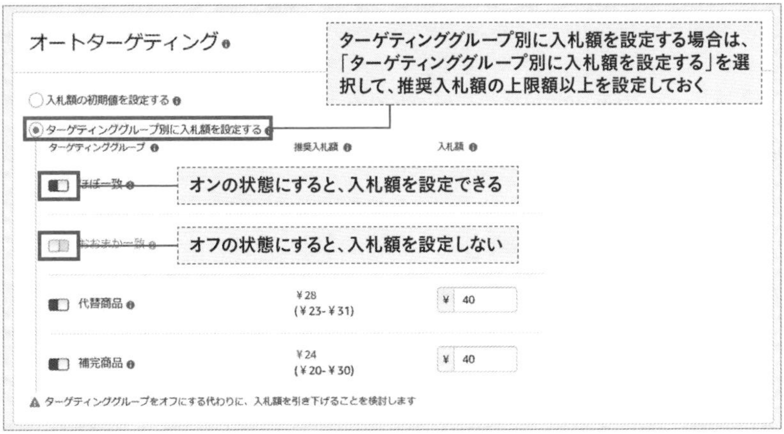

オートターゲティング

ターゲティンググループ別に入札額を設定する場合は、「ターゲティンググループ別に入札額を設定する」を選択して、推奨入札額の上限額以上を設定しておく

入札額の初期値を設定する

ターゲティンググループ別に入札額を設定する

ターゲティンググループ　推奨入札額　入札額

ほぼ一致

オンの状態にすると、入札額を設定できる

おおまか一致

オフの状態にすると、入札額を設定しない

代替商品　¥28 (¥23-¥31)　¥ 40

補完商品　¥24 (¥20-¥30)　¥ 40

ターゲティンググループをオフにする代わりに、入札額を引き下げることを検討します

ターゲティンググループを「ほぼ一致」、「おおまか一致」、「代替商品」、「補完商品」別に分類して、入札額を設定します。入札額の変更だけでなく、入札する・しないも選択できます。各々のターゲティンググループの意味は、次の通りです。

例：商品が「ドップラー400カウントコットンシーツ」の場合

	広告掲載場所	概要
ほぼ一致	商品検索画面	広告の商品が購入客の検索キーワードにほぼ一致する場合に広告を表示 例:「コットンシーツ」「400カウントシーツ」
おおまか一致		広告の商品が購入客の検索キーワードに大まかに一致する場合に広告を表示 例:「ベッドシーツ」「バスタオル」
代替商品	商品ページ	類似した商品の商品詳細ページを閲覧している場合に広告を表示 例:「300カウントコットンシーツ」や「クイーン400カウントシーツ」などを含む商品ページ
補完商品		補完する商品の商品詳細ページを閲覧している場合に広告を表示 例:「クイーンキルト」「羽毛枕」

○除外キーワードターゲティング

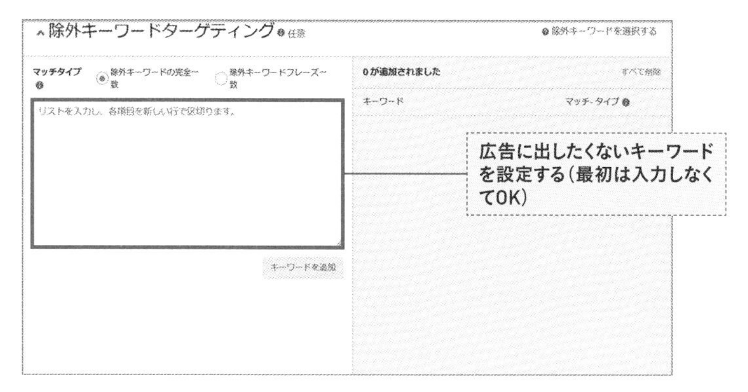

広告を出したくないキーワードを設定します。例えばメンズ限定の商品で、明らかにレディース用のキーワードに広告を出稿してほしくないような場合に除外キーワードとして「レディース」などと入力します。ただ、ご自身の方法を確立するまでは入力しなくても構いません。

なお、「除外キーワードの完全一致」「除外キーワードフレーズ一致」のいずれかを選択するようになっていますが、違いは以下の通りです。

例：除外キーワード「ランニングシューズ」の場合

除外キーワードの完全一致	検索キーワードが語順も含めて完全に一致する場合のみ除外 (1) 青 テニス シューズ→除外されない (2) 青 ランニング シューズ→除外されない (3) ランニング シューズ→除外される (4) シューズ ランニング→除外されない
除外キーワードフレーズ一致	検索キーワードが語順も含めて完全に一致するフレーズが含まれる場合に除外 (1) 青 テニス シューズ→除外されない (2) 青 ランニング シューズ→除外される (3) ランニング シューズ→除外される (4) シューズ ランニング→除外されない

○除外商品ターゲティング

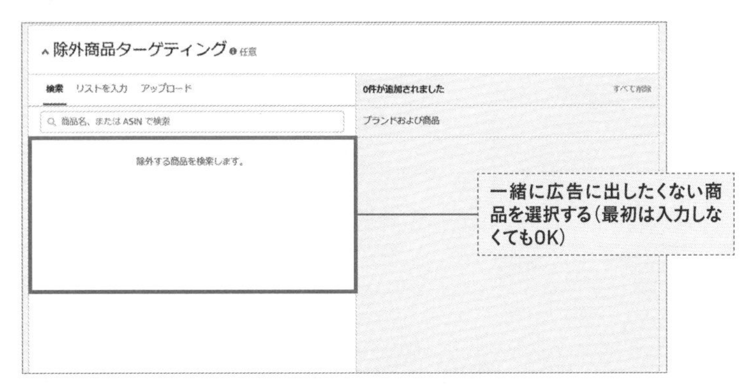

除外商品ターゲティングは、一緒に広告に出したくない商品を選択します。こちらについても、ご自身の方法を確立するまでは入力しなくても構いません。

【作り方❺】ターゲティング（マニュアルターゲティング→キーワードターゲティングの場合）

マニュアルターゲティングの場合は、ここでキーワードターゲティングか商品ターゲティングかを選びます。ここでは、キーワードターゲティングを選択した場合のターゲティング設定についてお伝えします。

○キーワードターゲティングを選択する

キーワードターゲティングを選択すると、次の画面が出てきますので、1つずつ解説します。

○キーワードターゲティングの設定

キーワードターゲティングでは、手動で検索キーワードと入札額を設定します。設定の方法は「推奨」「リストを入力」「ファイルをアップロード」の3パターンあります。

この場合も、入札額については推奨入札額の上限値以上を設定するようにしましょう。

・推奨

指定した商品をもとに、Amazonが自動的に推奨するキーワードが一覧で表示されます。しかし、決してパフォーマンスがいいとは限らず、関連性のないキーワードが紛れていることも多いので、参考程度にしましょう。

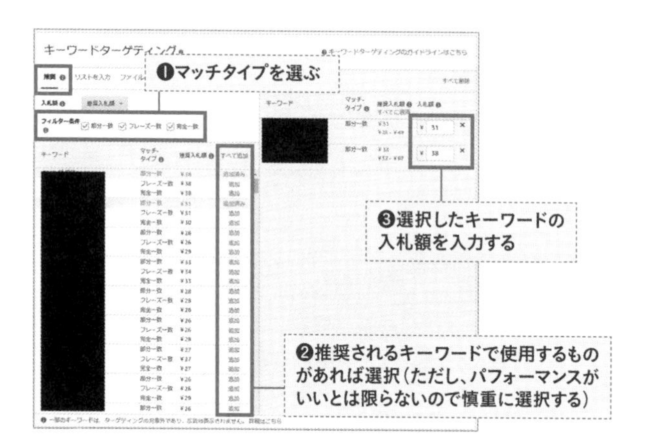

・リストを入力

下図のように、選定した検索キーワードを記入して入札額を設定します。基本的には、「リストを入力」からキーワードを設定することで問題ありません。

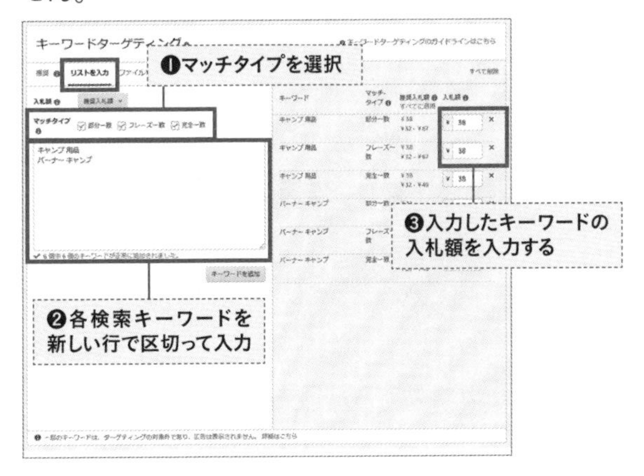

・ファイルをアップロード

選定した検索キーワードをエクセルで、マッチタイプや入札額と一緒にまとめてアップロードします。あまり使う機会はないかもしれませんが、もしエクセルでまとめておきたい場合は、活用してください。

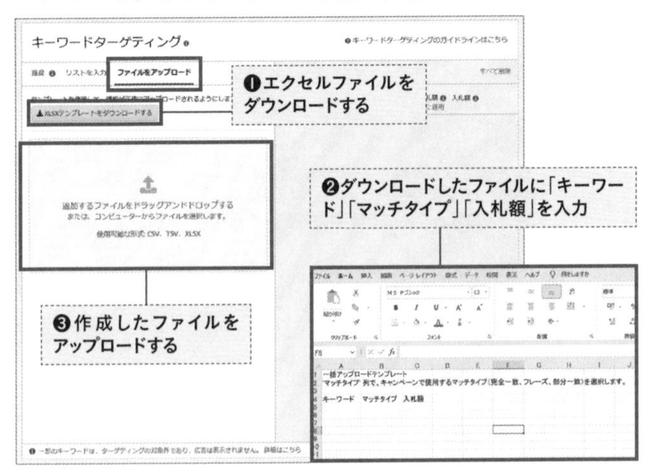

ここで、マッチタイプに「部分一致」「フレーズ一致」「完全一致」というのがありますが、以下のように定義されます。

部分一致	❶検索キーワードにすべてのキーワードが含まれる場合 ❷語順が一致してなくても広告が表示される
フレーズ一致	❶検索キーワードに完全に一致するフレーズが含まれる場合 ❷語順が一致していないと広告が表示されない
完全一致	❶検索キーワードに完全に一致するフレーズのみの場合 ❷語順が一致していないと広告が表示されない

「部分一致」がもっとも広く関連用語も含めて広告が表示され、「フレーズ一致」、「完全一致」の順番で広告表示範囲が狭くなります。

例えば「Bluetooth スピーカー」という検索キーワードを設定した場合では、次のようになります。

検索キーワード	部分一致	フレーズ一致	完全一致
Bluetooth スピーカー	○	○	○
Bluetooth とスピーカー	○	○	○
ワイヤレス Bluetooth スピーカー	○	○	×
Bluetooth レッドスピーカー	○	×	×
スピーカーBluetooth	○	×	×

○:広告が表示される　×:広告が表示されない

部分一致やフレーズ一致を入れた方が、広告の表示回数が増えてクリックされやすくなるので売上は上がりますが、広告費も上がることになります。

部分一致・フレーズ一致・完全一致のイメージ図

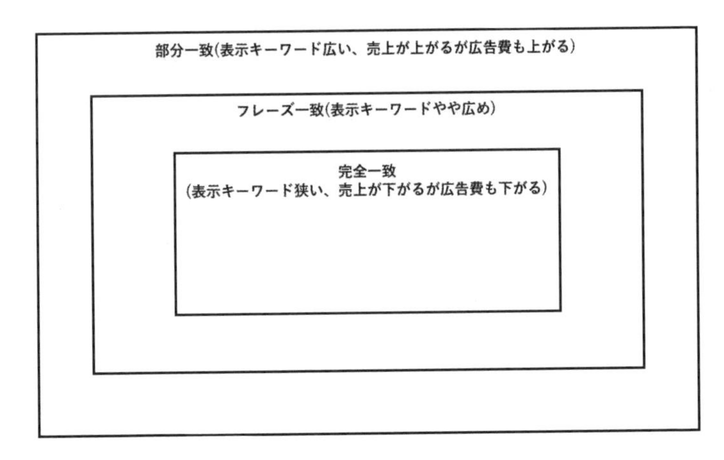

なお、選定したキーワードで広告が表示されているかどうかは、実際に自分でキーワード検索して確かめてください。

検索キーワードは、類似のキーワードや表記ゆれ(「3月」と「三月」、「犬」と「イヌ」「コンピューター」と「コンピュータ」など)があった場合は、一致する場合もあれば一致しない場合もあります。もし、自分でキーワード検索して広告が表示されなければ、検索キーワードを追加してください。

しかし、Amazonの検索キーワードの表記ゆれについては、基本的には以下のルールとなっています。

- **全角スペースと半角スペースは別認識。しかし場合によっては表記ゆれとして一致する。→気になる場合は全角スペースと半角スペース両方キーワードに入力する**
- **スペースの有無、複数形、助動詞などは表記ゆれとして判断されるため一致する**

○除外キーワードターゲティング

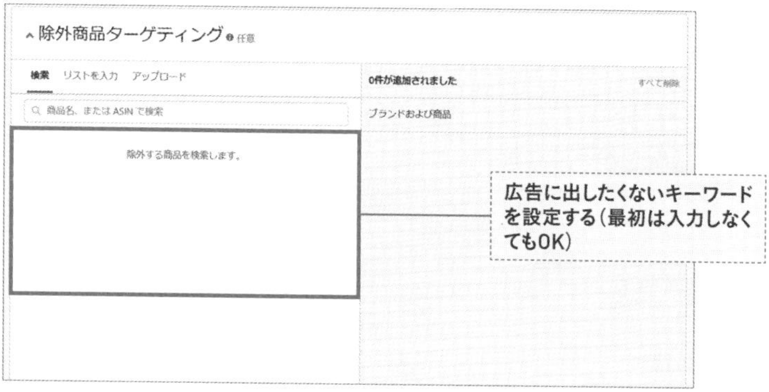

^ 除外商品ターゲティング 任意
検索　リストを入力　アップロード
0件が追加されました　すべて削除
商品名、または ASIN で検索
ブランドおよび商品
除外する商品を検索します。
広告に出したくないキーワードを設定する（最初は入力しなくてもOK）

広告に出したくないキーワードを設定します。詳細はP345と同様です。

【作り方❻】ターゲティング（マニュアルターゲティング→商品ターゲティングの場合）

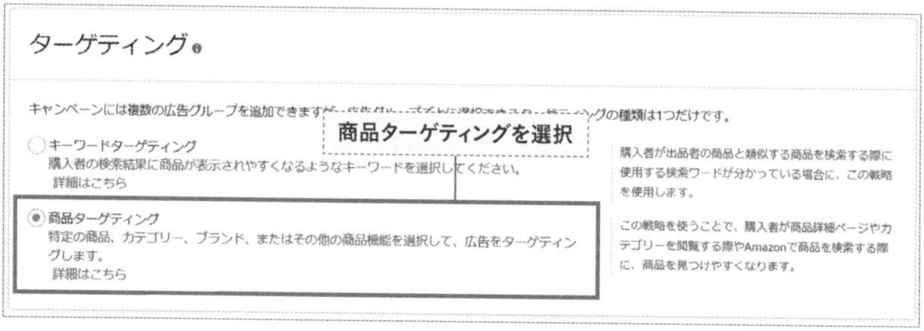

ターゲティング
キャンペーンには複数の広告グループを追加できます…ングの種類は1つだけです。
商品ターゲティングを選択
キーワードターゲティング
購入者の検索結果に商品が表示されやすくなるようなキーワードを選択してください。
詳細はこちら
商品ターゲティング
特定の商品、カテゴリー、ブランド、またはその他の商品機能を選択して、広告をターゲティングします。
詳細はこちら
購入者が出品者の商品と類似する商品を検索する際に使用する検索ワードが分かっている場合に、この戦略を使用します。
この戦略を使うことで、購入者が商品詳細ページやカテゴリーを閲覧する際やAmazonで商品を検索する際に、商品を見つけやすくなります。

次に、商品ターゲティングを選択した場合のターゲティングの設定についてお伝えします。下記の方法で、**特別な理由がなければ、カテゴリーターゲティングではなく、ターゲットとする商品を個々に選んでターゲティングするようにしてください。**

ただし、ご自身の方法が確立されれば、絞り込み機能などを活用しながらカテゴリーターゲティングをしても構いません。

入札額については、オートターゲティングやキーワードターゲティング同様、推奨入札額の上限値以上の金額で設定しましょう。

○商品ターゲティングの設定(カテゴリー)

個々の商品ではなく、カテゴリーを指定して、そのカテゴリーの商品をターゲティングする方法です。

・推奨

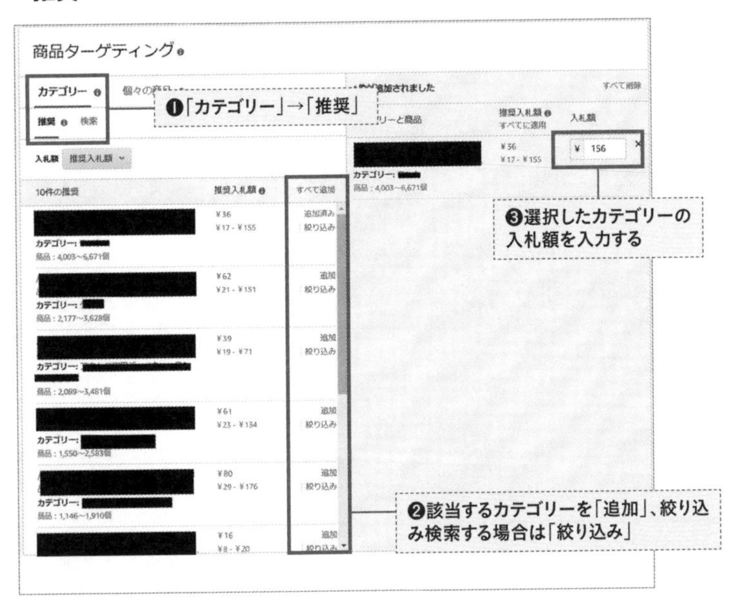

指定した商品をもとに、Amazonが自動的に推奨するカテゴリーが一覧で表示されます。しかし、決してパフォーマンスがいいとは限らず、関連性のないカテゴリーが紛れていることも多いので、参考程度にしましょう。

・検索

対象となるカテゴリーを手動で入力します。

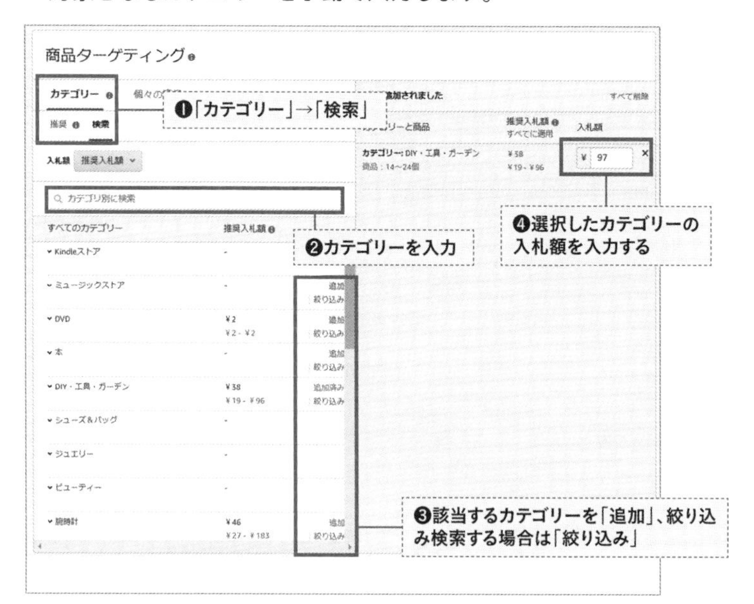

なお、カテゴリーの「追加」選択ボタンの下にある「絞り込み」とは、カテゴリーの絞り込み機能のことを言います。具体的には、下記のようにブランドを指定したり、価格帯やレビューの星の数、配送方法で絞ったりすることができます。

カテゴリーの絞り込み機能

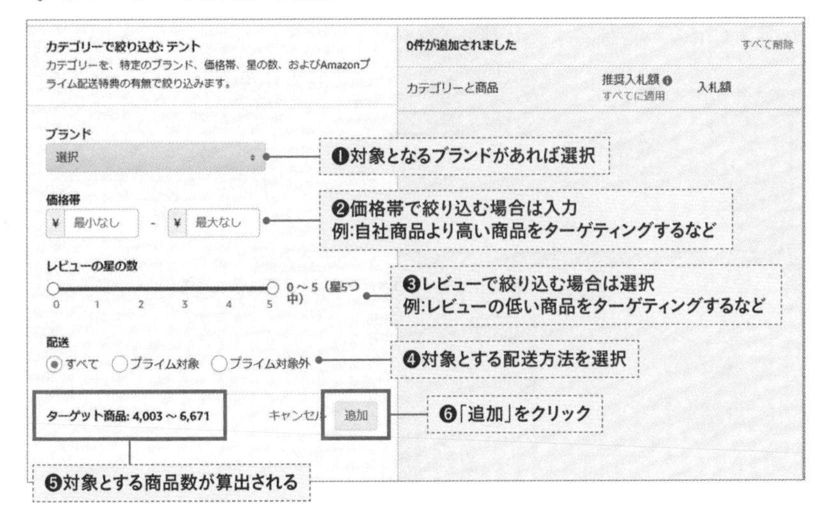

カテゴリーターゲティングは、該当するカテゴリーの商品をすべてターゲティングするわけではありませんが、多くの商品を無差別的にターゲティングします。そのため、このまま広告出稿すると、クリック率や購入率が悪くなることが考えられます。

広告のパフォーマンスを上げるために絞り込み機能を使い、より明確にターゲティング設定を行う機能です。

例えば自分の出品する商品よりも価格が高く、レビューが低い商品をターゲティングすれば、消費者に選ばれる可能性が高くなります。このような戦略があるような場合は、カテゴリーターゲティングを試してみてもいいでしょう。

○商品ターゲティングの設定(個々の商品)

個々のライバル商品や既製品をターゲティングして、自社商品に誘導する方法です。商品力や価格帯で、ライバル商品と違う強みがあれば選ばれやすくなります。

また、ライバル商品だけではなく、自社の類似商品や関連商品をターゲティングし、同時購入を促す戦略も取れます。

入力の仕方は「推奨」「検索」「リストを入力」「アップロード」の4種類があります。どれを使ってもいいのですが、キーワードターゲティング同様「リストを入力」を利用することで問題ないかと思います。

・推奨

指定した商品をもとに、Amazonが自動的に推奨するターゲティングする商品が一覧で表示されます。しかし、オートターゲティングやキーワードターゲティング同様、決してパフォーマンスがいいとは限らず、関連性のない商品が紛れていることも多いので、参考程度にしてください。

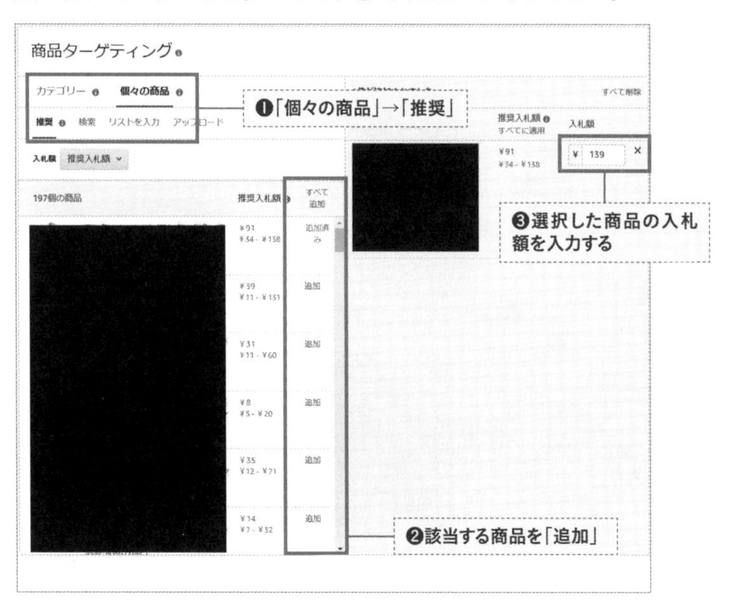

・**検索**

　ターゲティングする商品名やASINを1つずつ入力して、入札額を入力していきます。

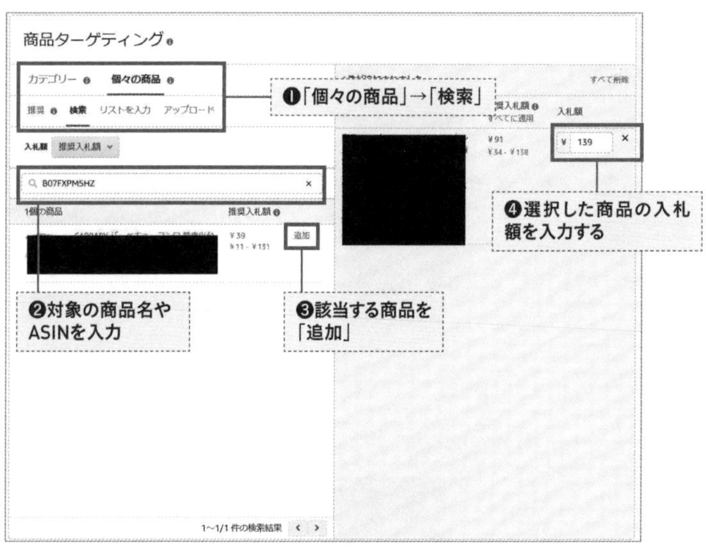

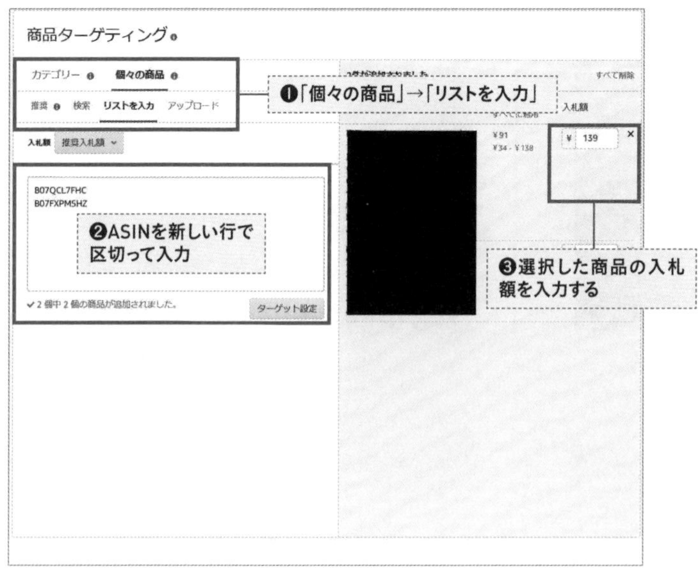

・**アップロード**

選定したASINを、エクセルでまとめてアップロードします。あまり使う機会はないかもしれませんが、もしエクセルでまとめておきたい場合は、活用してください。

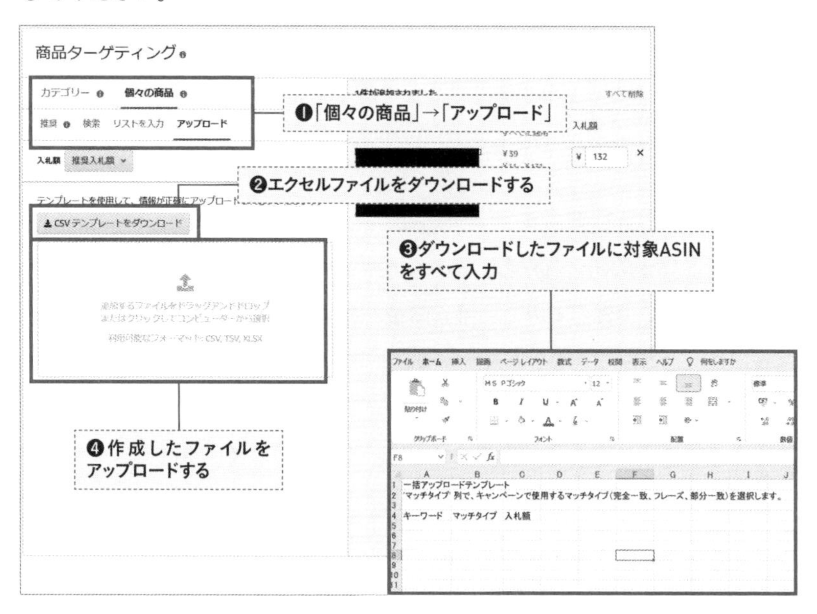

○除外商品ターゲティング

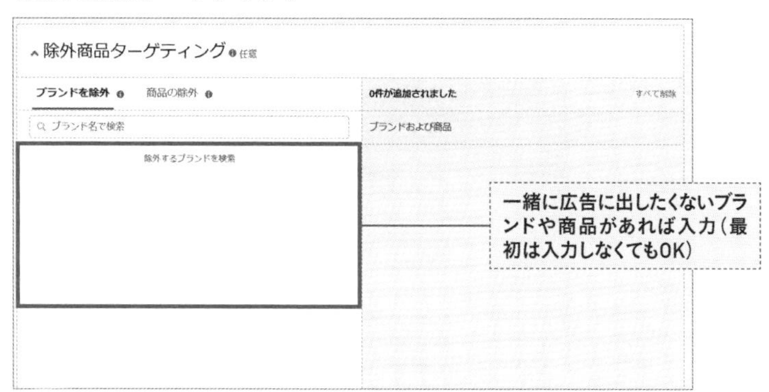

広告に出したくないブランドや商品を入力します。特別な理由がない限りは、入力しなくても構いません。

スポンサープロダクト広告を作ったら確認すること

ターゲティングの設定が終わったら、「キャンペーンの開始」をクリックして、操作は終了です。指定した開始日からスポンサープロダクト広告は開始され、指定していなければ即広告が開始されます。

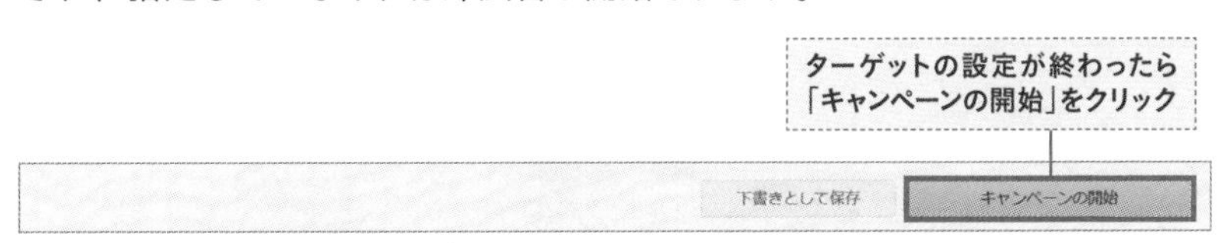

広告の配信が開始されたら、Amazonの検索画面で自分が狙っている検索キーワードで検索してみて、検索順位を確認してください。

表示されなかった場合は、表示されるまで少しずつ入札額を上げていくか、表記ゆれが考えられる場合は検索キーワードを追加しましょう。

広告の設定後、入札額や広告の終了日、1日の予算額については以下の手順で変更できます。

スポンサープロダクト広告の管理方法

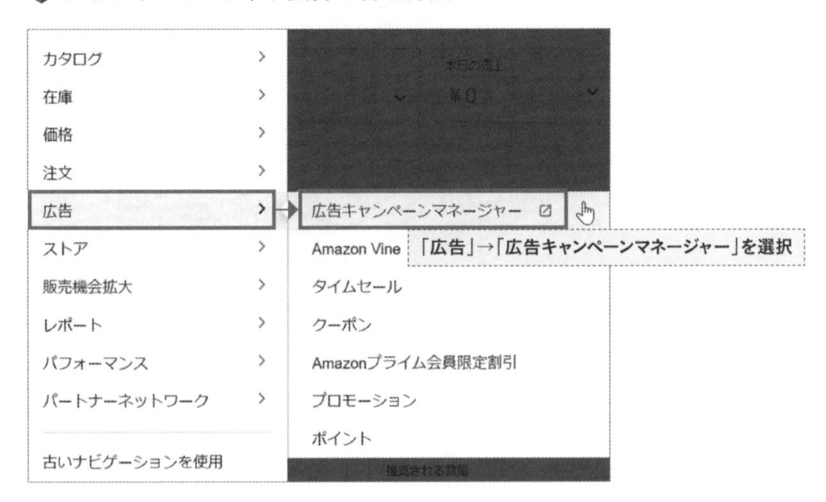

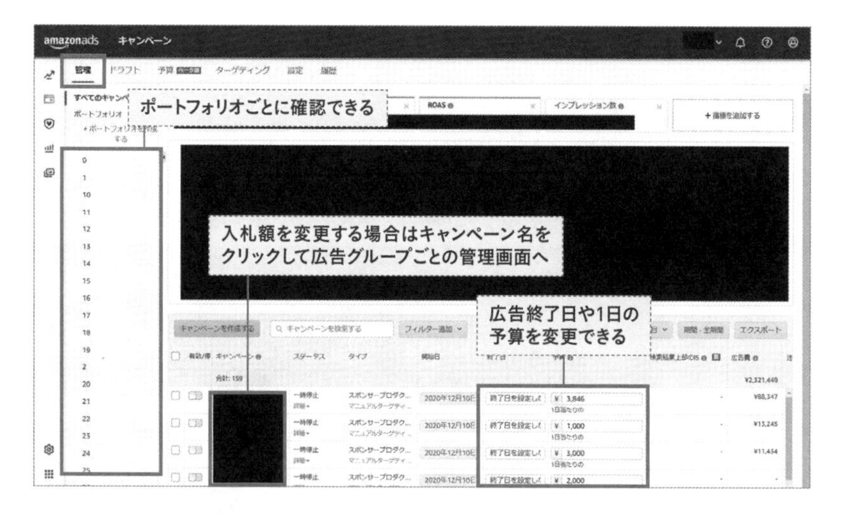

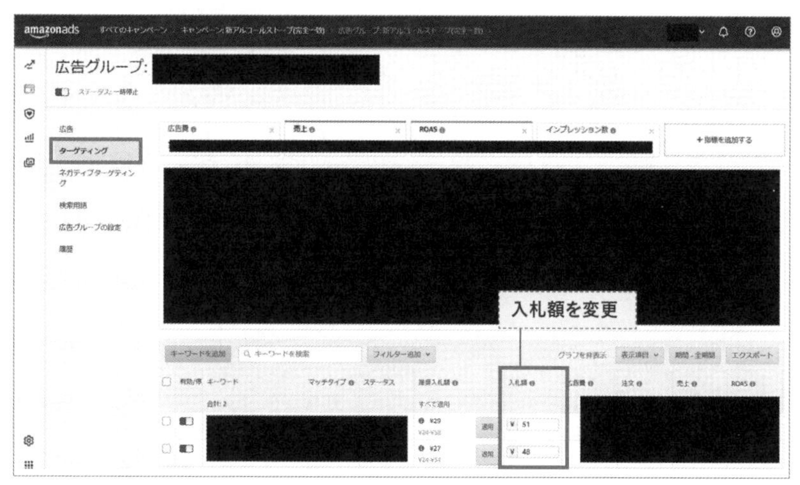

また、キーワードの追加については、上記の入札額を変更できる画面で、「キーワードを追加」すると、P346～と同じ手順でキーワードの追加ができます。

スポンサープロダクト広告のキーワードの追加方法

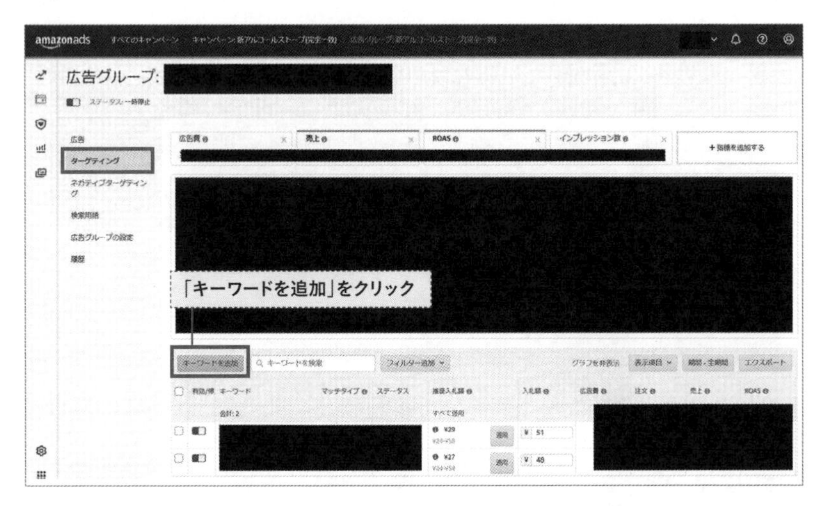

広告はライバルの状態や時間帯によっても表示される順位が変動しますので、時間帯を変えて何度か確認するようにしましょう。

なお、広告配信したばかりの頃は、広告費用で赤字になることがほとんどです。しかし、広告期間が長くなれば、Amazon内のプログラムが最適化され、費用対効果が上がっていきます。無理のない範囲での赤字は広告宣伝費と割り切るようにしましょう。

04

スポンサープロダクト広告の効果検証と運用方法

ここまでスポンサープロダクト広告の作り方についてお伝えしましたが、重要なことはその後の広告運用です。ここまで、広告を開始したばかりの頃は赤字になることもあるとお伝えしましたが、いつまでも赤字を続けるわけにはいきません。

以下の広告戦略の流れのように、広告を使わなくても自然販売で商品が売れるようになり、目標利益を達成することが最大の目標です。

❶訴求力の高く、購入率の高い商品ページを作成する

↓

❷商品ページ作成の過程で狙うキーワードを入れ込む

↓

❸スポンサープロダクト広告で、商品検索画面の上位に表示させる

↓

❹商品が売れる

↓

❺売れたキーワードで自然検索の順位も上がる

↓

❻広告を止めて自然検索だけでも売れるようになる（広告を継続することで効果が見込めるのであれば、広告を止める必要はありません）

❼目標利益を達成！

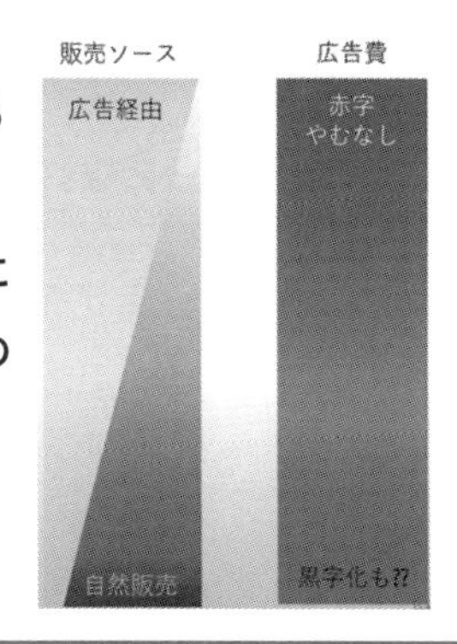

ただ、いつになったら黒字になるのでしょうか？ また、広告がどの程度の効果を発揮しているか、どのように把握すればいいのでしょうか？

そして、広告費を下げたり止めたりする判断基準はなんでしょうか？

例えば、あなたは以下の広告運用結果で、第4週目以降はどう判断しますか？ 広告費を上げて売上をもっと増やしますか？ それとも最終利益(=利益ー広告費)が上がってきたので広告を止めて自然販売だけにしますか？

	第1週目	第2週目	第3週目
売上	¥80,640	¥69,120	¥67,200
利益（=売上ー仕入値）	¥23,598	¥20,227	¥19,488
利益率	29%	29%	29%
広告費	¥30,355	¥15,397	¥13,989
最終利益（=利益ー広告費）	¥ー6,757	¥4,830	¥5,499

答えは、「これだけでは判断できない」です。なぜなら、以下の表には、広告を続けるか、止めるか判断できる指標がないためです。　ここでは、広告を効果的に運用していくための指標や検証方法についてお伝えします。

Amazon広告運用でよく出てくる言葉

Amazonの広告運用では、普段聞き慣れない言葉が出てくることがありますが、最低限以下の用語を知っておけば十分です。すでに本書で登場した言葉もありますが、改めて以下に用語と意味、計算式についてまとめます。

Amazon広告運用の主な用語と意味

用語	意味
インプレッション数	広告が表示された回数
クリック数	広告がクリックされた回数。スポンサープロダクト広告やスポンサーブランド広告では課金が発生する
クリック率（CTR）	セッション率と同じ意味。 クリック数÷インプレッション数×100
コンバージョン率（CVR）	ユニットセッション率、購入率と同じ意味。 注文数÷クリック数×100
ACOS	広告費÷売上高×100
ROAS	売上高÷広告費×100(ACOSの逆数)

ACOSと利益率

上記のAmazon広告運用の用語で、一番重要なのはACOSです。広告業界ではACOSの逆数であるROASが有名ですが、OEM販売の広告効果はACOSを使う方が検証しやすいです。

なぜなら、ACOSは物販経験者にはお馴染みである利益率と比較すると、以下のように広告損益が黒字か赤字かを、瞬時に判断できるためです。

$$\text{ACOS} = \frac{\text{広告費}}{\text{売上}} \times 100 \qquad \text{利益率} = \frac{\text{利益}}{\text{売上}} \times 100$$

ACOSと利益率の関係

ACOS>利益率	広告費が広告経由の利益より多い	広告損益は赤字
ACOS＝利益率	広告費と広告経由の利益が同額	広告損益はゼロ
ACOS<利益率	広告費が広告経由の利益より少ない	広告損益は黒字

実際に例を挙げると、販売価格1,000円の商品で、利益が300円だったとします。利益率は300÷1,000×100=30%ですよね。

ここで、広告費が300円かかったとすれば、ACOSも300÷1,000×100=30%です。そして広告損益は300円－300円＝0円です。

一方、広告費が150円しかかからなければ、ACOSは150÷1,000×100=15%で、利益率より低くなります。広告損益は300円－150円＝150円なので黒字です。

逆に、広告費が450円かかっていれば、ACOSは450÷1,000×100=45%で、利益率より高くなります。広告損益は300円－450円＝－150円の赤字です。

このように、ACOSと利益率を比較すれば、広告損益が黒字か赤字かを瞬時に判断できるようになるわけです。ACOSという指標を1つ加えただけで、広告運用結果の検証がしやすくなることが理解できたかと思います。

目標利益に対する現状把握をする

次に、目標利益に対して、現状とのギャップを把握して改善策を実行します。代表的な考え方は、全体の利益から広告費を差し引いた最終利益がいくらか計算する、以下の計算式でしょう。

最終利益＝全体の利益－広告費

ただこの計算式で考えると、最終利益を上げたいなら、全体の利益を上げるか、広告費を下げるしかありません。

しかし、実際は広告費を上げることに伴い、全体の利益も上がって、最終利益が増えることも十分考えられます。逆に広告費を下げたことで全体の利益が大きく下がり、赤字に転落することも十分あります。

このようなチャンスやリスクを正しく判断するために、広告損益が赤字か黒字か、そして自然販売と広告経由の販売の割合はどの程度なのかを把握しなければなりません。

そのためには、自然販売と広告経由の販売を分けて考える必要があります。つまり、最終利益を次のような計算式に変形して考えるのです。

最終利益＝全体の利益－広告費
＝自然販売利益＋広告経由の利益－広告費
＝自然販売利益＋広告損益

さらに、

自然販売利益＝売値×自然販売数×利益率
広告損益＝売値×広告販売数×(利益率－ACOS)

なので、これらを最終利益の計算式に代入して分解すると、

最終利益
＝自然販売利益＋広告損益
＝売値×｛自然販売数×利益率＋広告販売数×(利益率－ACOS)｝

となります。ここで重要なのは、分解された計算式の各項目を、なるべく定期的に記録して、その推移を把握することです。

自然販売数	自然検索力の把握。自然検索だけでどれくらい売れているか?
広告販売数	広告効果の把握。広告経由でどれくらい売れているか?
自然販売数と広告販売数の比率	どの程度広告に依存しているのかを把握する
ACOS	広告損益が赤字か? 黒字か?

これらの数値の推移を把握することにより、後述する目標利益を達成するまでの対策を考えやすくなります。そして、新たな対策を講じたことで、どのように推移が変わるのかを観察することができます。

具体例として、P362〜でお伝えした広告運用結果に、上記で示した数値も反映してみます。赤字で示したところが、新たに追加した項目です。

	第1週目	第2週目	第3週目
売上	¥80,640	¥69,120	¥67,200
利益（=売上ー仕入値）	¥23,598	¥20,227	¥19,488
利益率	29%	29%	29%
自然販売利益	¥3,371	¥5,900	¥3,880
自然販売数	4	7	5
広告費	¥30,355	¥15,397	¥13,989
ACOS	44%	31%	26%
広告損益	¥ー10,128	¥ー1,070	¥1,619
広告販売数	24	17	19
最終利益(=利益ー広告費)	¥ー6,757	¥4,830	¥5,499

この結果をもとに、以下のように分析してみます。

自然販売数	4〜7個、直近では5個
広告販売数	17〜24個、直近では19個
自然販売数と広告販売数の比率	直近では自然販売個数5個÷総販売数（5個+19個）＝21%。広告の依存度が大きく、SEOの力はまだ弱い
ACOS	第1〜2週では赤字だったが、第3週でACOS<利益率に転じたので黒字

ここまで分析ができて、あなたはどう考えますか？

❶広告費を上げる
❷現状維持
❸広告費を下げる

おそらく、ほとんどの方が❶か❷を選ぶかと思います。なぜかというと、第1〜3週通して自然販売と広告販売の個数を比較すると、圧倒的に広告経由で売れているためです。つまり、自然検索力はまだ弱く、広告の依存度が高いということになります。これで広告を止めるようなことをすれば、売上も利益も落とすことになり、目標利益は達成できません。

せっかく広告損益も黒字に転じているので、しばらく広告出稿を続けて自然検索力を強くして、自然販売個数が上がってくるまで待つという戦略が明確になります。

その後、自然販売だけでも十分売れるようになり、目標利益を達成できる見込みになれば広告費を下げてみればいいのです。

広告運用の方針の考え方

以上を踏まえて、広告効果を検証し、その後の運用方針をどうするかを考えます。これは、目標利益が決まっていることが前提ですが、本書の通り進んでいけば、目標利益は明確になっているはずです。

目標利益を達成しているか達成していないかで、運用方針が下記のように変わってきます。自分が目標利益に対して、現状どの位置にいるのか明確に把握するようにしましょう。

Amazon広告運用の方針

目標利益	広告	広告損益	販売数	改善策の選択肢
達成	不使用	ー	ー	・現状維持 ・広告費をかけてさらに利益を上げる
達成	使用	黒字	自然販売数が多い	・現状維持 ・ACOS＝利益率となるまで広告費をかけて利益を上げる
達成	使用	黒字	広告販売数が多い	・ACOS＝利益率となるまで広告費をかけて利益を上げる
達成	使用	赤字	自然販売数が多い	・ACOSを下げて広告販売の黒字を目指す
達成	使用	赤字	広告販売数が多い	・現状維持 ・ACOSを下げて広告販売の黒字を目指す
未達	不使用	ー	ー	・広告費をかけてSEOを上げる
未達	使用	黒字	自然販売数が多い	・自然販売個数が増えるまで現状維持 ・目標利益を達成できるならば広告費を下げて広告損益を上げる
未達	使用	黒字	広告販売数が多い	・自然販売個数が増えるまで現状維持 ・さらに広告費をかけてSEOを上げる
未達	使用	赤字	自然販売数が多い	・自然販売個数が増えるまで現状維持 ・目標利益を達成できるならば広告費を下げて広告損益を上げる
未達	使用	赤字	広告販売数が多い	・自然販売個数が増えるまで現状維持 ・さらに広告費をかけてSEOを上げる

上記のような広告運用戦略でも目標利益に到達できず、むしろ全然売れないような場合もあります。その場合は検索表示回数、クリック率、購入率も確認して、ターゲット設定や検索キーワードの設定、商品ページの内容を見直してみてください。商品にもよりますが、商品検索画面のトップに表示さ

れればクリック率は35%、購入率は10%を目安に考えてください。

狙ったキーワードで売れた場合	**・現状維持** **・広告費をかけてさらに利益を上げる**
違うキーワードで売れた場合	**・現状維持** **・ターゲット層と検索キーワードがずれていないか再検証**
売れない場合	**・広告が表示されていなければ入札額を上げる** **・クリック率が悪ければ入札額を上げるか商品タイトルの見直し** **・購入率が悪ければ商品画像や商品紹介コンテンツの見直し** **・ターゲット層と検索キーワードがずれていないか再検証**
改善しても売れない場合	**・販売価格をライバル以下に下げて、売れてきたら徐々に販売価格を戻す(ただし、再び売れなくなる可能性あり)** **・赤字覚悟で価格を下げて売り切る** **・多販路やオークションで売り切る** **・自分で使うか処分する**

広告運用結果の表示項目の追加手順

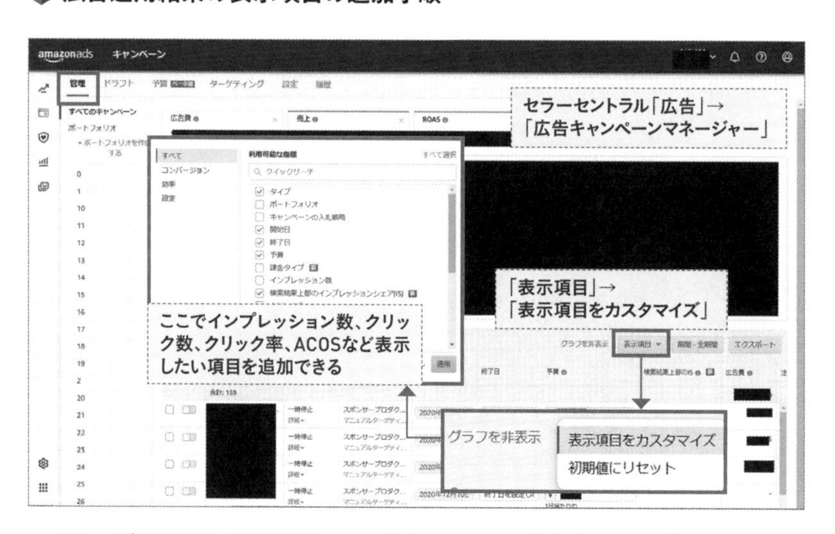

また、商品全体の購入率(ユニットセッション率)やクリック率(セッション率)については、ビジネスレポートから確認することができます。

商品全体のクリック率や購入率の確認方法（ビジネスレポート）

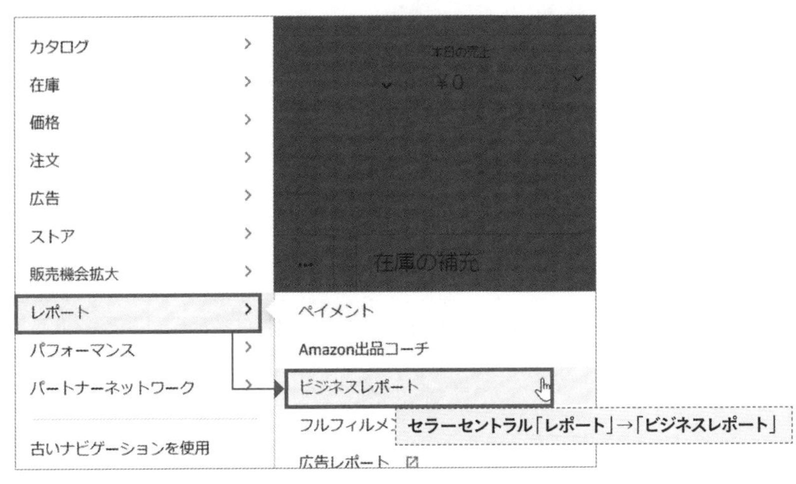

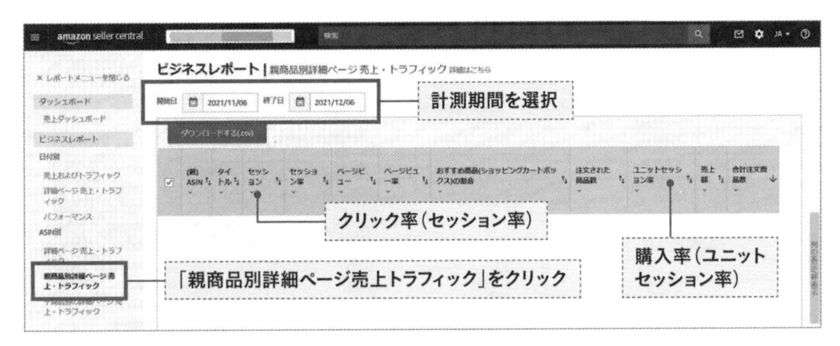

広告検証シートのプレゼントと使い方

ここまでお伝えしたことを踏まえ、広告や自然検索力の効果を時系列で把握できる広告運用検証シートがありますので、下記からダウンロードしてください（こちらのシートも本書379～380ページより、他のものとまとめて入手可能です）。

〇広告運用検証シート：https://drive.google.com/file/d/1YN5onvKFB9zwsxecAOFdgLQkFC2fZI2E/view

まず、データを記録するタイミングを決めます。広告を出稿したばかりの頃は1週間おき、軌道に乗ってきたら1ヶ月おきくらいを目安にしてください。

注意したいことは、あまり短い間隔で設定を変えないことです。広告運用の効果が出てくるまではある程度時間がかかるため、頻繁に設定を変えすぎると、どの設定がいいのか悪いのかわからなくなってしまいます。そのため、明らかに設定を失敗したということがない限りは、最低でも1週間は間隔を空けるようにしてください。

この広告検証シートは、1商品1シートで運用します。別商品を管理する場合は別タブのシートを作り、既存のシートをコピペして使用してください。シートにある下記の黒字項目のデータを入力すると、その他の項目が自動で計算されるようになっています。

広告検証シートの使い方

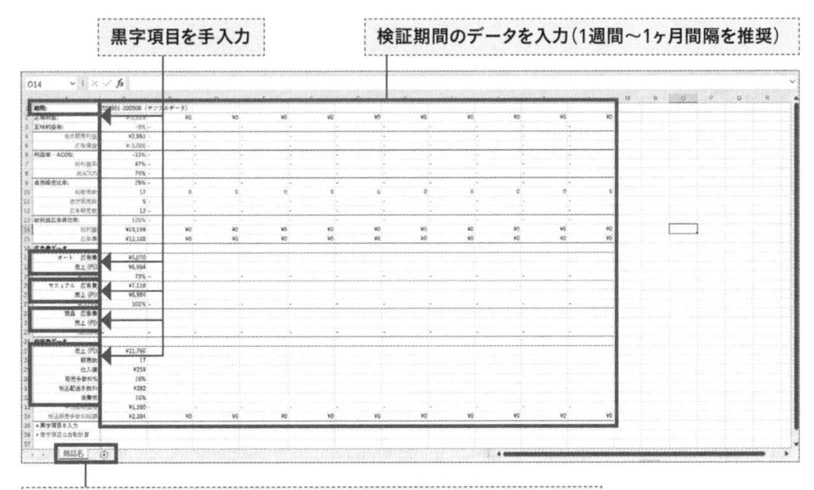

基本は1商品1シート。別商品を管理する場合は別タブでコピペして作成

広告検証シートの手入力項目

行	項目	意味・確認場所
1	期間	運用期間
【広告費データ】		
17	オート 広告費	オートターゲティングの広告費 Amazon Advertisingページのキャンペーン結果より転記
18	売上(円)	オートターゲティングの売上 Amazon Advertisingページのキャンペーン結果より転記
20	マニュアル 広告費	キーワードターゲティングの広告費 Amazon Advertisingページのキャンペーン結果より転記
21	売上(円)	キーワードターゲティングの売上 Amazon Advertisingページのキャンペーン結果より転記
23	商品 広告費	商品ターゲティングの広告費 Amazon Advertisingページのキャンペーン結果より転記
24	売上(円)	商品ターゲティングの売上 Amazon Advertisingページのキャンペーン結果より転記
【総販売データ】		
27	売上(円)	自然検索と広告販売を足した売上 ビジネスレポートから転記
28	販売数	自然検索と広告販売を足した販売数 ビジネスレポートから転記
29	仕入値	Chapter4 P097～の管理帳簿記載の❸仕入単価を転記
30	販売手数料	該当カテゴリーのAmazon販売手数料(%)を転記 (Chapter4 P097参照)
31	税込配送手数料	Chapter4 P097～の管理帳簿記載の項目を確認し、「❼国内送料＋❽FBA手数料－Amazon販売手数料(円)」で計算
32	消費税	現在の消費税率を記入(2022年現在10%)

計測期間中の各広告費、売上(17〜25)の確認方法

また、商品全体の購入率(ユニットセッション率)やクリック率(セッション率)については、ビジネスレポートから確認することができます。

商品全体のクリック率や購入率の確認方法（ビジネスレポート）

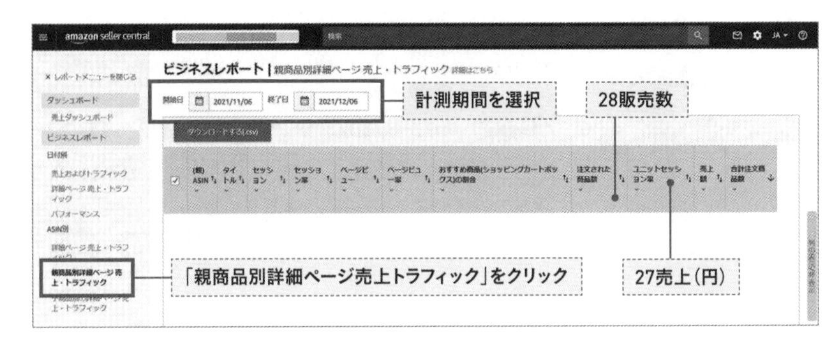

青字項目の部分は、自動で計算されます。こちらについても、以下に簡単に解説します。今後の方針を考えるうえで、重要な項目には赤字で示します。

広告検証シートの自動計算項目

行	項目	意味・計算式
2	正味利益	最終利益のこと。14総利益ー15広告費
3	正味利益率	広告費を加味した最終利益率。2正味利益÷27売上×100
4	自然販売利益	正味利益(最終利益)のうち自然販売で得られた利益 11自然販売数×33平均販売価格×総利益率
5	広告損益	正味利益(最終利益)のうち自然販売で得られた損益 12広告販売数×33平均販売価格×6ACOS
6	利益率ーACOS	プラスなら広告損益は黒字、マイナスなら赤字 7総利益率ー8総ACOS
7	総利益率	14総利益÷27売上(円)×100
8	総ACOS	$\frac{15広告費}{広告経由の売上(18+21+23)×32消費税}$ ×100
9	自然販売比率	11自然販売数÷12広告販売数×100
10	総販売数	28販売数と同じ数値
11	自然販売数	10総販売数ー12広告販売数
12	広告販売数	$\frac{広告経由の売上(18+21+23)×32消費税}{33平均販売価格}$
13	総利益広告費比率	15広告費÷14総利益×100
14	総利益	広告費を加味しない利益額で、正味利益(最終利益)と広告費を足し合わせた数値 27売上ー29仕入値×28販売数ー31税込配送手数料×28販売数ー34税込販売手数料総額
15	広告費	全ターゲティングの広告費用の総額(17+20+23)
19	ACOS(%)	オートターゲティングのACOS(17÷18)
22	ACOS(%)	キーワードターゲティングのACOS(20÷21)
25	ACOS(%)	商品ターゲティングのACOS(20÷21)
33	平均販売価格	27売上(円)÷28販売数
34	税込販売手数料総額	27売上(円)×30販売手数料×32消費税

COLUMN

Q 売上を伸ばすために商品ページをどう改善したらいい?

A 検索表示回数、クリック率、購入率を確認して改善の優先順位を判断してください。

Chapter7でもお伝えした通り、商品が売れない場合は、商品ページの改善が必要なことがあります。狙ったキーワードではなく、違うキーワードで売れている場合は、ターゲット消費者の検索するキーワードを見直す必要があります。キーワード選定を見直して、違うキーワードで広告費を上げるなどの対策をしてみてください。検索表示はされているものの、商品が売れない場合はクリック率や購入率をビジネスレポートにて確認してください。

購入率が低い場合は、商品ページ中の商品画像(2枚目以降)や商品紹介コンテンツの見直しが必要となります。優先順位が高い方は、消費者がまず最初に見る商品画像になります。Chapter6の内容を見直して、商品の魅力が伝わっているかどうかを十分再検討してください。画像を変更したり、画像中に文章を追加したりすることで購入率が改善されることがあります。クリック率が低い場合は、商品画像の1枚目か商品タイトルの見直しが必要となります。もし、クリック率も購入率も悪い場合は、キーワード選定の再検証が必要です。

事例を1つお伝えすると、商品画像の1枚目を変えただけでクリック率が2倍になったことがあります。具体的には、お菓子を販売していたのですが、商品画像の1枚目をお菓子の中身ではなく、パッケージに変更したのです。なぜかというと、レビューを確認したら、自分で食べるためでなくギフト用で購入する人が多かったためです。ギフト用で購入する人は、パッケージや箱のデザインを気にします。
商品画像の1枚目は、規約上制約が多く、訴求が伝えづらいところはありますが、クリック率が悪い場合は変更を検討してください。また、商品ページを改善する場合はレビューを確認してみてください。予想外のターゲット層やニーズが見つかる場合があります。

おわりに

～一生続けることができる 一流の物販ビジネスオーナーへ～

本書を最後までご覧になった方は、OEM商品をどのように作り、どのように販売していくかを詳しく理解できたかと思います。同時に、Amazon国内OEM販売に取り組むことで、ライバル不在の一流物販ビジネスオーナーになるための一生モノのスキルが手に入ることも、お分かりいただけたかと思います。

メーカー直取引もOEMも、「自分で稼ぐ力」「長期的に利益を安定させていく力」を手にしていくという点では共通しています。特に、OEM販売は、自分の商品を生み出すワクワク感や、商品を売る力が身に付いていく楽しさを味わうことができます。

OEM販売は、売れる新規商品ページの作成や広告戦略など、既存の物販ビジネスにはないノウハウも必要となります。しかし、本書に書いてあることを忠実に実践していけば、OEM商品で大きな利益を長期安定的に得ることが可能です。

国内メーカーが作る商品は品質が高くオリジナリティがあるので、実はライバル商品との差別化がしやすいところがあります。もちろん、商品ページで商品の魅力を十分伝えることが必要ですが、もとの商品力が高ければ、訴求の強い商品ページを作成することは難しくありません。中国輸入OEMを経験してきた方であれば、似たりよったりの商品の魅力を伝えるのがいかに難しいか実感しているでしょう。

今回、なぜ『Amazon国内メーカー直取引完全ガイド』『Amazon海外メーカー直取引完全ガイド』に続いて、第3弾を出版することになったのか。**それは、国内メーカー直取引の次のステージとして、商品を企画し、販売する力が身に付く国内OEMは、非常におすすめであるためです。**

もちろん、このまま国内メーカー直取引を継続してもいいのですが、信頼関係を構築していけば、OEM販売をメーカーから提案されることがあります。

そのようなときは、ぜひ本書の内容を思い出していただき、もしやってみたいと感じたらOEM販売に取り組んでみるといいでしょう。自分のビジネスの可能性を大きく広げるチャンスです。

やはり、「貴社の商品をAmazonで販売したい」とメーカーにアプローチするだけの場合と、「Amazon販売もできるが、貴社の商品をさらに魅力的に改良して販売することもできる」では、メーカーの食いつきも違ってきます。「この人は売れる商品をAmazon販売するだけでなく、売れない商品を売れるように変えることもできる人だ」と重宝してもらえるようになるでしょう。国内メーカーとしては、そのような代理店や小売店を求めているのです。

- **Amazon物販ビジネスを通じ自分で稼ぐ力を身につけてもらい、「好きな時に好きな人と好きな場所へ好きなだけ行く」という理想を実現化してもらう**
- **販路拡大に悩んでいるメーカーさんと深い信頼関係を築く中で、何十年も続くAmazon物販ビジネスを構築するノウハウを覚えてもらう**
- **消費者が買ってワクワクするような商品を、メーカーと一緒に売るためのAmazon物販ノウハウを学んでもらう**

上記は、前に出版した2冊でも紹介している私の理念ですが、これはメーカー直取引に限った話ではないのです。国内OEMも、この理念を究極的に実現する手法の1つです。むしろ、メーカー直取引とOEMを組み合わせることで稼ぐ力は強力になりますから、「好きな時に好きな人と好きな場所へ好きなだけ行く」を実現しやすくなります。また、ただ売れる商品を販売するだけでなく、売れない商品を消費者が欲しがるように改良するのがOEMです。消費者としては、「こんなのが欲しかった」という商品を手にできますし、生産委託先メーカーとしても売れる商品が増えることになります。やはりwin-win-winのビジネスなのです。

本書を最後までお読み頂いて、本当にありがとうございます。

この本を出版するきっかけを与えてくださったインプルーブの小山さん、この本の出版を決定して頂いたスタンダーズの佐藤社長、この本の隅々まで編集の助言をくださったスタンダーズの河田さん、そしてこれまで関わってきてくれたすべての方に感謝いたします。

＊＊＊＊＊＊＊＊＊＊＊＊＊＊＊＊＊＊＊＊＊＊＊＊＊＊

国内OEMを本書に書いてある通りに実践して、さらに大きな結果に繋げていただくために、この本を買ってくださった方限定で、次のプレゼントを用意しました。

＜本書ご購入者様限定特典＞

●国内OEMスタートアップマニュアル

＊本書でご説明した諸々の資料も、こちらからまとめてダウンロード可能です＊

❶国内OEMのやり方と魅力とは
❷国内OEMの流れとタイムスケジュール
❸国内OEMにおける市場調査＆ターゲティングについて
❹国内OEMの生産委託先メーカーへのアプローチ方法
❺国内OEMの目標設定＆取引可否の判断基準について
❻国内OEM商品の新規商品ページ作成＆プロモーションについて
❼国内OEM商品のamazon広告＆SEO対策について

上記の特典を無料にて差し上げております。

この特典がほしい方は、以下のリンクをクリックするか、QRコードを読み取って、ご登録ください。

（まだ自分はAmazon販売や物販未経験だという方のために、併せて初心者さんでもできる国内メーカー取引自体の無料プレゼントもご案内させて頂くので、そういった方も以下、ご登録して参考にして頂ければ嬉しいです）

https://nakamura0301.com/fx/NQic0w

それでは、最後の最後まで本書を読んでいただき、誠にありがとうございました。

一人でも多くの方がAmazon国内OEM販売でさらに飛躍し、充実した人生を手にすることを心から願っております。

2022年12月

中村 裕紀

田中 雅人

用語索引

か行

は行

ま行

や行

ら行

中村裕紀

Hironori Nakamura

Amazon物販コンサルタント、EC STARs Lab代表。
1984年生まれ。2023年現在38歳、二児の父。
介護・福祉関連の施設に勤める傍ら、2011年頃からAmazon物販ビジネスを副業にて開始。
2013年に独立し、2014年に転売で月利100万円を達成するも直後にアカウントが閉鎖。
その後はメーカー取引一本で売上を立て、2015年に月利200万円を達成する。
現在は国内外のメーカーと取引を重ね、EC販売を通じて沢山の方々により良い商品をお届けしている。
同時にAmazon物販＆メーカー直取引のコンサルタント業務を行い、月利30〜500万円以上を継続して稼ぐプレイヤーを多く輩出している。
著書に『Amazon国内メーカー直取引完全ガイド＜増補改訂版＞』『Amazon海外メーカー直取引完全ガイド』（standards）がある。

田中雅人

Masato Tanaka

中小企業診断士。EC物販コンサルタント。
1976年生まれ。書籍が販売される2023年現在46歳、一児の父。
外資系大手日用品メーカーで、製品・パッケージの開発を担当。忙しい日々を送るも、子供の小学校入学を機に、子育てと仕事の両立を考えAmazon物販ビジネスで独立しようと決意。中村のメーカー取引コンサルを受講し、半年で月利60万円を達成して無事独立。その後、OEMを活用した自社商品の販売へとビジネスを拡大していく。
また、同業者との交流から、Amazon物販プレイヤーにこそマーケティングや財務の知識が必要と感じ、中小企業診断士の資格を取得。
自社商品のEC販売・マーケティング戦略から生産・物流の効率化まで、物販プレイヤーの成長を支えるコンサルティングを行っている。

Amazon国内OEM完全ガイド

カバー・本文デザイン　越智健夫
本文DTP・図版作成　金田光祐（ニホンバレ）
写真提供　Ushico/PIXTA(ピクスタ)

amazon

Amazon海外メーカー直取引完全ガイド

中村 裕紀

A5判／384ページ／価格1,980 円（本体1,800円＋税10%）

海外のメーカーから仕入れてAmazonで売る!
⇒1日わずかの時間を使ってで毎月200万円稼ぐ!!
コロナ以降に副業で開始できる堅実ビジネス!「Amazon海外メーカー直取引」が全部わかる最高の副業ビジネススタートブック

「海外メーカー直取引」というと、言葉の壁や輸入規制など国内メーカーよりもハードルが高いように思われがちですが、決してそんなことはありません。
言葉の壁や輸入規制は拍子抜けするほどたいしたことはありませんし、実際に海外メーカー直取引の場合、メーカーに直接働きかけ、Amazonだけでなく日本市場を独占できるという、大きなビジネス展開に繋がることがあります。
リスクや問題も多い「せどり」「転売」より、確実に安定して信用度も高い「海外メーカー直取引」、その魅力とスタート手順、具体的な海外メーカーとのやりとりの仕方、利益の出し方までどこまでもわかりやすく、「物販ビジネス自体が初めて」という方も気軽にスタートできるように解説したのが本書です。ぜひ「自分で稼ぐ力を身につけ、好きな時に好きな人と好きな場所へ　好きなだけ行く」という理想を、現実のものにしてください。

Amazon国内OEM完全ガイド

2023年2月10日　初版第1刷発行

著者　　中村裕紀、田中雅人
編集人　河田周平
発行人　佐藤孔建
印刷所　中央精版印刷株式会社
発行　　スタンダーズ・プレス株式会社
発売　　スタンダーズ株式会社
〒160-0008　東京都新宿区四谷三栄町12-4　竹田ビル3F
営業部　Tel.　03-6380-6132
Webサイト　https://www.standards.co.jp/